ル・コルビュジエ　読本

GA

第1章

住宅、初期のコンセプトについて

第2章 ロンシャンとラ・トゥーレット

第3章　ユルバニスムと都市計画

7e Arrt
PLACE
LE CORBUSIER
BRASSERIE

第1章　住宅，初期のコンセプトについて

吉阪隆正経由、コルビュジエの実像

鈴木恂

1935年北海道生まれ。早稲田大学工学部建築学科卒業，
同大学大学院修了。64年鈴木恂建築研究所設立。
早稲田大学芸術学校校長を経て，現在，早稲田大学名誉教授。

吉阪隆正がコルビュジエから受け取ったもの

GA　鈴木恂さんの先生は**吉阪隆正**さんで、ル・コルビュジエの直接の弟子でした。今、コルビュジエの持っていた広がりを理解するために、まず**吉阪**さんがコルビュジエをどのように受け止めていたのかを伺いたいと思います。

鈴木　**吉阪**先生は、コルビュジエの事務所に勤めた三人の弟子の中では、コルビュジエ六〇才代という一番最後の時期に、二年間行ったわけです。よく語られていますが、その頃は作品とすれば、**「マルセイユのユニテ・ダビタシオン」**（一九五二年）が終わって、**「ロンシャンの礼拝堂」**（一九五五年）、**「ラ・トゥーレットの修道院」**（一九六〇年）、それから**「チャンディガール」**（一九五一年〜）という展開をしていた時だった。だから、時間的な意味では、一番核心の部分だと思います。そういう目まぐるしい時代のコルビュジエに会い、二年後に帰国する。その少し後から、ぼくは実際に**吉阪**先生に直接学ぶわけですが……。先生がコルビュジエのところで学んできたことは、実践の中にあると感じます。

GA　つまり、コルビュジエの抽象的な理論ではなくて。

鈴木　そうです。コルビュジエ自身が一種のドグマティックなことをかなり強引にやってきて、その原理原則を踏まえて、造形に移す時だったと思うのです。その意味では、自らを教義的なものから、もう一度解き放っていく時代。それが、その後の建築の流れにも合致していたと思います。

　つまり、基本的な建築の問題の追求、ドグマから抜け落ちたものの復権に繋がっていく動きを、コルビュジエ自身が先鞭を付け、突き動かし、アジテートしたと思う。端的に言うと、原理を通過した後の感覚の復権だったのではな

いかと思う。コルビュジエは、歳を重ねて円熟し、仕事もたっぷりある状況の中で、それまで考えてきた沢山のことを、まさに実践に移した。そこが、やはり芸術家たるところで、完全にアヴァンギャルドだったと感じます。

GA　初期の「白い」住宅で示される「理論」と、**吉阪**さんが学ばれた「実践」は、一繋がりだったということでしょうか。

鈴木　大きな意味では一貫していると思います。コルビュジエの中には、初期から芸術性、感覚性の問題があった。それを抽象性や幾何学性が抑え、包んでいたように見えていた。でも、元々両方あるという大きさがあったんですね。言ってみれば、そこが**吉阪**先生に与えた一番大きな影響だと言うこともできる。

つまり、「何でもできるという自由さ」。自分の今まで考えてきた原理原則、理論的なことに対して、建築の与条件や具体的な場所、その他、一つひとつ異なる様々なことが起きあがってきて、それを現実の建築にしていく時に、原理原則からある意味で離れて、自由に創作の渦中に入っていける。

吉阪隆正：ヴィラ・クゥクゥ

その現場に**吉阪**先生は居合わせたので、日本へのコルビュジエの伝え方も、他の建築家と大いに違ったんだと思う。「コルビュジエはもっと自由だぞ」と伝え、我々もそれを学んだわけです。

GA　具体的には、実践のどういうことだったのでしょうか。

鈴木　一般的には、コルビュジエの近代理論を学び、それにいかに忠実にするべきかという教え方があったと思います。でも、**吉阪**先生が伝えるコルビュジエ像は、「もっともっと自由に形をつくっているよ」という実践の造形力。その「形」について、その後、**吉阪**先生もすごく拘るわけです。

GA　**吉阪**さんは『**モデュロール**』の訳者でもあり、実践的な空間に接近しておられたのでしょうね。

鈴木　コルビュジエがどうして二つの尺度をつくり、どう使うかということまで知って、実際に使った人は他にいないと思います。

　吉阪先生に直接聞いたのですが、コルビュジエは**モデュロール**をかなり自由に組み合わせて使っていたそうです。当時、**「国立西洋美術館」**（一九五七年）が工事中で、パリから二〇分の一くらいの大きな立面図や展開図が送られてくるんです。寸法も何も入っていなくて、それを測って、**モデュロール**の青尺、赤尺に合わせていくのは、ぼくたち東京の仕事でした。

　でも、やっていると合わないんです（笑）。それで悩んでいると、**吉阪**先生がやってきて、そこまで合っていれば充分、コルビュジエもそうだと言う。残りが出てきても、そんなのは合わせる必要はないと。

GA　つまり、ここだけは比例を外さないという箇所がある。

鈴木　そうです。優劣があって、それを探せばいいわけです。例えば、開口部と壁の関係やピロティと上のヴォリュームの関係はかなり重要。小さいところでは、窓割りや手摺の関係なんかは楽しく合わせながらやっていましたね。そういう意味でも、決まりをつくりながら、とても自由でした。色を決めるのでも、使いたい色を色見本帳から切り取って、使う比率を**モデュロール**的な感覚で決めれば、使う場所、順番は図面にチップを投げていましたね（笑）。そういうふうに決めておきながら、緩やかにしていく。その関係の話は、面白く聞いたことを覚えています。

吉阪隆正の実践

GA　**吉阪**さんは有形学として、「形」の可能性を広げようとしておられたと思います。それは後期のコルビュジエが持っていた、造形による有機的な繋がりと姿勢としては同じなのでしょうか。

鈴木　そう思います。コルビュジエは山から来た人だったけれど、**吉阪**先生も山に登っていますね。元々、人文地理に関心があるし、**今和次郎**先生の影響で、民家、民芸など生活の持っている形にも大変興味を持っていた。そのような下地なので、コルビュジエの造形感覚とは違うものだったと思うけれど、形の総合的な可能性、その自由な精神について、コルビュジエに励まされたんだと思う。

　だから、「形」ということは同じだけど、具体的な造形は違っている。これはぼくが感じたことですが、どちらかというと、造形ということに対しては、コルビュジエに敵わないと思っていたのでは、と思います。もっと広く、社会の中で「形」の意味は何か、「形」の持っている重要性をどう人々に伝えるか、という考え方に重点を置いたのだと思います。

　だから、みんなには「形」は自由だと言って、**吉阪**研究室も真っ直ぐでいいところも斜めにするように、自由な「形」を追求していったように見える。でも、**吉阪**先生その人は、造形力としての「形」については、かなり早い段階で見切りを付けているように、ぼくには感じられるのです。

GA　自由な造形への姿勢と、個人の造形的能力への限界の意識が両方あるわけですね。

鈴木　そこで編み出したのが、不連続統一体と、そこから理論展開した有形学だと思います。直接的には、不連続統一体の考え方が、形に結びついてきます。

　どういうことかというと、形は自由でいいけれど、結局、それが集まってひとつの建築なり、まとまりをつくらなくてはいけない。その時、一つひとつの形はどういうものであるべきか？

　コルビュジエの場合は、ひとりの人、作家性が、全部をユニティとして描いていた。**吉阪**先生は、自分はできないと思ったか、これからは巨匠時代ではないと思ったか、あるいはあまりにコルビュジエが大き過ぎると思ったか、それは共同でやるべきだと盛んに考えた。当時は、ソーシャリズムも叫ばれて、共同設計ということが注目されていた時期でもあった。**吉阪**先生は、そういう共同性とは違ったと思いますが、いろいろな人の意見、いろいろな人が持っている形の能力を最大限に出し合って、それで成立してしまえば、ユニティは後から付いてきていいという考え方だったと思う。

それはコルビュジエとはだいぶ変わっていて、いろいろな人の力が加わって、全体は不連続統一でいい、それをまとまりとして考えようという考え方でした。自ずから**吉阪**研究室流、U研究室流の造形は、コルビュジエの造形とも違ってきます。初めにユニティがあるわけではないから、スキッとしていない。

GA　実際の設計プロセスはどうだったのですか。

鈴木　不連続統一そのままに近かったですよ。研究室に所属していた頃ですが、ガンガン形に対する意見を言わされるわけです。それから模型をつくらせる。その形が面白いとなると、それをどこにくっつけようかという話になって。強引にくっつけて、その間をどうするかというような設計の仕方でした。それをみんなで集まって、模型を切ったり貼ったりしながらやっていくわけです。それで研究室の彫塑的な模型が有名になったりするのです。

そのように、他者を取り込んで、色んな人が持っている能力を統合していく。個々の能力を出し合えば、従来的な調和した形を持たなくても、まとまった形なんだという新しい統一体が浮かんでくるだろうと。それが不連続統一体の考え方で、設計の方法としても使えると考えていく。もちろん、ある面では、スケールが大きくなっていったり、コンピュータのようなツールが入り込んでくる現代建築においては、限界もあります。でも、現代性のベースになるような素晴らしい考え方だと思います。

抵抗感のあるコルビュジエの「二つの間」

GA　鈴木さんの設計に対しては、コルビュジエはどのような影響を与えたでしょうか。

鈴木　ぼくも**吉阪**先生を通してコルビュジエを知ったと思うけど、時代としても、コルビュジエの作品が本当に自由に、詩性の部分が表に出てくる。でも、**吉阪**先生が伝える、内から出てくる感覚でつくればいいんだということを聞いて、改めて本を読み、作品を見るわけです。するとそれは最初からコルビュジエの中でうごめいているもので、突然出てきたものではないことがよく分かりました。

　ぼくたちがコルビュジエから学んだのも、案外その部分じゃないかと思います。つまり、コルビュジエがつくった近代建築の論理、都市と建築の関係の論理が確実にあるけれど、それを現実の中に移す時、空間として示す時、彼の持っている造形力というか、姿勢、魂が込められて、それが凄いのだと思います。

　だから、単純に理論を知ったところで何もできないということでもあるし、彼のように日々絵を描いて鍛えておかなくてはいけないものがあるのかもしれないし、思想を自由にあらゆるものに展開しておかなくてはいけないのかもしれない。

GA　コルビュジエには矛盾する要素の共存や、多様なものの重層性が指摘されることも多いです。**吉阪**さんは、それも包含するものとして形に可能性を見出していたように思えます。

鈴木　そういう面はあるでしょうね。コルビュジエはユニティ、完全に統一されたものを描きながら、それをグチャグチャにしていく。逆にグチャグチャなものを考えながら、幾何学的秩序を与えてしまう。常にその両方があって、そのバランスを取る能力がある。

　空間的なものだと思うのですが、コルビュジエの空間が持っている性質は不思議なものだと感じる。どの家を見ても、ぼくはあの人の空間に抵抗感を感じるのです。みんなそうだと思うけど、そこがまた何とも言えない魅力になっている(笑)。コルビュジエは自分の中に両極を持っていて、それを裏返しにしながらつくっている感じがある。彼の版画のタイトルに「二つの間」というのがあるけど、建築自体そういうものなのかと思う。

GA　その二つの間に対する、**吉阪**さんなりの答えが「不連続統一体」になる。

鈴木　不連続感のバランスということから考えて、ぼくらもひとつのはっきりした理論が必要だと思います。具体的には、実際に建築を設計していると、キッチリしたコンセプトをつくりながら、同時に造形力を発揮していかなくてはいけない。その両方がないとダメなのは明らかです。
　どんな場合でも、建築には具体的な条件が必ずあるので、両方を自分の中で戦わせながら、建築として出していく。そこでどうするかという時、結局はコンセプチュアルなものを磨いて、強くしないとダメだと思っています。それは単なる抽象的なものではなく、建築家の持っている姿勢というか、ものをつくり、社会と接している部分、具体的な場と周囲の関係を含んでいる。

GA　その意味で、コルビュジエの重要性とは?

鈴木　コルビュジエの、社会や生産システム、都市と建築の関係などに関するコンセプトは重要でしょうね。当時、あれだけのことを言ったのは、大変なことだと思う。
　でも現実には、社会は大きく変わり、彼のコンセプトの幾つかは実際に実験されて、有効性が確かめられたり、否定されたりしている。つまり、社会の方で答えを出してきている部分もある。
　当然、今でも彼のコンセプト全部が生きているとは思えない。ただし、ものを発想し、つくっていく人ならば、コンセプトとして最低限決めなくてはいけないこと、姿勢を決めて社会に向かいあうべきことを気付かせてくれるという意味で、コルビュジエは大切な存在だと思います。

えも言えない空間＝ウィット?

GA　鈴木さんの建物にとって、具体的に「コルビュジエが使える」部分はありますか。

鈴木　ぼくがコルビュジエから学んでいる空間のつくり方、あり方だと思うのは、変わっていく空間＝シークエンシャルな空間。ぼくが一番好きなコルビュジエの住宅「**クルチェット邸**」(一九五三年)や、「**ラ・トゥーレット**」、「**カーペンター視覚芸術センター**」(一九六三年)に見られるような空間のあり方です。例えば、「**GAギャラリー**(FUB)」(一九七二年)

で試みたのは、そういうことです。
　高さの変化や、いろいろな視点の変化があり、その空間が流れるように繋がる。それによって、空間が豊かになると考えたわけです。もちろん、そこに光と影、壁と開口部の関係、材料の問題など、大きな建築でも小さい建築でもある、永遠の課題が関わっている。
　これが、コルビュジエに今も関心がある大きな理由でもあるけど、その立体的な空間は平面を見ていても絶対に分からないのです。

GA　今言われたシークエンシャルな空間は、アクソメで記述、思考される空間のように思います。

鈴木　確かにぼくはアクソメが好きですね。アクソメは視点がどこにでも移っていくところがいい。それと空間のあり方は関係していると思います。一方、パースを描いてしまうと、視点、焦点が定まってきて、「どう見せよう／見る」ということが生々しくなってしまう。空間の繋がりを考える上で、同質な視線を設定できるアクソメを、コルビュジエは徹底して使ったのでしょう。**吉阪**先生や**前川國男**さんは、断面を重視していて、アクソメはあまり描かなかったような気がします。日本の建築の条件として、高さが重要だということもあるし、もしかしたらコルビュジエの空間に対して、分析的にシークエンスの問題などを捉える距離がなかったのかもしれない。
　ただ、空間としては深く理解していて、床と壁の比率であるポシェへの注目など、細かな造形言語をしっかりと受け止めていた。

GA　コルビュジエの影響で、スロープや階段についてはどうでしょうか。

鈴木　柱や壁が自由になっていく中で、空間を立体的に組み立てる。それを繋ぐ、貫くという意味で、重要な要素だと思います。特に、日本の場合、ヴォイドの高さというだけでなく、

ル・コルビュジエ：カーペンター・センター

床レベルの高さの変化は絶対的に重要です。それを結び合わせる要素が、建築のテーマになっていると言っていいくらいです。

ただし、ぼくの場合は、いろいろな高さの視点、床が散らばっているということが重要で、それを繋ぐ階段などは見せなくてもいいというのが基本的な考えです。そして、見せる場合は、ハッキリ表現して見せる。**「GAギャラリー」**を見れば分かると思うけど（笑）。

コルビュジエにとっても、スロープなどは空間を繋ぐ重要なヴォキャブラリーだと思います。現代の美術館では作品も大きくて、様々な視点を与えるという意味でも非常に有効だし、第一、歩いていて楽しい。まだまだ「使える」要素だと思う。

でも、コルビュジエはそれをひとつの単位と言わないところが凄いんじゃないかな。**「クルチェット邸」**を見ると、都市の中のあれだけ小さいところに、あれだけ複雑なことをして、シークエンスをつくっている。内外の繋がり方を見ても、中だか外だか分からない感じで上手い。そこでは、やはりスロープは脇役なんだと思う。

鈴木恂+二川幸夫：GAギャラリー

GA　今から見て、コルビュジエに対する見方、評価が変わった部分はありますか。

鈴木　変わらないですね。最近、色んな人が細かく分析、分類しているのでエッと思うくらい（笑）。

先ほども言ったように、見なければ分からないことがあって、その意味では現代は本当に良い。そして、見れば見るほど、コルビュジエから最初に受けた感銘が、いっそう鮮やかになると感じる。実際に見ると、コルビュジエの凄さ、変なところ、自由なところが見えてきて、えも言えないところが分かる。それは非常に興味のあるところです。

自由にやるという意味では、ある種の頓知というかウィットが効いていますよね。思いつきに近いのかもしれないけれど、部分にはそういったものが沢山ある。
　特に水回りはヘタで、絶対に上手くならない（笑）。それを機械の配置で考えたり、鏡をシンメトリーにして変なものを隠したり……。その辺の親切さというか、生活の身の回りに対するストイックな姿勢は、宗教的な感じすら受けます。
　パリの自邸やセーヴルの最初のアトリエも、よくあんな所で生活できたなと思うし、後期のアトリエの横にある小さいコーナーも、ここで原稿を書いていたかと思うとエッと思う。

GA　寝台車のようなコンパクトなスペースで、**「カップマルタンの休暇小屋」**（一九五二年）に通じる感じですね。

鈴木　そうそう。それは自分の家でも人の家でも変わりません。どこかにホッとした場所があればいいという感じで不思議だと思う。

ル・コルビュジエ：サヴォア邸

でも、彼の住宅に感じる「食堂やアトリエがあれば、居間はいらない」という考えは共感します。その影響で、ぼくの住宅では居間が少ないし、あまり居間を信用していない。そこで起こることはほとんどないというか……。代わりに食堂を倍にすればいいと思っています。
　つまり、家族を繋ぎ止める象徴性のような意味でのスペースには関心が持てない。実際の生活の豊かさは、そうではない空間をキッチリつくれば生まれてくると思う。そういう意味で、コルビュジエはすごく正直な人で、生活の外向きのことは考えていない。そして、生活の身の回りのことに対して、サービスタップリということがヘタ。それは**吉阪**先生も含めて、ぼくも真似していることかもしれません（笑）。

（聞き手／山口真）

VILLA SCHWOB
1917

シュウォブ邸：スイス，ラ・ショードフォン

RUE DU DOUBS

MAISON-ATELIER DU PEINTRE AMÉDÉE OZENFANT 1922

オザンファン邸：フランス，パリ

最先端の環境に人間像を映し出す鏡

入江経一

1950年東京都生まれ。東京藝術大学美術学部建築科卒業，同大学大学院修了。
80年入江建築設計事務所設立。87年パワーユニットスタジオに改称。
現在，IAMAS 情報科学芸術大学院大学教授。

裸のコルビュジエ

入江　人間が入り込める最小スペースから都市まで連続していく視野は、コルビュジエ作品に通底していると思います。その視野を補強した代表的なものが**「モデュロール」**。**「モデュロール」**は、「その寸法を実際の設計に使うと、とても便利だ」という類のものではありません。モダニズムの人間性をシンボリックに描いたものだった、と考えた方が素直でしょう。どんなに大きな都市でも、住宅に至るまで、そこには「モダニズムの人間性」が見えることを示す「イコン」だったと思います。

　ところが、実現したコルビュジエの住宅のプランを見ると、モダニズム的イデアではないアイディアをたくさん採用しているのです。

GA　何で、コルビュジエは、そんな不透明なプランを平気で最終案にしていたのでしょうか?

入江　例えば、**「サヴォア邸」**(一九三一年)の最初期は、割と整理された、理念的に秩序立てられたプランを描いています。でも、でき上がってみると、ドロドロしている部分がある。

　そこには、モダニズムの人間像、身体性と、自然な身体、当たり前の我々の身体に対応する空間のあり方が、だぶってできていると感じる。たぶん、コルビュジエ独特の二重性が、ぼくたちが彼の空間を体験した時に、「人間の生や死」に直結しているようにまで感じさせる「生々しさ」を浮き上がらせている。

　その極端な解答としての**「カップマルタンの休暇小屋」**(一九五二年)には、モダニズムの身体性は感じられず、そこにあるのは「自然な身体」の方です。今という時代から見て、コルビュジエの何が面白いのかと考えてみると……。この極小住宅をつぶさに観察することによって、視点が絞られてくると考え始めています。

GA　彼の作品集を見ると、二二六×二二六×二二六という立方体フレーム・システムを前提に語られています。

入江　仰るように、彼は、**「カップマルタン」**をひとつのプロトタイプとして捉えていた。人間が住める最小単位のプロトタイプとして提出し、実際、**「カップマルタン」**の背後にある丘の中腹に、そのシステムを展開した集合住宅まで構想していました。

GA　でも、そんなシステム性が消えて、ドロドロさだけが残っているわけですね。

入江　**「トラセ・レギュラトゥール」**のようなカノンを厳格に建築に応用する癖があると同時に、実現するとなると、それを逸脱する建築を平気でつくる。

「カップマルタン」は、そのようなカノンから逸脱して自由になってしまったコルビュジエが、裸でそこに立っているみたいな感じがします。

新しいレゾリューション

GA　同じように、住戸の最小単位を提示していた**「エスプリ・ヌーヴォー館」**（一九二五年）や**「マルセイユのユニテ・ダビタシオン」**（一九五二年）は、まだカノンの制約がある？

入江　その二つは、もの凄く「形式」を問題にしていると思う。そこに見えるのは、自然な身体ではなく、あくまでもモダニズムの人間性。モダニズムという時代の中で、「人間はこうあるべきだ」というメッセージです。

一方で、**「ラ・トゥーレットの修道院」**（一九六〇年）における僧院の個室を見ると、「モダニズムの身体性」に対応しているというよりは、「自然な身体」に対する最小単位という感覚でつくっている。

彼自身、絶えず「カノンをピュアに実現しよう」とする一方で、「身体に捕らわれたい」という欲望との葛藤があるような感じがあります。

GA　コルビュジエが備えていた、イズムとしての身体性とナチュラルな身体性のバランスは、現代ではどのように測ればいいのでしょうか?

入江　メディア・アートを見ると典型的ですが、現代の表現は「ナマの身体を取り戻そう」という傾向にあります。タンジブル（＝触感的）なインターフェイスを使って、デジタルなモノとインタラクションする。特に、二〇〇〇年以降は、そのような欲求が強いと思います。

それは、「ヴァーチャルな世界では何でもできる!」という浮かれた瞬間的幻想の上に成立していた、自分の身体さえヴァーチャルの中に取り入れる実験時代に対する、強いリアクションだと思う。

ただし、もう一度取り戻そうとしている「身体性」は、ぼくには空虚になっているようにしか見えない。その空虚さは、単にメディア・アートだけに感じるのではありません。

ル・コルビュジエ：エスプリ・ヌーヴォー館

例えば、ドイツの前衛、**ヴォルフガング・ティルマンス**の写真を見ると、もの凄く空虚な写真を撮っているわけです。**ベアテ・グ・チョウ**のように、数百枚のデジタル写真からひとつの巨大な写真をつくる人もいます。もの凄く高い解像度でリアルに見られた筈の世界がイリュージョンだという流れが、現代の中にはあると思います。「その空虚な感じをどうしようか?」ということで、皆、悪戦苦闘しているし、楽しんでもいる（笑）。

建築やインテリアなどのリアルな実物大ペーパー・モデルをつくり、それを撮影している**トーマス・デマンド**や、わざわざ本物そっくりの模型で風景を撮る**オリヴァー・ボバーグ**等の仕事も同様でしょう。

GA　そのようなアーティストの動きは、「住宅から都市へ」とコルビュジエが考えていた際の解像度コントロールと、どうオーバーラップするのでしょうか?

入江　コルビュジエの都市と建築は低解像度なので、不連続のモノがあたかも連続的に見えてしまうから、「都市」のような巨大なものまで辻褄があったように描ける。ある意味で、とても気楽なアプローチだったと思う。

でも、実現された我々の都市は、非連続だし、目に見えないものの抑圧が、目に見えるものより大きい存在になっている。コルビュジエの方法論もそうでしたが、結局、近代という時代は、ひとつの新しいレゾリューションを提出して、「このレゾリューションで、すべてOKだよ」という状態を強く欲していた。インフラ、ファッション、交通、住居までも許容する、新しいレゾリューションを提案したがっていたわけです。

ところが、ぼくたちの時代は、幾つものインターフェースで、絶えずレゾリューションをスイッチしている。例えば、携帯メール、パソコンで送るメール。一方では、FAXも利用している。

コミュニケーションの中で、ぼくたちがスイッチングしているような解像度の自由な切り替えが、都市と人間との関係の中にも起きていると思う。そういう意味で言うと、コルビュジエが**「カップマルタン」**で実施した、もの凄くローレゾな、けして都市に結びつかないような住戸だって、現代のぼくたちは、参考になると思う。

むしろ、コルビュジエが提案した「モダニズムの身体性」より、生き生きとして見える。

非アノニマス・コンテクスト

GA　我々が生きている社会は、コンテクストの扱いにデリケートさを要求されます。情報化社会と言われる現代では、コルビュジエが考えていたであろうコンテクストの扱い方を、どのように咀嚼すればいいでしょうか?

入江　コルビュジエのコンテクストは、一貫して古典だと思います。**「モデュロール」**だって、ギリシャのカノン、あるいは、**レオナルド・ダ・ヴィンチ**の人体図のモダニズム版と言えるくらい、古典的だと思う。

　古代から連綿と続いてきている歴史が、もの凄く強いコンテクストとしてあって、それに比較し得る、もしくは取り替え可能な「新しいコンテクスト」を提示するのが、コルビュジエのスタイルです。

　だからこそ、**「輝く都市」**（一九三五年）のように、パリのシャンゼリゼ通りをブチ壊して、いきなり新たな建築群をつくるような提案ができてしまう。それは、破壊であると同時に、自分が持っている歴史的コンテクストを、強く意識している証拠だと思う。

　ミース・ファン・デル・ローエの**「ガラスの摩天楼」**（一九二〇年）は、単体の高層ビルとしては、**「輝く都市」**より遥かに進んだ考え方だったかもしれないけれど、背景に描かれていたのはドイツの民家ですよね。つまり、非中心的でアノニマスな背景の中に置いていたわけです。

　ところが、コルビュジエはパリのど真ん中、シャンゼリゼ通りという、もの凄い歴史性の中に自分を投影している。そういう意味で、**ミース**とはまったく違う。

GA　現代の表現者は、あまりにもアノニマスなコンテクストばかりを意識し過ぎている？

入江　「何となく普遍」という、ある種のヴァーチャルなコンテクストを前提にしていると思います。アノニマスという感じは、具体的な人間像に結びつかないという意味かもしれません。

　ところが、コルビュジエの描いていたコンテクストは、ヨーロッパの歴史であり文化であり、その重さに比較し得る「モダニズムという時代を自分は一人でつくるんだ！」という自負が感じられる。

　そういう意味で、**「シトロアン型住宅」**（一九二三年）や**「エスプリ・ヌーヴォー」**の頃は、あるひとつのパッケージされた新しい時間があり、そこで実験を繰り返し行い、都市まで拡張していった。

その後、ヒロイックで有機的な建築がたくさん発表されるようになると、明らかに、世界に対する態度が変わってくる。「皆とレースをしている」という感覚が、消えてしまっている。

GA　コルビュジエ独特のヒロイックな建築は、当時の世界の中心であるパリやニューヨークでは、描かれていませんね。

入江　恐らく、ニューヨークは強く意識していたと思う。そこでは、自分とはまったく違う世界観が生まれていることが、判っていた筈です。「人間がいなくても都市はできる！」＝「全体がガランドウでも都市は成立する」と思えたんじゃないかな。

GA　コルビュジエは、そのような現実の都市を見て、絶望したのでしょうか？

入江　絶望とは言わないまでも、大いに反発したと思う。そのリアクションとして、自分が採るべき方向を「ニューヨークとは違うこと」と、自覚したと思う。渡米は、表現主義的な建築に傾倒していくキッカケになったんじゃないかな。

GA　当時のテクノロジーとマテリアルの選択肢の幅で、ある高密な都市をつくろうとした場合、「身体性を不在にしなければならない現実」もあったのではないですか？

入江　現実も不毛になってきていた時代ですからね。第一次世界大戦後の社会で、世界を構成する人々は、まだ、職業毎に独自の顔を持っていたわけです。当時のヨーロッパを撮った、**アウグスト・ザンダー**が得意としたポートレイト写真を見ると、良く判ります。

ところが、第二次世界大戦後のニューヨークで活躍した、**リチャード・アベドン**の写真を見ると、どんどん人間が空虚になっていく肖像を撮り続けている。

彼らの写真の差が示すように、社会全体に生まれてきた傾向として、世界と人間との間に横たわる「空虚さ」が顕れていた。それがアメリカの中心、ニューヨークという鉄とガラスの都市で、既に暗示されていた。やっぱり、コルビュジエは古典の人間だから、そんな状況は許せなかったと思う。

ヴァーチャリティ＝イリュージョン

GA 「人間不在の現実」を見た時、ある種のヴァーチャリティは意識したのでしょうか?

入江 もちろん、意識したでしょう。コルビュジエのヴァーチャリティは、あくまでもイリュージョンなんです。だからこそ、凄く象徴的なモノだと理解していたと思う。

一方で、ニューヨークのイリュージョニズムには、ハリウッド的スペキュタクラーはあるけれど、シンボリックではない。

そういう意味で、コルビュジエの若い頃には持っていなかったような、凄く抽象的ではあるけれど、そこに生まれる象徴や無意識の情動みたいなものを、建築の中に映し込んでいく。

GA コンピュータ・テクノロジーの普及により、我々が日常的に享受しているヴァーチャリティ。それを建築として扱う際、コルビュジエ的イリュージョンを、高解像度で表現できそうですか?

入江 コルビュジエの場合、人間の像(＝モデュロール・マン)をひとつ、そこに描くことによって、新しい世界と人間とを繋いで見せた。

だけど、ぼくたちが生きている、ヴァーチャルでもあり、リアルでもある両義的世界の中で建築をつくる際、ヴァーチャルなモノとして建築をつくっていく方法が、溢れかえっていると思います。

一方で、凄くリアルなモノとして建築をつくりながら、尚かつ、ヴァーチャルな時代のイコンにもなる建築だって、可能性があると思う。個人的には後者の方が、建築的楽しみが沢山あるという気がするんです。

GA 最終的に建築は、必ずリアルなオブジェクトになるからでしょうか?

入江 そうとも言えませんね。もちろん、物理的にはリアルな存在物だけれど、建築としてはノンリアルなパッケージ。

でも、ぼくたちは日常生活でさえ、散々、ヴァーチャルを浴びせ掛けられていて、うんざりしちゃっているでしょ(笑)。

特に、東京で生活していると、密度感はあるけれど、街中が空っぽだから、一種の巨大なカタストロフの中に浮いているような感じさえある。そんな世界だからこそ、アーティストたちは無意味さを拡大し、広げて見せたわけだけれど……。カタストロフ自体を見せれば成立する彼らは、ぼくから見ると羨ましい(笑)。

そのような終末的時代に「ぼくたちが住む方法って一体、何だろう?」というのが、住宅を考える際の基本的な感覚としてあるわけです。建築がリアリティを失って、実は空っぽになってしまった。その時に、「ぼくたちがそこに人間像を描くと、一体、どんなものになるのだろう?」と考えることを、一生懸命、面白がっています(笑)。

GA つまり、身体性がより重要になる?

入江 だからこそ、**「カップマルタン」**におけるローレゾな身体のあり方は、「強度があってイイな」と思えるわけです。

確かに、**「カップマルタン」**の壁にも**モデュロール・マン**が描かれています。だから、絶えず「自分のローレゾな身体」を「モダニズムの身体」と言い換えようとしていたわけです。そして、空間体験者としての第三者も、皆、そのように理解しようとしてきた。

でも、ぼくには、そんなの関心がない。実際の**「カップマルタン」**を見ると、コルビュジエの頭の中だと思えました。頭の中が外部に取り出された状態を、自ら見ているような感じ。だから、「外部になった内部性」みたいなんです。

GA 同様のことをイリュージョンでやろうとすると、本当の鏡を使ってしまうのでしょうね。

入江 コルビュジエは、その方法は絶対、採らないですよね。抽象をつくり上げる中から、そうした問題を感じさせるのです。少なくとも**「カップマルタン」**は、細い線だけで描いた平面図だけでは、絶対、訳の解らない建築なんです。

生前、**篠原一男**が良く言っていたのは、「フランスのある建築家は、プランがよく判らん!」ということ。本人は、絶対、コルビュジエとは言わなかった。

それは、コルビュジエの理念的な部分が理解できない訳ではなくって……。自然な身体に対応してしまう自由度があって、それが絶えず、ある種の形式性を壊していく。その部分が理解できなかったんだと思う。

失敗を避けるポイント

GA 現代的な感覚やコミュニケーションのように、人間性や身体性をスイッチングすることを、コルビュジエが先取りしているようにも思えます。

入江 逆に言うと、コルビュジエの建築の強さは、全体を厳格な形式にしてしまうのではなく、絶えず、そこから流動的に、柔軟に、現実の身体に降りてくる性格を持っていることから生まれている。だから、実際に見に行くと、何の不思議もなく、良くできているのです。でも、プランだけを見ていると、それが判らない。

「どうやったら、コルビュジエのような建築がつくれるのか?」と、皆が思うわけです。そこで**「近代建築の五原則」**を学んでも、幾ら図面を分析してみても、全然、「コルビュジエ」にはなれない。

現実的な所では、身体性をフルに使っている。そのようなスイッチングは、とても巧みですね。そこに着目しないフォロアーは、皆、失敗してしまう(笑)。

ひとつの論理で全体をつくってしまわない所が、今で言う自律分散システムの様でもあり、そんな風に人間や社会と空間のあり方を結びつけようとする所が面白いと思います。

GA そういう意味で、最近の身体性一元主義にも、警鐘を鳴らしたいですね。

入江 もちろん、全員が身体を持っていることは間違いない。でも、「身体性」と言った途端、**「モデュロール」**=「身体性」という解釈と同様に、ひとつのイデアになってしまう。

GA 「身体性から逃れてしまっている表現は価値がない」という風潮まであります。

入江 いつの時代も、人間と世界を繋ぐひとつの象徴的な存在として、建築と都市があり、(何度も言うように)自然な身体と連続的に世界に繋がるようなレゾリューションが存在していました。その中で、ヴェネツィアの場合、パリの場合、という風に、都市や建築が各々固有の人との関係を築いています。そこから、近代の「人間像」みたいなものも生まれてきました。

結局、ぼくたちは「シンボルの中で生きてきた」と言っても大袈裟ではないでしょう。ところが、あっと言う間に実現した現代の社会環境では、唯一の象徴的な人間という神話が崩れてしまいました。現代のシンボルは、プログラマーが生み出すかもしれないし、物理学者が生み出すかもしれない。しかし、それらのシンボルを、世界や人間の問題として表現していくのは、アーティストの仕事です。

良い悪いは別にして、ぼくたちは最先端の人間の環境を日々、経験しつつあります。そんな都市で、「撮る」行為のデジタル化が「見る」ことの変容を生んだのと同じ様に、コルビュジエが二〇世紀初頭から中葉にやった、人間性の投影の仕方を、今のぼくたちがどう表現するのか?　**「カップマルタン」**での体験を思い返すと、そういう問題を考えさせられます。

（聞き手／杉田義一）

ベスニュ邸：フランス, ヴォークレソン

VILLA BESNUS
"KER-KA-RÉ"
1922

MAISONS LA ROCHE-JEANNERE 1925

ラ・ロッシュ=ジャンヌレ邸：フランス，パリ

コルビュジエの住宅における形式と感覚

青木淳

1956年神奈川県生まれ。東京大学工学部建築学科卒業，同大学大学院修了。
磯崎新アトリエを経て，91年青木淳建築計画事務所設立。

機械が感情をつくり出す

二〇世紀初頭のモダニズム建築は、頭の中で見付ける「本質」（＝形式）を最大限に膨らませたことが、特徴だと考えています。ただし、巨匠と呼ばれる人たちは、「形式」（＝抽象）として見ても素晴らしいと同時に、形や色、肌触り、大きさなど、すべてをそのまま受け止める「具体」として見ても素晴らしい結果を出してきた。初期のコルビュジエは、そのバランスの中で、「どれだけ純度が高い抽象度を得られるか？」を模索していたと思います。

　コルビュジエの「形式」と言えば、直ぐ頭に浮かぶのは**「ドミノ・システム」**（一九一四年）です。さらに、**「近代建築の五原則」**（一九二六年）という「形式」もありました。特に後者は、とてもプラグマティックに、「昔の建築はこうだけれど、現代の建築はこうである」と、非常に論理的に語れるものとして述べている。

　でも、ぼくが見る限り、彼自身が提示した「形式」だけでつくったことは一度もないんですよね（笑）。何故なら、常に「生活」に結び付いた住宅を意識し続けた、希有な建築家だったからです。

　彼の著書**『建築をめざして』**（一九二三年）を読むと、船や自動車、飛行機、摩天楼や工場など、当時の「未来を予感させる新しい生活手段」に、とても惹かれています。もちろん、形に魅せられるだけでなく、「それらを利用して生活していくライフ・スタイル」を、希求していたわけです。

　それを実現するには、合理的な思考を巡らし、論理的に判断する必要がある。慣習によって結論を下すのではなく、自分の頭脳や感性を使って、論理的、感覚的に自分にとっての善し悪しを決めていくことで、生きていく。そのようなモダニズム的個人像と、そんな個人がドンドン増えていくことで生まれる社会のイメージが、凄く強かった。

　つまり、「モダン・ライフ」というスタイルを社会に定着することが、建築のひとつの大きな目標になるわけで、その時に「住宅」は、非常にイメージし易い分野だったんだと思う。そんな意識を如実に表しているのが、有名なコルビュジエの言葉「住宅は、住むための機械である」（『**建築をめざして**』所収）です。このスローガンは、言葉として様々に読み取れますよね。

　個人的に、彼の使った「機械」という言葉を、以下の二つの意味で理解しています。

　ひとつ目は、機械自体が持っている「合理性」。緻密な論理から、精密に組み立てられたもの。

　二つ目は、「何かを生産するもの」。その「何か」とは、コルビュジエにとっては「感情」だった筈です。

反応系の知性

現在、ある意味で「機械」の最先端である、人工知能の歴史を参照すると、まず知能という存在を肯定した上で、それをコンピュータ（＝機械）に置き換えていく作業をしたわけです。それは、スタティックな知性モデルです。

　もうひとつは、動くことによって、何かに反応しながら、知性らしきモノが生まれてくる、という考え方。これは、ダイナミックな意味での知性です。現在のロボット工学は、どちらかと言えば、後者のスタンスで研究が進められていると聞いています。

　所謂、反応系で知性が培われていくと考えられるようになったのは、二〇世紀を掛けて地殻変動のように起こった、モノの捉え方の大きな変化だと思う。コルビュジエも、「機械」という言葉を使った時、その中で歯車が動いているように、ある種の「動き」をイメージしていたと思う。

　同様の雰囲気は、同時代のダダイスト、**フランシス・ピカ**

ビアなどの絵を見ると掴めます。機械をモチーフにした際、彼らがイメージしているのは、けしてベルトコンベアを用いたフォード形式の工場をモチーフにしたのではない。

個人的にも、彼の建物は、写真より映像の方が捕まえやすい。何故ならば、彼は「形式」だけをつくれば満足した人ではなくて、その「形式」によって、人間が体験することで生まれるエモーションの部分（＝映像効果）を、最重要視していたからだと思う。

ただし、コルビュジエの住宅が、映画と決定的に違うのは、時間のコントロールができないこと。そして、静止した状態でリニアな動きを見せることもできない。

その欠点を解決する為に彼が採った手法は、ひとつのモノが別の意味を持ち、二重の意味で解釈できるようにすること。ある側から見た時には、ひとつの意味で理解する。でも、違う所から見た時、体験した時には、まったく別の意味に置き換わっている。

ル・コルビュジエ：ラ・ロッシュ＝ジャンヌレ邸

二重性を持っているにも拘わらず、何故、コルビュジエの建築はアフレコのように「形式」と「感情」がズレないのか？　その理由は、どの瞬間も「形式」に見えていて、どの瞬間も「感情」を持っているけれど、そのどちらも「常に揺れ動いているものだ」と考えて、つくられているものだから。

例えば、**「ラ・ロッシュ＝ジャンヌレ邸」**（一九二五年）。邸内を歩き回ることによって、壁と開口の「意味」が、体験者の居る場所によってコロコロと変わってしまう。それは、「クスッ」と笑みを浮かべてしまうような仕掛けでしょ。コルビュジエの建物を体験すると、常に、一種のはぐらかされた感じが残る。

もうひとつの例は、**「ガルシュの家」**（一九二七年）。作品集での紹介の仕方を見ると、スタディ中のスケッチを掲載しています。それは、蛇のように、廊下が内外を出入りしながら、住宅内をはい回るようなスケッチです。「建築的散歩道」というキーワードに連動するように、コルビュジエは、設計時に常にシーンで捉えていたと思う。

ただし、シーンだけで考えていたスケッチは、ボツ案になっている感じがある。だからこそ、彼は強い形式性を必要としていて、**「トラセ・レギュラトゥール」**というルールを意識的に使って、今ある**「ガルシュの家」**をつくったのだと思う。

ヌーヴォー・ロマン

「ガルシュの家」や**「サヴォア邸」**(一九三一年)に代表される初期の住宅は、通常、「白の時代」と呼ばれています。その名

ル・コルビュジエ：ガルシュの家

称が示す通り、初期の住宅の方が「形式」は洗練されていると言われているけれど、ぼくは逆だと思う。ある意味で、「白の時代」の住宅は、ゴチャゴチャだと思います。

どうやっても、「形式」が投与できない。投与できないことも「楽しい」という位の楽観さという意味で、**「サヴォア邸」**の一階は、初期のイメージを良く表していると思う。初期の頃に持っていたイメージは、まだ「ぼんやりとした近代性」だったので、コルビュジエ自身の肉体とはかけ離れたモノを夢想しているような所があると思う。

六〇年代のフランス文壇に「ヌーヴォー・ロマン」という流行がありました。その代表的な作家、**アラン・ロブ=グリエ**の作品に**『消しゴム』**(一九五四年)という小説があります。

彼の作品に共通することは、ミステリー仕立てになって

いること。でも、犯罪モノではなくて、筋を引っ張って行くためだけに、ミステリーの手法を使っている。内容は、本当に散文的なものです。**「サヴォア邸」**には、「ヌーヴォー・ロマン」の小説を連想します。

一応、ランプのような「引っ張ってくれる形式」を持っている訳ですが、ランプ自体が重要なわけではなく、あくまでも道具（＝装置）である。だから、「機械」や「映画」という言葉に結びついてくる。

でも、**「ショーダン邸」**（一九五六年）に代表される後期には、「映画」という比喩で評せなくなりますよね。「機械」とは言えるかもしれないけれど、まさに「建築」になっている。なぜなら、斜路があっても、リニアな体験を促す装置ではないから。あくまでも、事物としてそこにある。

つまり、初期の住宅はモノが支配する世界で、モノ同士をどのように結びつけるかと考えた時に、動線などをある程度、利用していた。でも、後期の場合は、モノとモノが並べられることだけで関係をもつような、より純粋な「形式」になっていったと思う。

視線も、平面的にダイアゴナルであると同時に、セクション的にもダイアゴナルだから、当然、空間的にも繋がり方が複雑になってくる。ただし、その「関係」は、平面だけでなく断面においても、同じ「関係」を持っているので、凄く「形式的」な純粋性を孕んでいると思う。

ル・コルビュジエ：ショーダン邸

「感覚」が「形式」をつくる

コルビュジエの住宅を分析していくと、「形式」と「感覚」の関係において、幾つか実施しなかったことがあったと思う。

ひとつは、「形式」自体が「感覚」を持ち得るという発想。例えば、「シンメトリー」のように、その構成自体に既に独自の「感覚」を含む「形式」は、意識したことが無かったでしょう。

もうひとつは、その逆で、「感覚」が「形式」をつくっていく、ある意味で「形式」が自由ではなくなるくらい、複雑になっても構わない状態。コルビュジエの初期には、「感覚」で住宅をつくろうとしていたわけで、結局、最後には捨てた方法だったわけ。だけど、完全に放棄してしまうのは、どうだろうか？　必ずしも、巧くいかなかったとは言えないのではないでしょうか……。

コルビュジエは、二〇世紀の巨匠の中で、「感覚」が強いという意味で、最もヤバいスタンスを取っていましたからね。それを、もっと先へ進める方法は、現代だったらあり得るだろうと思います。

（文責／杉田義一）

ペサックの住宅群：フランス，ペサック

QUARTIERS MODERNES FRUGÈS 1926

建築空間の画材 コルビュジエの素材と色

林美佐

1963年東京都生まれ。学習院大学大学院博士前期課程(美術史)修了。
東京都庭園美術館学芸員を経て，現在，大成建設ギャルリー・タイセイ学芸員。

一九二〇年代の空間表現

GA　数多くのコルビュジエの展覧会に関わってこられた学芸員の林さんに、当時のアートの流れとの関わりから、コルビュジエの建築についてお話しいただきたいと思います。コルビュジエは、毎日午前中絵を描いていたことは有名です。

林　最近の傾向として、美術と建築との関わりを見せる展覧会が増えていますね。コルビュジエの活動の広がりを見せる。

コルビュジエは「建築は全ての芸術の統合」という言い方をしていますから、彼の活動にとって絵画も重要であるのは間違いない。ただ、画家として見るのは結構辛い。かといって、建築家としてだけ見るのも、膨らみが減ってしまうと思います。

特に、絵画と建築との関わりが強いのは、一九二〇年代でしょう。

GA　二〇年代と言えば、画家**アメデ・オザンファン**とやっていたピュリスムです。アートとしては、キュビスムという先行する大きな動きに対する関係で位置づけられていますね。

林　そうです。キュビスムの代表的な担い手は、**パブロ・ピカソ**や**ジョルジュ・ブラック**です。端的に言うと、対象を色々な視点から見て分解し、画面に構成していく。

写真など新しい表現が出てきて、絵画でできることを新しく考える必要があった。そこで、一点透視といった従来の遠近法ではなく、色々な視点から見て、対象を分解するという新しい手法が生まれたわけです。絵画でなくては表現できない、新しい空間の捉え方と、その視覚的な表現が斬新だったので、多くの画家が同様のことを試み、広がりが生まれました。ピュリスムもそのひとつと言えます。

ピカソや**ブラック**は、分解の方向性をやりつくして、要素がバラバラになっていきます。ついには何が描かれているか分からないくらいになる。それに対して、そこまで分解しないで、幾何学的な形に整理しようと考えたのが、**オザンファン**と**ル・コルビュジエ**を名乗る前の**シャルル・エドゥアール・ジャンヌレ**が提唱したピュリスムでした。

GA　キュビスムの一部と言っていいのでしょうか。

林　一部と言うよりは、その流れから出てきた別の表現。当然、キュビスムがなければ、ピュリスムはなかったのですが、狭義のキュビスムとして見てしまうと、ちょっと違う。

基本的に、キュビスムに影響を与えた、**セザンヌ**の言った「抽象幾何学で対象を捉える」というベースの考え方は同じなのですが、**ピカソ**たちがバラバラにしたところまではせずに、対象の形を単純な形に還元して表現しようと。

GA　多視点による新しい見方、感覚の表現という点では同じで、対象を多様に、つまり実際に体験、知覚されるように二次元化する。

林　そうですね。コルビュジエの絵を見ると、形を非常に単純化して、その形を画面にポンポンと載せていく。薄い面を重ねたような、非常に平面的な表現です。上から見ている視線、横から、下からの視線が、線が重なりながら、ひとつの画面に収められる。それを収めるために平面的な構成が取られたのだと思いますが、その形を目が追うことによって、絵画上のプロムナードとして空間性を感じるわけです。

つまり、リテラルには同一平面上に置かれた、影のない形の重なりなのですが、例えばテーブルの上にボトルや楽器が置かれるという空間を感じる。それが**コーリン・ロウ**が「**ガルシュの家**」（一九二七年）で記述した、面が重なるよう

ル・コルビュジエ：ガルシュの家

な空間の繋がり＝「虚の透明性」に結びついていると考えられます。

絵画の三次元化？

GA　コルビュジエの初期の住宅について、絵画表現の三次元化と言ってもよいのでしょうか。

林　**「サヴォア邸」**(一九三一年)などでは、窓から見える景色や建物内部の見え方について、「絵として見える景色」と言いますか、「幾何学的に制御され、フレーミングされた景色」と言うことができると思います。

　その際に、色彩も重要な役割を果たしていました。ひとつの面に一色ずつを塗り分け、明暗を操作して、空間を平板な面の構成にしています。絵画を見ても、同じ構図で色を変えて、視覚的な効果がどのように違うかを繰り返し試みています。同様に建築空間でも、実際の奥行きはあるけれど、

ル・コルビュジエ：サヴォア邸

ある面が出て見えるというような、感じる距離感を操作するということは、かなり考えていると思います。

GA　三次元の空間なり具体的な対象を、二次元の絵画というフォーマットに表現するための新しい感覚。それをもう一度ねじって、三次元の空間表現に使い、「虚の透明性」と言われるような、体験的な空間を追求したのが興味深いですね。

　絵画と違うからこそ、一点透視的に見てしまう実際の空間を、多視点的な経験が重なり合う空間の全体像認識のようにつくりたかったのか……。

林　確かに二次元だからこそ追求された空間表現と同様の操作を、三次元の建築空間でも行っています。それがどういうことだったのか、上手く説明できません。

　ピュリスムは**オザンファン**のものだったとも言えて、彼はコルビュジエと別れた後もずっとそれをやり続ける。むしろ、コルビュジエは**オザンファン**と活動するためにピュ

リズムをやっていた面もあったのではと思います。そこで、新しい表現方法を学んだ。
　コルビュジエは二五年までのピュリスム期には、静物しか描いていません。対照的に、**ピカソ**はキュビスム初期から人物も静物も描いていました。動きのあるものが、どんどん分解されて、そのダイナミックな動きによって、空間性を感じるとも言える。逆に、コルビュジエの「平面性」には動きを感じることはできない。対象物というよりむしろ、空間そのものを対象化して、それをいかに記述、表現するかを課題にしていたのかもしれません。

空間構成の素材の変化

GA　長い間共同作業をしているキュビスムの作家、**フェルナン・レジェ**の影響は?

林　**オザンファン**と別れてから、形の表現など、**レジェ**との共通性が非常に強くなります。その頃、**レジェ**も幾何学的構成の絵画から独自の方向性に変わりつつあり、その変化とシンクロしているようにさえ見えます。例えば、木の枝や手袋といった詩的なモチーフ、具体的な形を複雑に描いていく。木目の面白さをそのまま描く。それはコルビュジエも同じ傾向を示しています。

E1027(設計:アイリーン・グレイ)に描かれたコルビュジエによる壁画

　ピュリスム期の間にも、構図が複雑になったり、色使いがパリの空を思わせるくすんだ色彩から、徐々に明るくなったりするなどの表現の変化は見られますが、形や色に対する考え方の変化は、ピュリスムからの反動のように、二五、二六年頃から起こっています。そして、その後の展開は、南米や北アフリカ、毎年夏に行くようになっていた大西洋岸のアルカション湾など、日射しの強い土地への旅の経験などがきっかけになっていると指摘することができるでしょう。
いずれにしても、木や石を描いた素材への関心の高まりの建築への影響は、三〇年代に現れると思います。

GA 具体的には?

林 レンガや石、木材といった素材の取り扱いにはっきり現れていると思います。元々、二〇年代の住宅でも、コンクリートによる柱とスラブという**「ドミノ」**の図式そのままではなく、レンガや木などを使っていて、見た目は「抽象的に」綺麗に塗装して平滑な面として扱っていた。それが三〇年代になると、構造そのものも仕上げもあると思いますが、空間を構成する素材をそのまま表に見せてしまうところが出てくる。それは、ピュリスムからの大きな変化です。
その一番最初は**「ド・マンドロー夫人邸」**(一九三〇年)だと思います。草原に建てられた、**CIAM**を支えたパトロンのための別荘で、地元で採れる石による壁をそのまま現している。そして、コルビュジエ自身が作品集で説明しているように、鉄骨フレームの入った開口部と石壁が、明快に区別され、並置される。
その傾向は、チリの**「エラズリス邸案」**(一九三〇年)や**「レ・マトゥの家」**(一九三五年)など、第二次世界大戦前の不安定期に手掛けた週末住宅の計画に共通しています。外的要因としては、予算や地元施工といった経済的、技術的な制約も原因と考えられます。
また、二〇年代後半から、人々の関心が「機械」から「人間」に移っていきます。文化人類学が脚光を浴び、ロマン主義的な「高貴な野蛮人」への関心が高まっていました。コルビュジエ自身も**『輝く都市』**(一九三五年)で、「原始的な人間」への関心を述べています。そのようなことも、地域固有の材料や素材の色や形に影響を与えているかもしれません。

GA 二重性とか矛盾する要素の並置という指摘も多いですが、そういうことでしょうか。あるいは、もっと連続する問題意識の中に位置づけられるのでしょうか。

林 対立という概念は、これまでにも言われているし、実際にあると思います。しかし一方で、今言ったように、コルビュジエの関心が「自然」に向かっていったということがあると思います。

　例えば、**「スイス学生会館」**（一九三二年）では、ガラス・カーテンウォールではない北側の壁面は、コンクリート・パネルの壁面の下に、湾曲した珪石の石積みの壁が強烈にアピールしています。大きさの揃わない、目地が詰んでいない乱石積みから、葉脈や血管、細胞壁のようなものを連想してしまいます。

　実は、竣工当時は、一階ホールの壁面は、壁画ではなく、コルビュジエによるフォト・コラージュでした。そこでは、石や砂丘、樹木、細胞組織の顕微鏡写真、鋼管断面を集合させたものの拡大写真などが、構成されていたようです。それは明らかに、石壁と呼応していると思うのですが、コルビュジエ自身は説明をしていません。

ル・コルビュジエ：スイス学生会館

　ただ、作品集の北側外観の写真に付けられた「適切な材料の使用による近代的美学」という言葉からは、自然素材を使うことが目的というよりは、実際にあるもの＝建築の各材料そのままの中に、面白みを見つけたような感じを受けます。言ってみれば、素材が木であれば、ただ「木目が表現したかった」。そして、二〇年代の空間操作、色彩操作のように、素材の色やテクスチャーを使って、空間構成を操作していく。ですから、素材をどの場所で現すかや、ディテールでは目地を広くするということには意図を感じます。

　その意識は、**「パリ郊外の週末住宅」**（一九三五年）にも見られるかもしれません。鉄筋コンクリートのヴォールト屋根、その上の土と植栽、ガラスブロック、合板張りの天井、白色石灰のろ仕上げの石積みの内壁、レンガ積みの煙突と暖炉。それに対してコルビュジエは「このような住宅の計画は入念になされなければならない。構造の材料自体が建築を構成するからだ」と書いています。二〇年代の抽象的な面と彩色の操作に代わって、これらの操作が前面に出てくるわけです。

アニマル柄の建築!?

GA　そのような関心も**レジェ**と重なっているのですか。

林　二〇年代後期から三〇年代にかけて絵画に現れたモチーフ、木や骨、貝殻を描こうという時点では、**レジェ**と意識が重なっています。また、静物以外では、三〇年代初めから、女性を描いていることは、コルビュジエ自身の造形や自然に対するスタンスにとっては大きな変化だと言われている。構成としても、硬いものと柔らかいもの、人工的なものと自然なものなどが対比的に描かれています。それは二〇年代には全く見られない傾向です。

　その少し前、**レジェ**はチュビズムとも言われ、対象を描く幾何学のベースとして、立体的なチューブ状の形をよく用いていました。その影響もコルビュジエに見られるのですが、**レジェ**がグラフィック的で整った構成に向かうのに対して、コルビュジエは複雑にグニャグニャした形を描くようになっていきます。その頃が**レジェ**との影響関係の最後で、その後は我が道を行くというか、個人的、内面的な表現になっていきます。

GA　他の美術界における動きの影響についてはどうでしょうか。

林　**ピカソ**の影響はよく指摘されていますが、二〇年代半ばから現れたシュルレアリスムの影響は無視できないと思います。**アンドレ・ブルトン**の「シュルレアリスム宣言」の中で引用された、**ロートレアモン**の詩句、「手術台の上でのミシンとこうもり傘の出会い」はあまりにも有名です。そのような異質なものの組み合わせ、作家の内面、無意識下の創造といった側面が、コルビュジエにも重要になってきたと思います。

　もうひとつ重要だと思うのは、バウハウスとも関係の深い**カンディンスキー**のようには、抽象性の強度を求めていかなかったことがあると思います。コルビュジエが手掛けた、ザルブラ社の三二年の色見本帳は、「砂」、「石壁」のように具体的な事物の名前が付けられながら無地だったのに対し、五九年版では大胆な柄物も制作されています。このことも、素材の扱いと連動していると思いますし、よく考えれば、初期の頃から動物の毛皮を使っていましたね。計画だけで終わった、スイスの靴メーカーのための**「パリ万博バチャ社パヴィリオン」**（一九三七年）では、「外壁は大きな瓦のように見せるなめし皮を瓦状に覆う」（作品集Vol.3）とかなり奇抜なことを考えています。

　これらのことを考えると、コルビュジエにとっては、かなり生々しい色やテクスチャーの素材であっても、空間創造のためには興味深い材料だったのでしょう。コンクリートもその延長で捉えられ、それらの素材を積極的に組み合わせて、空間を構成、操作していたと思います。

（聞き手／山口真）

MAISON COOK
1926

クック邸：フランス，ブローニュ

32

MAISON GUIETTE
1926

ギエット邸：ベルギー，アントワープ

白の絶対性と風景の誘惑

千代章一郎

「ル・コルビュジエがどのようにして空間をつくり上げるか知っていますか？　はじめは何よりもフォルム。そしてそのフォルム（形態）は光と影によって検証されます。そして最後に色彩。常にそうでした。ル・コルビュジエは本質的に造形家でした。」

長年ル・コルビュジエの共働者であったアンドレ・ヴォジャンスキーは生前、筆者にこう語ったことがある。確かに、ル・コルビュジエの描いたスケッチや建築図面の線描の履歴は、ヴォジャンスキーの証言を反映している。しかしそれは、ル・コルビュジエの内面に生じていたことの一断面であり、アイディアが整理され、階層化されてはじめて描くことを自らに許可したル・コルビュジエのすべてではない。

十九世紀後半以降、科学塗料の普及により壁紙に代わって建築物への安定した塗装技術が確立されていく。それと連動するようにデ・スティルでは建築作品における抽象美学の応用が試みられ、バウハウスにおいては記号論的色彩理論とデザイン教育への応用が試みられた。しかし二〇世紀初頭の印刷技術が建築における色彩理論の批評を阻んだ。そしてヒッチコックとフィリップ・ジョンソンによる「インターナショナル・スタイル」の概念化によって白のヴォリュームが神話化される。

ル・コルビュジエにおいても一九三一年と五九年にサリュブラ壁紙工場の依頼による二冊の色彩見本を

1968年京都府生まれ。東京理科大学理工学部建築学科卒業，
同大学大学院修士課程修了，京都大学大学院博士後期課程修了。
京都大学工学部助手を経て，現在，広島大学大学院工学研究院准教授。

制作しているように、ル・コルビュジエの建築作品に多種多様な色彩が使用されていたことは今日ではよく知られている。また、一九二〇年代の建築作品にはパステル調の淡彩色が、第二次世界大戦後の建築作品には原色系の極彩色が顕著になり、色彩の空間配置も面的なものから立体的なものへ大きく変化していく。しかし、色調の変化は転向ではなく、形態──光──色彩の連関によって生み出される「忍耐強い探究 *La recherche patiente*」の断片であった。そこには白への信奉と同時に、内在的あるいは外在的な要因によるある種の揺らぎが含まれているのである。

白の絶対性

一九二三年にレオンス・ローゼンベルグによるデ・スティルの建築展、とりわけテオ・ファン・ドゥースブルフのドローイングなどに、ル・コルビュジエはおそらく批判的であった。すでに、画家でもあったル・コルビュジエ自身は、ピュリスムを唱えたアメデ・オザンファンと共にパリを中心とする近代絵画運動を主導している。共著『キュビスム以後』(一九一八年)において、ル・コルビュジエとオザンファンは極端に分析的なキュビスムの方法論の恣意性を批判し、形態から分離された色彩を装飾的であるとみなす。そして色彩が形態に完全に依存することを主張し、色彩を形態の豊かさを強化するための付随的主題として措定する。

しかしそれは、形態の問題が色彩を欠いたまったくの抽象的な輪郭に還元されていることを意味していない。形態は白によって、あるいはモノクロームによってより明瞭に浮かび上がる。そのことは、一九一一年ル・コルビュジエが青年期に敢行した『東方への旅』の告白で明らかである。例えば、ギリシャのアクロポリスの丘に建つパルテノン神殿について、ル・コルビュジエは次のように述べている。

「ここでは半陰影を見ることはまったくない。風景の赤い統一性が神殿にまでつたわっているのだ。大理石は紺碧を背に真新しい青銅のごとく輝く。間近でみれば、それはテラコッタ同様の赤茶色なのである。私はかつてこのようなモノクロームの支配力に遭遇したことはなかった。このあまりな衝撃に眩惑され、身も心も、精神もただ喘ぐばかりであった。」

(Le Corbusier, Le voyage d'Orient, Les Editions Forces Vives, 1966, p.154)

ル・コルビュジエはパルテノン神殿の価値が「大理石」「光」「モノクローム」の三つに集約されることを見出し、自然の風景に自立する建築作品の存在を単一の素材によるモノクロームとして描写する。確かに「大理石(形態)」「光」「モノクローム」は、ル・コルビュジエの建築制作における「形態」「光」「色彩」の手続きと照応する。しかしル・コルビュジエを感動させたパルテノン神殿は、モノクロームであるにしても、それは単なる抽象形態ではなく、具象的な赤茶色に彩られていなければならなかった。

一方、イスタンブールのモスクでは、ル・コルビュジエにとって白は特別な色彩として描写される。白が特別であるのは、この色彩がモノクロームの中でも光に照らし出された建築作品の形態を最も明瞭に現すからである。こうして、ル・コルビュジエのモノクロームの感動は、『東方への旅』の後、『今日の装飾芸術』

（一九二五年）において装飾排除と白の絶対性への理論化に至る。だがしかし、ル・コルビュジエの建築作品は多かれ少なかれ白を補うように、あるいはそれを損なうかのように多彩色に彩られているのである。

色彩の恒常性

後年のル・コルビュジエの回想によれば、白がその輝きを示すには、白のみでは成立せず、様々な色彩が必要である。白がその効果を現すためにはポリクロミーが相互補完的なものとして使用されなければならない。しかしそれは、予定調和的な色彩の配列による静的な効果ではなく、動的な「生命の躍動 *les mouvements de la vie*」でなければならない。

その「色彩のざわめき *rumeur des coleurs*」は、二〇年代当時、次のように理論化される。すなわち、ピュリスムの色彩理論では、色彩のもつ属性により「大階調」、「動的階調」、「推移階調」の三つに分類される。「大階調」は黄土色、赤、茶、白、黒、ウルトラマリンブルーなどの色彩から成り、絵画平面上の形態の輪郭を決定する色彩群である。一方「動的階調」は、レモンイエロー、オレンジ、緑、コバルトブルーなどの色彩で構成され、自然物の素材の色彩に近似する色彩群である。また「推移階調」は、茜色、エメラルドグリーンなどの色彩で、画面を彩る中間色である。「動的階調」と「推移階調」は形態の輪郭を決定する特性を持たず、「大階調」を補完する。

ル・コルビュジエとオザンファンは、『レスプリ・ヌーヴォー』誌において、そのように階層化された色彩の効果について次のように述べている。

「心理学的反応純粋主義は普遍性をめざしているので、まず色彩感覚の固定性を検証することが大切であった。様々な色彩の直接的かつ純粋生理的反応に、第二次的に心的印象が結合する。たとえば青には、一定かつ特有の感情が結びついている。すなわち、大気的な、液体的な、遠方的な、深奥なという感情、それは自然においてこのような色彩を帯びているもの、水、空、遠くのものなどの想起である。褐色は大地的であり、緑色は植物を暗示するなど。したがって、第一の生理学的鍵盤と緊密に結びつく第二の心理学的鍵盤、すなわち受け継がれ生きられた経験と慣習の鍵盤が存在することになる。これも使用の論理を要求する。すなわち、色彩は、恣意的なところの全くない状況と状態にしたがって形態と結びつけられ、適用されなければならない。」
（A.Ozenfant et C.E.Jeanneret, "personnelles", in L'esprit nouveau No.27, Paris, 1924, sp.）

ピュリスムの色彩理論では「色彩感覚の固定」、つまり第一の効果として、赤色は膨張して見え、青色は収縮して見えるといった色彩に対する「生理的反応」がある。しかしそのような科学的分析によって色彩の効果は説明し尽くすことはできない。そこで、第二の効果として、青色は空や海を連想させるといった「心理的反応」が存在すると主張する。いずれにせよ、それらの反応は個人差がなく恒常的であるとされる。ドゥースブルフによって見出された建築作品の色彩の問題を、形態との関連で論理的分析に推し進めたのがピュリスムの特徴であろう。それはオザンファンのみならず、建築作品に「正確さ *précision*」を希求したル・コルビュジエの探究と呼応している。

建築的ポリクロミー

ピュリスムの色彩理論の建築空間への応用は、『全作品集』第一巻、「ラ・ロッシュ＝ジャンヌレ邸」（一九二五年）において「建築的カムフラージュ」として概念化された。

壁面の塗装によって空間を視覚的に操作する「建築的カムフラージュ」は色彩に対する生理的・心理的反応の恒常性を用いたものであり、「カムフラージュ」の語は色彩が副次的主題であることを示唆している。「ラ・ロッシュ＝ジャンヌレ邸」では外部には白の単一性が維持され、内部の随所に色彩が施されている。一方で、「ペサック集合住宅」（一九二六年）でル・コルビュジエは、「建築的カムフラージュ」の手法を建築物内部だけではなく、外壁面に着色することで周囲の森に融和させることを意図し、建築作品を周辺環境への「拡がり」に対し、さながらパルテノン神殿のように風景を異化させることよりも、むしろ同化させることを主題としている。

こうしてル・コルビュジエは、色彩の主題を三一年には「色彩鍵盤サリュブラ」として定式化する。無地の色見本四三色、模様付壁紙見本十九枚、色彩鍵盤十二種から成り、色彩鍵盤には「空間」「空」「ビロード」「壁」「砂」「風景」「雑色」の情緒的なタイトルが付けられている。それは四〇年代に始まる「モデュロール」の寸法体系の探究とその確立以前のことであった。

「サリュブラ」と同時に発表された論文「建築的ポリクロミー」においてル・コルビュジエは、「サリュブラ」では無限に存在する色から自身の「感じた」四三色に限定したと解説している。その大部分がピュリスム期の「大階調」から派生した色を基盤としていることは明らかであるが、しかし相違点もある。

「すべての文明社会、民俗あるいは遠地点、そして地上のすべての場所で、同じような色彩で雰囲気が醸し出されている（……私は建築、すなわち眼がとまる壁について話している）。これらの色彩は、三、四色の青、赤やピンク、淡緑や深緑、黄土色やアースイエローである。最も顕著なことは、まさしく雰囲気の基礎を構成する強い白が優勢であることである。」（Le Corbusier, "Polychromie architecturale", in Le Corbusier - Polychromie architecturale Les Claviers de couleurs de Le Corbusier de 1931 et de 1959, Basel, Birkhäuser, 1997, p.100）

ル・コルビュジエによれば、地球上の色彩は青系統、赤系統、緑系統、黄系統の四つに還元され、その組み合わせにより、建築作品を包み込むその場所の雰囲気が形成される。より還元主義的な色彩の選択や場所への配慮はオザンファンの視点と異にする。あるいはル・コルビュジエと親交の深かったフェルナン・レジェのように、壁は画家によって描かれる画布の延長ではなく、ル・コルビュジエにとって壁は場所の空間を限定する一要素である。しかしまた、『東方への旅』でも主題となっていた白が、これらの色彩とは別に絶対的なものとして扱われている点には変わりない。

こうして「サヴォア邸」（一九三一年）では、「建築的ポリクロミー」の理論の実践がひとつの完成をみる。立面図は白に彩色され、図面上では何よりもまず形態の明瞭な輪郭が検討されている。そして建設されたこの住宅は、地上階の曲面ガラス壁のサッシュの緑色、主階諸室の様々な内壁の淡彩色、天井採光の鮮やかな青色などに彩られ、白色との明瞭な関係性によって効果を生んでいる。

しかし、ル・コルビュジエが色彩の理論の応用について具体的な建築作品によって説明している例は少なく、『ラルシテクチュール・ヴィヴァント』誌などの限られた媒体において事後的に例証しているに過ぎない。実際、色彩を検討する事前の図面や模型は数少なく、ル・コルビュジエは建設の現場で感性的に色彩を決定していたと思われる。

そもそもル・コルビュジエは構造的な検討の場合を除いて造形の検討段階で模型を製作することを許していない。建築図面によって三次元的な空間を頭に描くことを常とし、地理的条件に拘らず「どこにでも」建築作品として具体化されることを目論んでいる。ところが、様々な資料からはル・コルビュジエの色彩検討の痕跡はそれほど多くは見出せないのである。色彩理論を厳密に応用するというよりも、むしろ色彩の単一性を具体化することでは収まりきらないル・コルビュジエの多彩色への情動が、構想が風景に取り囲まれて具現化するにつれて溢れ出てくるのかもしれない。

風景へ

むろん地球上の色彩は、各々の敷地に一回的な風景として現象している。実際、ル・コルビュジエの実践において、ル・コルビュジエの色彩の指示は建設現場での感覚的な指示による場合が多い。それはル・コルビュジエの風景視が微妙な色彩の変化やその深みを捉えていることも一因であろう。

もう一度『東方への旅』の記述に戻ろう。そこには風景の中に見出される豊かな色彩についての記述が至る所に見られ、人工物だけでなく、空・海・川・山・大地など自然物の描写が多く見られる。しかもそれは単なる自然の風景描写ではなく、あくまで建築作品の在る場所の風景への眼差しである。

例えば、ギリシャのアトス山の修道院を訪れた際に、ル・コルビュジエは次のように述べている。

「さらに私は黄、赤や青、紫や緑の知覚のうちに層をなす色彩に思いを馳せた。結合の細部は取るに足らないが、線が垂直から水平へと変わっていくときの穏やかな移ろいを……」

(Le Corbusier, Le voyage d'Orient, Les Editions Forces Vives, 1966, p.126)

しばしばル・コルビュジエは、旅の途に現前する自然の風景における色彩の微妙な差異や変化の様相を書き留めようと試みている。自然の風景の「戯れ *jeu*」は、実際色彩の世界であり、二四時間のなかで移ろい、地理的条件によって多様に変化する実に豊かな多彩色の世界なのである。

『東方への旅』のル・コルビュジエの眼が二〇年代の建築制作においても保持されているとすれば、風景の色彩の理論の実践は、自ずと矛盾を内包することになる。色彩の恒常性は人工的な塗装によって建築作品の内的世界として構築することができるかも知れないが、風景に埋め込まれた建築作品は、壁に開けられた窓から侵入する自然の風景の可変性によって無化されるかも知れない。実際、現実の豊饒な自然風景の特殊性への眼差しと人工の色彩の普遍性の探究は、ル・コルビュジエの眼において双方向的に働いている。それは矛盾ではなくル・コルビュジエのいわば分極的な思考そのものであり、人工的な塗装による色彩理論が風景への同化の目論見へとつながり、風景への眼差しが、翻って内在的な空間構築の意志となる。時に結合し、時に離反する両者の磁場において建築的な拡がりが具現化されるがゆえに、ル・コルビュジエの淡彩の色調は絵画的な記号としては理解できないのである。それはやさしくもあり、また力強くもある。

しかし色彩を帯びた形態を浮かび上がらせるものはいまだ地中海的な「光」であった。その「光」の現象学の多様性は、異なる風土、北アフリカやインドの「太陽」の経験によって発見され、ル・コルビュジエの色彩は変容を遂げることになる。二〇年代の建築作品における色彩は、表出するル・コルビュジエの色彩への感性の序章であり、地球上の様々な場所での実践によって、色彩的感性は変奏を遂げていく。

VILLA STEIN-DE-MONZIE "LES TERRASSES" 1927

ガルシュの家：フランス，ガルシュ

MAISONS WEISSENHOF-SIEDLUNG STUTTGART 1927

ヴァイゼンホーフ・ジードルンクの住宅：
ドイツ，シュトゥットガルト

コルビュジエの住宅は「茶碗」である

隈研吾

1954年神奈川県生まれ。東京大学工学部建築学科卒業，同大学大学院修了。コロンビア大学客員研究員，ASIAN CULTURAL COUNCIL給費研究員を経て，86年空間研究所設立。90年隈研吾建築都市設計事務所設立。現在，東京大学教授。

バックグランドが nobody

GA 『GA HOUSES 100』で、**安藤忠雄**さんの住宅についてお話しいただいた時に、コルビュジエの住宅についても触れていました。

隈 何を話したんだっけ?

GA コルビュジエの住宅は、市民層にはコンセンサスを得られたけれど、社会構造の頂点を担うキーストーン層には了解が得られなかったということ。

隈 基本的に、彼は「メディアのための住宅」をつくっていたと思う。二〇世紀的粗い解像度の写真に撮った時に、一番、アピールするような住宅を目指していたわけです。でも、現実的には、ハイソな人たちにアピールしないだけでなく、ソーシャル・ハウジングに住むような人たちにとっても魅力的なものではなかったと感じる(笑)。

結局、建築学生の為に設えた、メディアのための住宅でしかない。ただし、メディアのための住宅がもの凄い力を持ち得るということを、コルビュジエ自身は知っていたと思う。

GA 何故、**ミース**は同様のアプローチを採らなかったのですか?

隈 **ミース**の場合、彼自身の持っているバックグランド(=例えば、親父が石屋)が、メディアに向かわせない矜持、プライドを生んだからだと思う。

コルビュジエの場合、基本的にnobodyです。スイスからフランスに来たことだけを取り上げても、バックグランドがnobodyでしょ。**ミース**はあくまでもsomebodyだった。

GA ドイツと比べて、スイス、フランスの職人に対する社会的ステイタスの差も反映されていたかもしれませんね。

隈 スイスの時計職人が、当時、どの位の社会的ポジシヨンを持っていたのか判らないけれど……。少なくとも、フランスに来てしまった時点で、コルビュジエはギルド的な組織にもアカデミズムにも、誰からも守られない状況ではあった。

　つまり、彼は基本的に「故郷を捨てた人」だよね。「故郷」というリアリティを捨てて、メディア世界という荒っぽい海の中で、自分を特化させる覚悟は、尊敬に値する。

GA　その際に、二〇世紀的低解像度＝抽象化と誤解されながら、世界中に伝播した？

隈　そういう側面もあったでしょう。そういえば最近、久しぶりに**「桂離宮」**を見てきました。何で、**「桂離宮」**が近代の建築家たちにウケたのかと考えると、「コルビュジエの住宅」と同じ理由だと思った。

GA　つまり、解像度の問題だと。

隈　雁行型を形成する書院は、白い障子を外に出しています。日本の古建築、**「桂離宮」**と同時代の建築でさえ、障子は内側に控えていて、外側には縁側が廻り、フレームだけが露出している。**「桂離宮」**だけが、障子が最外郭に出ていて、ソリッドな白いヴォリュームに見えてしまう。**「サヴォア邸」**（一九三一年）と同じように、低解像度のモノクロ写真に撮った際、ソリッドなホワイト・ヴォリュームが強い表現になる。

　芝生の上に、白いソリッドなヴォリュームが浮いていて、地上階はピロティ状に構成されているので、地面との境は黒い影しか写らない。**「桂離宮」**は**「サヴォア邸」**そのものだと思いました（笑）。

桂離宮

原型からのズレ

GA　**「サヴォア邸」**に至る前の**「ドミノ・システム」**（一九一四年）や、その後の**「シトロアン型住

宅」(一九二〇年)は、メディアに対する意識があったのでしょうか?

隈　「**シトロアン**」は、ひとつの単純な白いヴォリュームに還元しようとした意図が、一番、明瞭に出ている。

「**ドミノ**」にしたって、水平の床を表現する際に、単に水平性を強調するだけでなく、ひとつのオブジェクトにまとめる技を提示している。絶えず「ひとつのオブジェクトとして、記憶に残るヴォリュームをつくろう」という思考があったと思います。

ただし、どちらも「**サヴォア邸**」ほどの完成度は無い。

GA　晩年に、インドやアルゼンチンでつくられた住宅には、「**サヴォア邸**」に見られるような二〇世紀メディア的解像度を伴った抽象度が感じられません。さらに、「**カップマルタンの休暇小屋**」(一九五二年)に至っては、抽象化がもの凄く抑えられている。

隈　「**サヴォア邸**」によって、一種の原型を提示したわけじゃない。一度、原型を出してしまった後、そこからのズレを見せ続けていったのが、彼の面白さだと思う。

それは、**ピカソ**の創作活動にも当て嵌まる。自ら原型を出した後はそれに拘らず、一種のナゾ掛けのような形でズレを表現していく。

どうして、コルビュジエが現代に至るまでの長い間、カリスマ性を持ち得ているかと言うと、原型を提示できただけでなく、その後は原型に拘らずに、沢山の謎を人々に投げ掛けたからだと思う。

自分を自分で裏切るような行為。二〇世紀の二大巨匠、**ピカソ**とコルビュジエが似ているところは、正にそこなんです。自分のソリッドな部分と自分が変わっていく部分を同時に人に示して、その大きな問い掛けの中に皆を巻き込むことが、**ミース**はできなかった。

GA　ある意味で、建築的自虐行為をできるようになったのは、中産階級以下の個人住宅に建築家が積極的に関与できるようになったことが要因に挙げられますか?

近代以前は、建築家の活躍の場は、宗教建築に代表される社会的ステイタスを持ち得るビルディングタイプばかりでした。個人住宅にアプローチできたとしても、パトロンである、時の権力者の大邸宅くらい。

隈　つまり、近代に至って「茶碗」(=個人住宅)という原型ができた。ただし、フォーマットというのは、そんなに大きく成り得ないし、特別小さくも成り得ない。
「茶碗」には、それなりのサイズがあるでしょ。そのフォーマットの中で皆が競争する状態が、二〇世紀の建築界で始まったわけです。それを上手く利用したのが、コルビュジエだと思うな。

GA　その競争で、故郷に拘ってしまうと、フォーマット以外の要素まで固まって見えてしまう。

隈　**「サヴォア邸」**というフォーマットを出した後には、同じフォーマットでありながらナゾ掛けをしていく必要がある。ただし、フォーマット自体は変えていないわけだから、ナゾ掛けのように見えて、結局、同じ答えに収束していくわけです。その辺の仕掛け方が、コルビュジエはもの凄く巧妙だと思う。

GA　「住宅は機械である」という有名な言説と、「住宅は茶碗である」という隈さんの言説は、同義ですか?

隈　コルビュジエは「住宅は茶碗である」と言わなかった所が大事だと思う。そのことは理解していたにも拘わらず、敢えて別の言葉で「機械」と表した所が凄い(笑)。

GA　当時のメディアへの強い意識も、その変換に顕れていますね。

隈　そうだね。「住宅は茶碗である」とは、ぼくのオリジナルではなくて、**柳宗理**の茶碗論がヒントなんです。
陶芸の世界では、様々な器がつくられているじゃない。例えば、**十五代樂吉左衛門**さんがどうして評価されたかと言うと、「茶碗」というフォーマットを上手く利用したからだと思う。「樂茶碗」とは、すべてを削ぎ落とした一種の原型に見えるわけだからね。
「鍋」に、樂の技術を投入しても駄目でしょ(笑)。「樂茶碗」と同じように、「黒いシンプルな鍋」をつくり上げたとしても、原型性が極端に薄れてしまう。「茶碗」という、人間の身体と一対一の関係性を持ちうるサイズの原型に拘りながら、「黒樂茶碗」を提示できたからこそ、巨匠として残り得たわけです。

コルは「鍋」をつくらなかった

GA　コルビュジエは、大豪邸や社会的底辺の人たちのための極小住宅をやらなかったことが、後の評価に繋がっている？

隈　今になって振り返ると、非常に巧妙な選択だったと思うな。やっぱり、大邸宅はどうやっても「鍋」になってしまうからね。

GA　**ミース・ファン・デル・ローエ**は、「鍋」にもアプローチしていたとお考えですか？

隈　**ミース**は、大豪邸の中にも原理を何とか残そうと努力していたと思います。そういう意味で、自ら貧乏くじを引いている節がある（笑）。

GA　わざと貧乏くじを引いたがために、コルビュジエ以上のユニバーサリティを獲得できた？

隈　その通り。だから、個人的には、**ミース**の方に共感を持つな。ぼく自身、もう既に「鍋」を沢山、やってしまっているからね（笑）。

GA　コルビュジエの集合住宅は、「茶碗」の積み重ねで成立しているものですか？

隈　彼は、集合住宅の問題を「単に人間が集まって住む」ものではなくて、一種の完結した世界の縮図＝「世界のミニチュア」だということを、言ったわけだよね。集合住宅を「世界のミニチュア」として解いた人は、コルビュジエ以前はいなかった。

集合住宅は「人間が集まって住む」ところだけども、それを「世界のミニチュアだ」と言ってしまった途端、一種の「茶碗性」を帯びるわけです。

GA　当時のメディアの解像度からすると、集合住宅をミニチュア化する必然があったのでしょうか？

隈　それは、大成功したと思う。コルビュジエ的に「世界のミニチュア」として見せることは、現代でも通用する。

現代に至り、集合住宅は課題としてますます難しくなっていて……。単なる「ディベロッパーの商品」になる危険性が、一番高いビルディング・タイプなわけです。

ミースの「**レイクショア・ドライブ・アパート**」(一九五一年)でさえ、「ディベロッパーの商品」だからね。**ミース**はそれでも、自分のクオリティだったら、「単なる商品にならない」と自負していたと思うけれど……。現代的な目線で見ると、**ミース**がつくってきた個人住宅に比べれば、商品寄りに流されて、ぬるくなっていると感じる。

コルビュジエは、集合住宅のような、ある意味で一番難しいビルディング・タイプに対して、「宇宙の縮図」を取り込むことで神聖化することに成功した。あらゆるモノを一種の神聖なモノに変化させる才能は、他の建築家たちには持ち得なかったし、今後も出てこないと思えます。

GA 「住宅を宮殿としてつくる」というコルビュジエ自身の言葉にも繋がりそうですね。

隈 それは、ある意味で**アンドレア・パラディオ**がやったことに近いかもしれない。でも、**パラディオ**でさえ、集合住宅では実現できていないからね。

GA **パラディオ**がつくってきた住宅も、超大邸宅は少ないです。

隈 「**ヴィラ・ロトンダ**」(一五七一年)にしても、もの凄く中途半端な大きさだね。ほとんど機能が無いに等しいし……。機能がないものでさえも、「それは人間のための神聖な器である」という変換を、**パラディオ**は平気でしてしまった。それができた建築家は、**パラディオ**とコルビュジエだけかもしれないな。

ミース・ファン・デル・ローエ：
レイクショア・ドライブ・アパート

GA つまり、コルビュジエは、それほど機能を重視していなかった?

隈 「住宅は機械である」と言いながら、機械的機能は本気で考えていない(笑)。

GA 確かに、機能だけを考えながら「茶碗」をつくってしまったら、異様なモノになるでしょうね。

隈 「茶碗」というカテゴリーはとてもいい加減で、極論すればどんなモノでもお茶は飲めてしまう。つまり、住宅だってどんなモノでも一応、住めてしまう（笑）。

そういう意味で、一番ジェネラス（＝寛容）な用途なんだよね。

高解像度の新しい贅沢

GA　機能的寛容度は、現代でも変わっていませんか？

隈　益々、住宅は寛容になっていると思うな。

GA　ただし、メディアの解像度は確実に変化しています。

隈　だから、個人的には「神聖化」の対極をやろうとしているんです。「鍋」なんだけれど、**ミース**的性質の「鍋」ではなくて……。**ミース**時代の金持ちライフスタイルは、十九世紀的スタイルを引きずっていたわけです。つまり、後ろ向きの贅沢みたいな感じ。

一方で現代は、新しい意味での贅沢、新しい意味での生活の多様性が生まれてきています。それ自身が表現にならないかと、模索しているところです。

GA　新しい贅沢は、高解像度を求めている？

隈　新しい生活の多様性は、今の時代の解像度だからこそ見せられると思う。例えば、二〇〇七年に竣工した**「YIEN EAST」**。クライアント自身が持っているライフ・ディテールは、今の時代だからこそ建築によって見せられたと思う。

過去の建築が持っているそれぞれのディテールを、ビシッとハイヴィジョンで見せつける感じ。そのようなライフ・ディテールが、そのままアーキテクチャー・ディテールになり得る可能性を感じています。

コルビュジエのように、すべてを「茶碗」に変換してしまうと、生活自身＝ライフ・ディテールは曖昧になってしまうでしょ。そうじゃなくて、生活をそのままハイヴィジョンで見せることで表現にならないかと思っているのです。

GA　それは、ストリート性に代表される「現代における、より曖昧でルーズな生活」とは、矛盾しませんか？

隈　生活自体に対して、ハイヴィジョン的な様相から、もっとラフな状態まで、幅広いレンジを許容できるのが現代だと思う。そのレンジの中で、多様性の部分に焦点を当てていくと、面白いことが見えてくる気がしているのです。

GA　そのような、微細な差異表現によって人間生活に対応することで、現代的神聖さを生み出すことが可能だと？

隈　正に、そこに期待しているのです（笑）。高解像度になった空間の中から、今の時代なりの人間の神聖さが出てくるんじゃないかと思っています。

　コルビュジエのやったことは、**「サヴォア邸」**にしたって、ロイズに勤めていたサラリーマンの家に過ぎないわけです。サラリーマンの家でさえも、一種の変換作業を通せば、神聖なモノに映る。現代の建築家なりクライアントは、変換作業自身には興味が無くて、生活のエクストリームをそのまま神聖なモノとして見せることに関心がある。

　コルビュジエは、標準化、規格化自体がアウラになる、神聖化に繋がる操作をしたわけだけれど……。現代は、標準化をしなくても、そのまま高解像度で見せることがアウラになるということを狙える時代なんだと思う。

GA　**「ロンシャンの礼拝堂」**（一九五五年）に至って、やっとコルビュジエの中にも「高解像度で見せたい」という欲求が芽生えてきたように感じます。テクスチャーが全面に出てきていて、当時のレベルで言うハイヴィジョン化を行っているとも解釈できる。

隈　**「ロンシャン」**にしろ**「ラ・トゥーレットの修道院」**（一九六〇年）にしろ、ハイヴィジョン的意識は確かにあったと思う。それは、個人住宅をやっていた頃とは、性格が異なるクライアントに出会ったからだと思う。そもそも、「アウラそのもの」のようなクライアントに対処しているコルビュジエは、個人的に一番面白く見えますね。高解像度のまま突っ走っているコルビュジエの迫力は、他に類を見ない。

GA　**「東京小説」**（『GA JAPAN 55-66』参照）を執筆いただいていた頃は、それが気持ち悪いとも書かれていました。

隈　そうだったっけ？（笑）。最近は、高解像度自体が持っているパワーに、強く惹かれ出しているな……。

（聞き手／杉田義一）

VILLA SAVOYE
1931

サヴォア邸：フランス，ポワシー

著述家としての建築家

井上章一

私は京都にある、国際日本文化センターという研究所へ、つとめている。こう言えば、建築関係者は、たいてい故内井昭蔵のことを、想いうかべよう。内井の作品だな、と。

そう、私は日常的に内井建築と接してきた。そして、それをけっこう気にいっている。いい人にてがけてもらえたなと、そう思う。

設計は内井にたのもう。そう最終的に強くおしたのは、初代所長の梅原猛であった。梅原のゆるがぬ意向があったからこそ、内井にきまったのである。

もう、二〇年ほど前のことになる。梅原は、名のある建築家たちが書いた本をとりよせ、読みだした。著作を読みくらべて、設計者えらびの参考にしようというわけだ。内井がうかびあがってきたのは、その著作が梅原のおめがねにかなったからである。

内井さんがいい。人柄の誠実さが、内井さんの本からはつたわってくる。他の建築家みたいに、自分を神秘化しようとはしていない。〇〇なんか、ぜんぜんだめだ。衒学的な文章で、ごまかそうとしている。ああいうのにたのんだら、ろくなことにならない。

当時から、梅原はしばしばそんなふうに語っていた。今でも話題が建築におよぶと、同じ口ぶりをくりかえす。よほど〇〇の高踏ぶりには、あきれたらしい。

1955年京都府生まれ。京都大学工学部卒業。
京都大学人文研助手を経て，現在，国際日本文化センター教授。

二〇年前の私は、梅原の言葉を聞き、たいへん新鮮な印象をもった。内井の誠実さを、おそわったからではない。〇〇のいやらしさを、あらためて知ったというようなこととも、ちがう。私は、梅原が本で設計者をきめた、そのえらびっぷりに感銘をうけたのだ。

もちろん、梅原はそれまでの内井作品も、見にいっている。文章だけで、すべてを値ぶみしていたわけではない。だが、内井の作品を見てみようと、そう梅原をうながしたのは、内井の著作であった。言葉をつかって書きあげたものこそが、決定的な役目をはたしたのである。

文字が、文章が建築家に、新しい仕事をもたらす。クライアントをよびよせることがある。作品以上に、著述が建築家を、うかびあがらせる。そんな現場を、私はまざまざと見せつけられ、心を打たれたのである。

まあ、人によっては、内井のわかりやすい文章に、ものたりなさを感じることもあろう。〇〇の秘教化をめざした作文に、ひきつけられる者もいると思う。

邪推だが、あこぎな不動産関係者には、贖罪の意識もあったりするのではないか。罪ほろぼしの気持ちから、高級そうにうつる建築家へ、ちかづくこともありそうな気がする。中世の悪党が、後醍醐天皇のもとへあつまり、今のヤクザが尊王精神をいだくように。

ただ、梅原の場合はふだんから仏教哲学になじみ、若いころはハイデッガーを読んでいた。そんな学識もあって、〇〇あたりの修辞には、心をうごかされなかったということか。

前おきがながくなった。本題へはいろう。ル・コルビュジエである。

周知のように、コルビュジエも、筆まめな人であった。ともかく、厖大な数の文章を書いている。しかも、建築や都市だけを論じていたわけではない。絵画、彫刻にも言葉をついやしている。文学や音楽にも、口をはさんでいた。家具や自動車、あるいは政治、経済、社会にも。ともかく、あらゆることどもを、熱っぽく語っている。

コルビュジエは、スイスで時計職人の子として、生まれた。しかし、物静かな職人にはなっていない。反対に、雄弁な、口八丁の建築家として、頭角をあらわした。言葉で、弁舌の徒として、自らの活路をきりひらいてきた人なのである。

コルビュジエの書いたものを、私は読みきっていない。いくつかの邦訳を、昔ながめたことがあるというに、とどまる。だから、たしかなことは言えない。しかし、多くの言辞は、二〇世紀の新しい動向に加担していたと思う。いわゆる新精神、エスプリ・ヌーヴォーを鼓吹していたはずだ。

そして、これらの言辞に魅力を感じ、コルビュジエに注文をだしたブルジョワも、いただろう。若くて威勢のいいやつが、新精神をふきまくっている。ちょっとおもしろそうだな。あいつに家の設計をやってもらおうか。人目をひく、斬新な住宅をつくってくれるかもしれないな……。

新しさを吹聴するその言辞が、新しさをもとめる人々の耳にたどりつく。文学、美術、音楽など、芸術方面だけにかぎらない。産業技術方面にたずさわる企業人の耳をも、そばだてる。

パリには、フランスの伝統と由緒にうんざりしているブルジョワが、おおぜいいただろう。そして、そういう人々がコルビュジエのことを、建築界の旗手として認識する。コルビュジエの言論活動は、そんな効果ももったにちがいない。クライアントをふやす点でも、役立っていたのではないか。

ざんねんながら、私はそのからくりを、ときあかしきっていない。コルビュジエ研究としては、初期クライアントたちの社会階層を、分析する必要があろう。コルビュジエの言辞は、どのていどまで彼らのイデオロギーたりえたか。そのことを、明らかにしなければならない。

コルビュジエの言論活動は、クライアントをひっかける餌になっていた。私は、一種のカンで、そう言っているだけである。誰かがきちんと証明してくれるのを、今はまちたい。まあ、欧米あたりでは、もうそういう研究も、なされているのかもしれないが。

こう書くと、いやな顔をする建築家もいるだろう。コルビュジエは、あふれる思いがあって、あれだけの文章を書いたのだ。仕事をさがすセンサーにしていたわけではない。そんな反論も、かえってくるかと思う。

しかし、一九三〇年代のコルビュジエは、自分の作品集をムッソリーニに献呈していた。ムッソリーニが、ファシズム革命をへて、イタリア全土に新建築をたてさせたことは、知られていよう。そして、コルビュジエは、自分もそこへ参入するつもりで、作品集を送っていた。著作が、仕事を勝ちとる道具としてつかわれていたことは、いなめない。

エスプリ・ヌーヴォーの論客が、無垢であったとは、とうてい思えないのである。

それに、コルビュジエが、自分の書いていることを、本気にしていたかどうかも、うたがわしい。すくなくとも、建築の合理性を心のそこから信じていたとは、思えないのである。

じっさい、初期の住宅平面には、たわむれにえがいたようなカーブがある。直線との対比で、ながめているぶんには、おもしろい。絵心のある建築だなとは、思う。しかし、ああいう線のあそびが、コルビュジエのふきまくる新精神と、同じ方向をむいていたとは思えない。

口からは、二〇世紀の新しい技術文明を賛美するかのような言葉が、とびだす。しかし、手は、フリーハンドの線と直線の対照で、悦にいっている。初期のコルビュジエからは、そんな二面性もうかがえる。

やがては、フリーハンドのたわむれが、あふれだすだろう。じじつ、時が下るにつれて、コルビュジエは、そちらのほうへ傾斜した。ロンシャンやラ・トゥーレットの奔放な線を生みだすに、いたっている。そして、コルビュジエの資質は、そちらのほうにあったのだろう。

だが、初期にあっては、同時代のモダンデザインへ歩調をあわせていた。自分が口にしている新精神を、そうは無下にしきれないという思いもあったろう。フリーハンドの線は、機械の時代にふさわしい造形のなかへ、すこしにじませるだけでとどめられていた。そして後年自分の立場が強くなってからは、そちらのほうが爆発したのである。

まあ、新精神をとなえる言辞も、まったくの空文であったとは思わない。時代へよりそうためや、営業のためだけに書いていたわけでは、ないだろう。

自分は、新しい時代にむかっている。そう自分にも思いこませることで、ふるいたつ部分はあったのだろう。心のドーピング剤めいた役割は、はたしていたような気がする。しばしば、今の建築家が現代思想をおいかけることで、現代に随伴しているという幻想へひたるように。

フランスで、正統的な建築教育をおこなってきたのは、エコール・デ・ボザールである。建築の大がかりな仕事は、たいていここの卒業生たちに、まかされていた。すくなくとも、二〇世紀のなかごろまでは、その体制がつづいたはずである。

いっぽう、コルビュジエは、ボザールをでていない。ボザール体制からながめれば、埒外のところをうろちょろする建設技術者でしか、なかったろう。その積極的な言論活動も、蚊がなくようなものとしてとらえていたに、ちがいない。

もちろん、コルビュジエも、その点はわきまえていた。知りぬいたうえで、ボザール体制へいどみかかっていたのである。

だからこそ、コルビュジエは、言論活動に多く依存した。はでなパフォーマンスで、同時代のエグゼクティブたちにうったえかける。そうでもしなければ、ボザール体制にくいこむことはできなかったのである。

コルビュジエの同時代人に、トゥルノン・ポールという建築家がいる。第一次大戦後のボザールをささえた、代表的な建築家である。教会関係の作品が多いことで、知られている。国際連盟の競技設計で大賞を勝ちとったカルリュー・ジャックも、ほぼ同時代人だと言ってよい。そして、彼もまた、ボザール出身のエリート建築家であった。

彼らは、それほど言論活動に力をいれていない。コルビュジエとくらべれば、無口だったと言いきってもかまわないだろう。

おわかりだろうか。ボザールを良い成績ででた者は、仕事をとるためにあくせくしなくても、かまわなかった。誰それは、ボザールでローマ大賞をいとめている。もう、それだけで、将来はあるていど約束されていたのである。

口角あわをとばし、自分の宣伝につとめる。ボザールのエリートには、そういうふるまいが下品に見えただろう。だが、コルビュジエには、そうするしか手がなかった。建築家として、パリでうかびあがる。そのためには、まず名を売って舞台へあがらなければならなかったのである。

ちなみに、両大戦間期は、メディアが飛躍的にふくらんだ時代でもあった。本や雑誌の流通範囲が、ひろがりだす。写真などによる映像情報も、グラフ誌などをつうじて、流布される。メディアの拡大によって、ある種の大衆社会状況がおとずれた時代でもあった。

このメディアにとりあげられれば、スターになれる。そういう機会も、以前よりはよほど多くなったはずである。ジャーナリスティックな同時代の評判が、因習的な権威を凌駕する。そんな事態も、よほどおこりやすくなっていた。

コルビュジエは、そういう時代のいきおいにも、自分をかけたのだ。メディアに名前を売り、自分でも雑誌をつくり、パンフレットを配布する。そうすることで、上品なおとなしいボザール流を、のりこえようとしたのである。

コルビュジエひとりにかぎったことではない。二〇世紀の、とりわけ第一次大戦後の新しい建築家には、しばしばその傾向が見てとれる。日本へきていたブルーノ・タウトあたりも、そういう著述型の建築家に、数えあげられよう。

ただ、コルビュジエの場合は、それがやや極端にすぎていたとは思う。生前から自分の作品集をこしらえ、手紙文やラフスケッチまで掲載させるあたりに、私はその突出ぶりを感じる。

後世の歴史家は、しばしば偉大な作家をふりかえる。そのさいは、作品以外の記録にも、あたろうとするだろう。そして、当該作家の存在が大きければ大きいほど、その度合いは強くなる。

作家の下書きなどが、たとえば検討されるようになるだろう。書簡のたぐいも、ほりおこされるはずだ。じっさい、偉大な作家の全集には、そういった下書きや書簡集まで、おさめられることになる。

そして、コルビュジエは、若いころから自分でその作業をやっていた。自分のラフスケッチや手紙には、重大な意味がある。つまり、自分は大作家であると、そう自作の全集で、言外にとなえていたのである。

この流儀は、しかし今日、おおむね常套化したと言ってよい。建築家が、作品のみならず、ラフスケッチまで生前に発表することは、あたり前になってきた。まあ、手紙まで公表するのは、人によるかもしれないが。

いずれにせよ、今日的な建築家の自己演出は、コルビュジエに源流がある。メディアの拡大期に、ボザールという伝統とたたかった。そのなかであみだされた宣伝法が、現代にも生きている。コルビュジエの、とりわけ初期は、その意味でもふりかえるねうちがあるだろう。

さきに、ボザールのトゥルノン・ポールらを、紹介した。しかし、今日その名を知る人は、ほとんどいないだろう。コルビュジエ以前を生きたボザールの大立者たちは、たいていわすれられている。フランス建築史で、一般人にも名前がつうじているのは、コルビュジエからだろう。まあ、コルビュジエだけかもしれないが。

西洋建築史全体へ枠をひろげれば、もうすこしさかのぼれる有名人もいる。スペインのアントニオ・ガウディであり、アメリカのフランク・ロイド・ライトである。

しかし、それ以前の人名は、なかなか思いつくまい。いや、ブレーやルドゥーがいる。シンケルもいるぞ。ボッロミーニはどうした、とまあそう言えるのは、特殊な建築界の人にかぎられる。建築家の知名度は、十九世紀末、二〇世紀になってから、ふくらんでいったのである。

音楽なら、十八世紀のバッハやモーツァルトが、圧倒的な名声をほこっている。美術なら、十五、六世紀のダ・ヴィンチやミケランジェロが、圧倒的に有名である。だが、そのあたりを生きた建築家の名は、ほとんど知られていない。

もちろん、ミケランジェロには、建築家としての仕事もある。建築界の人々は、ミケランジェロのことを、建築家のひとりとしてみなしてきた。しかし、一般的には絵画、彫刻家として、その名は知られているというべきだろう。

おわかりだろうか。建築家の名前は、音楽史や美術史などとことなるひろがり方を、たどってきた。名のある人は、世紀末以後、基本的には現代へ集中しているのである。

コルビュジエの同時代を生きた音楽家には、ストラヴィンスキーやプロコフィエフがいる。フランスであげれば、オネゲルやミヨーあたりか。ガウディでも、その同時代人と言えば、フォーレやプッチーニ。とうてい、モーツァルトあたりまでは、さかのぼれない。

そう、建築家の名前は、ストラヴィンスキーの時代あたりから、急浮上している。バッハやモーツァルトのころは、ほぼ空白。二〇世紀の現代音楽が登場するあたりから、名前がとおりだす。音楽史になぞらえば、バッハやモーツァルトのない歴史になっているのである。

美術史と対比すれば、ブラックやピカソ以後しかない美術史。それが、一般的な教養人の、建築史的な見取図になっている。ヨーロッパにおいても、こういう事情は、かわらない。建築史への認識は、美術や音楽とくらべれば、圧倒的に現代へかたむいている。

しかし、今を生きる建築家たちの知名度は、低くない。安藤忠雄や藤森照信のことは、よく知られている。もちろん、黒川紀章のことも。おそらく、同時代の絵画や彫刻家より、その声望は高かろう。アカデミックな現代音楽のつくり手とくらべても。

表現者の歴史、名前の流通をめぐるからくりに、何か大きな変動があったのだ。二〇世紀が建築家の名前を、絵画や彫刻家なみ、あるいはそれ以上にふくらませている。まあ、ファッション・デザイナーの名声は、それ以上に高められたのだが。

建築家の名前が大きくなる。あるいは、大きくすることが、仕事へつながるようになっていく。そんなしくみが、二〇世紀をつうじてできあがった。そして、そういう転換期の大事なところに、ル・コルビュジエは位置している。

以上のような観点からも、コルビュジエと彼をとりまく時代は、ふりかえられるべきだろう。若い建築史家にいどんでもらえればと、ねがっている。

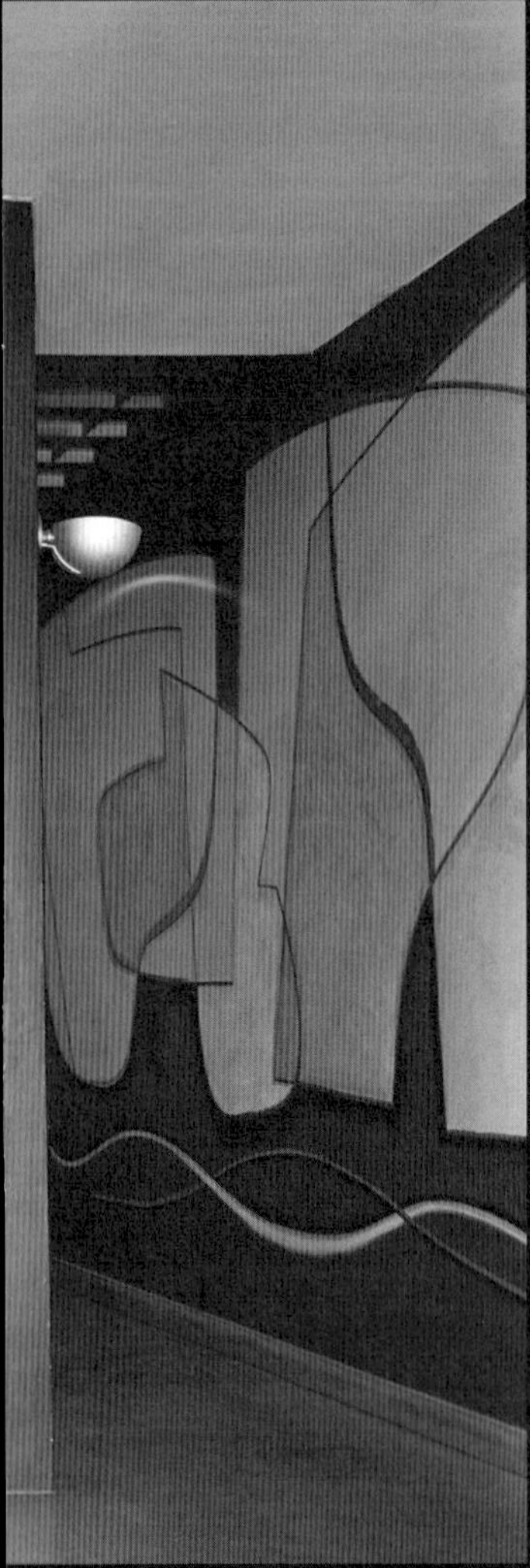

IMMEUBLE CLARTÉ 1932

「偉大さ」が分からなかったワケ

鈴木了二

1944年東京都生まれ。早稲田大学理工学部建築学科卒業。
竹中工務店，横総合計画事務所を経て，77年fromnow建築計画事務所設立。
82年鈴木了二建築計画事務所に改称。現在，早稲田大学芸術学校教授。

コルビュジエの呪縛

コルビュジエのすぐ下の世代、継承者みたいな人たちは、どうしてもコルビュジエを実体として意識せざるを得ないところがあって、ストレートに受け止めることができなかったと感じる。先達が革命的な時代だったから、自分たちはコルビュジエに繋がっていて、その「偉大さ」を継承しつつ、さらに違ったものに「改良」しなくてはならない。そんな強迫観念に駆られて、だんだん表現のコントラストを激しくしたり、コンセプトを難解にしたり、尖っていったり……。そうすると、一般性を失うし、最初のものが持っていたストレートな感じがなくなっていく。要するにフュージョン化する。ぼくが若い頃も、日本人にはコルビュジエを尊敬する人たち、「偉大だ」という人たちが多かったけれど、言えば言うほどコルビュジエの圧力に負けちゃうようなところがあって、ぼくはそこで言われている「偉大さ」がよく分からなかった。どうしても教条主義的に感じてしまったんです。

ですから、天の邪鬼なぼくのコルビュジエに対する関心は、「いったいどこがそんなに良いんだろう?」というものだったと思います。その意味では、やはり興味はあったんですね。でもコルビュジエに感じていたのは、魅力というよりむしろ、乱暴さとか、荒っぽいとか、下手さとか……。

同じものが再現できるか

ところが最近明らかになってきたのは、九〇年代後半から二〇〇〇年をまたいでル・コルビュジエの雰囲気がだいぶ変わってきたこと。今やコルビュジエは自分と繋がっている対象というより、いったん切断があることが前提になってきた。継承世代の人がいなくなってきて、空白状態というか、凪のようなものが来る。その時、偉大さというバイアスが消えて、スパッとそのまま見える部分があると思うのです。最近の若い人のコルビュジエ論を聞くと、そのような還元された見方を感じます。一方、我々もそこで見えてくるものがある。

　そのような状況は、何も建築だけではなくて、映画や音楽などでも起こっていることです。**マイルス・デイビス**のコピーのように演奏したり、**ヒッチコック**をそのままコピーするようにリメイクしたり。「そのままやって何が悪いの？」という感じです。

　ところが、やはり時代の空気が違うというのか、同じコトをやっても必然的に違ってしまう。もちろん、技術的な精度や解像度もあるけれど、人間の感性の違いが大きいと感じる。ぼくはこれらの試みを面白いと思っているのですが、感覚的な違いに対する一種の実験だと思うのです。乱暴に言ってしまえば、スピード感、フットワークの軽さや抜け感は増すけれど、深みや重さ、陰影や匂いのようなものは見事に飛んでしまう。良い悪いではなく、信じられないくらい違うものができている。

　現代の何人かの若い建築家を見ていると、コルビュジエに対しても凄くポジティブで、全く同じコトをしてもいいと思っているんじゃないかと感じるくらいです。その時、人間の身体的レベルでの生活像を強く感じる。確かに、コルビュジエの描いた現代人と我々は身体的にはそれほど変わっていないと思う。その意味では、コルビュジエの住宅、建築は、今でも掴まえうる。最近の傾向として、身体がかなり重要視されていて、それ自体はいいことなんだけど、それ以外のことがかなり衰弱していると思うのです。だから、身体的な接続以外は意味をなさない状況、言ってみればプログラムに載らなければ無駄という傾向すらある。確かに、コルビュジエの住宅は、身体的レベルでよく考えられていると思うけど、それ以外のことも相当あった筈です。それが映画や音楽のリメイクにも見られるような違いを生む原因かもしれない。

「偉大さ」から「身体」へとヒップホップ的に身近になったのはいいが、結局肝心な部分は脱落している。ぼくの関心のあった解像度やフレーム、映像、その繋がりというようなことも、それ無しには考えられないし、ぼくの物質やディテールに対する関心に繋がっていることかもしれない。

近代建築＝ラテンの流通

凪の状態から見えてきたことから言えば、多くの人が言っているように、コルビュジエはものすごく消費されてきたわけです。**富永譲**さんが「コルビュジエは貨幣だ」と言いましたが、まさにコルビュジエ資本主義で、貨幣が貨幣を生む一種の自己再生産だった。その消費されている地盤は、あくまでモダニズム＝近代建築としてだったと思うのです。しかし、近代建築と一言で言うけれど、突き詰めてみると、「同時代」というくらいで、かなり大雑把なものです。

よく考えてみると、近代建築はシステムとしてはほとんどラテンのシステムと言っていい。大まかな認識としては、ギリシャ、ローマを起源とする柱と壁。**ミース・ファン・デル・ローエ**も基本的にネオクラシシズムだし、バウハウスもそう。コルビュジエも自分の起源はギリシャだと言いたかった。その意味で、十五世紀あたりのルネサンス、バロックから近代は始まっているんです。

そう考えると、十八世紀後半から十九世紀にかけて、イギリスからゴシック・リバイバルが暴力的と言える形で起きたことは大きいと思います。ゴシックはロマネスク同様、ラテンには含まれない中世的なものです。それによって、ルネサンス以来続いてきたラテンの流れが、一辺断ち切られる。だから、最近思うのは、革命的だったこと＝歴史の切断は、近代にあったのではなく、ゴシック・リバイバルにあったのではないかということ。それによって、様式のメルトダウンが起こり、明らかに建築が変わっていく。そして、十九世紀中頃から二〇世紀頭までのウィーンの連中とか、**チャールズ・レニー・マッキントッシュ**などのグラスゴーの連中、アーツ&クラフツの動きを準備したと思うのです。

近代のねじれ

つまり、問題はゴシック・リバイバルが起きて、建築が変動したのに、モダニズムになるとまたラテンになってしまうこと。「またラテンかよ」という感じ（笑）。だから、よく考えれば、そこにもうひとつやり方があるはずなんです。つまり、ラテンを通らない線がある。その可能性が**アントニオ・ガウディ**だったかもしれないし、垂直方向の空間がズルズルと繋がっていく**アドルフ・ロース**だったかもしれない。他にも**カルロ・スカルパ**はラテンの人でありながら、ラテンの崩壊を抱えていた人だと感じるし、**アルヴァ・アアルト**はヨーロッパとはいえむしろ極端にローカルな人で、

ラテンを勉強はしているけれど、本質的には非ラテンの人だったと感じる。

現代から見ると、近代的なコードがだんだんぼやけてきて、二〇世紀近代建築史の射程の外にはみ出していたものが、急に見えてきたと思うのです。ポストモダンの頃はルネサンスくらいまで行ったけれど、それでは全然足りなくて、ラテンが始まる前、中世をぶち抜けていて、もう一度、ゴシック、ロマネスクが垣間見えてきた。同じようなことは、明治で切れている日本建築についても言えて、現代と室町や鎌倉、天平を一緒に話せなくてはいけないと感じる。いつまでも近代と繋げやすい重源を言っていれば安心というのはどうかと思います（笑）。

ともかく、そこからもう一回、コルビュジエを見直すと、いろいろなことが見えてくる。「**〈近代建築〉**のアイデンティティは非ヨーロッパ的背景に開かれているか」（『**ル・コルビュジエ パリ、白の時代**』エクスナレッジムック、二〇〇四年）で、「白」やピロティがイスラムじゃないかと書いたのも、コルビュジエ＝

近代建築=ラテンに横槍を入れているわけです。

さらに、映画監督**デ・パルマ**を持ち出して、狭窄遠近法=トンネル効果と言ったのも、同様の意識です（『ユリイカ』五月号、二〇〇七年）。最初は、増殖する美術館の異様さが気になって、そのトンネル性というのは、近代=ラテンにはない、ロマネスク的なものだろうと言ったわけです。**「ラ・トゥーレットの修道院」**（一九六〇年）の回廊から聖堂に入るところには、明らかに、ヨーロッパ建築史上のラテンに含まれないヴォキャブラリーとしてのトンネルが現れている。**「ル・トロネの修道院」**ですからね。それはコルビュジエの劇的な変化で、何かが起きたんだと思う。

ただし、初期の住宅にも、その意識はどこかにあったと感じます。**ミース**に端的なように、近代建築は平面的な自由さを追求したので、基本的にはプランの積層になる。コルビュジエも立体で吹抜けはあるけれど、ドミノ的平面でできている。ただし、その秩序から言えば、整合しないところに、立体的な横断が入り込んでいる。例えば、**「サヴォア邸」**（一九三一年）のスロープには、折りたたまれたトンネルのような感覚を感じます。

ル・コルビュジエ：ラ・トゥーレットの修道院

ル・トロネの修道院

コルビュジエを起動する

現代において、「コルビュジエはいいね」ということは簡単ですが、歴史を広げる方向でコルビュジエを見直すことには、手強さも感じます。コルビュジエがラテンのヴォキャブラリーの中に、全く異質な中世的なヴォキャブラリーを導入していく。あるいはイスラム的な性質を埋め込んでいく。その歴史に接続していく豊かさや面白さに対して、教条主義的に見直しても、これまで通り同じリズムで拡大再生産に入ってしまって、限りなくダメだと思う。また、歴史に開かれた原初的とも言えるコルビュジエの成果に対して、結果を見てエッセンスだけを継承しようとしても薄っぺらいものになると思う。

　だから、今、コルビュジエを次に起動させるとすれば、新しく歴史を書き直すくらいのアイディアが必要だと思うのです。そのアイディアは必ずしもコルビュジエを見ていても出てこない。薄々考えているのは、ラテン以前をもう一度言語化して、現代の建築の方法に持ってこれるかということ。現代は相変わらずラテンの思考が蔓延しているから、建築を話していても、結局はラテン言語だという自覚があまりない。建築も相変わらず平面的傾向が強い。でも、近代からゴシックに踏み込むように、現代から歴史を言語化して広げておかないと、次の歴史はないし、建築も立体的になってこないと思うのです。

（文責／山口真）

ル・コルビュジエ：サヴォア邸

CABANON DE LE CORBUSIER 1952

カップマルタンの休暇小屋：フランス，カップマルタン

ユニテ・ダビタシオン　マルセイユ、ベルリン——『"良心"の声に従え』

吉阪隆正

『GA 18 ル・コルビュジエ/ユニテ・ダビタシオン』(1972年)より再録

《一九五二年一〇月十四日は、いよいよマルセイユのユニテの落成式である。（正しくはUnité d'habitation de Grandeur Conforme 直訳すれば「適切な大きさの住居の統一ある単位」。住居単位総合住宅などと訳されているが、内容的には垂直の町というべきであろうか。商店、託児所等いわゆる住宅の延長たる共同施設をすべてそろえていて、住生活の統一体ともいうべきものであり、住宅の群とその延長の施設とをひとつの建物にまとめたものである。）

これは正にコル畢生《ひっせい》の仕事であった。コルの今日迄の仕事は全てこのマルセイユの完成のため、否このマルセイユに完成されたものを普及するために捧げられたといっても過言ではない。

彼自身ユニテのヒントは一九〇七年（彼が二〇歳の時）トスカナを旅行し、ラ・シャルトルーズ・デマで得たといっている。この考えは一九二二年のサロン・ドートンヌに、インムーブル・ヴィラと銘打って、後には更に三〇〇万人の現代都市案として提出され、一九二五年にはその一戸をエスプリ・ヌボー館として出品し、その後多くの大小都市の計画にも盛って来た。

ユニテの語は、一九三四年頃から用いられ、この集大成が『輝く都市』として一九三五年に出版されている。この時から数えても十八年の長きにわたっている。

マルセイユの建物が実際に発注されたのは一九四六年、ラウル・ドートリが建設大臣の時であった。それも偶然からであった。「彼は盛んに自説を誇示しているが、一度つくらして見て悪かったら、二度と立上がれないようにしようではないか」という一部反対派の悪い魂胆からであったのである。

近代工業を建設業の中に持ち込もうという考えも、一九一四〜一五年頃のドミノ型住宅の案に始まるといえるであろう。その後、幾度、建築に近代技術を動員すべきであることを説いたかは、数えられぬほどである。「住宅は住むための機械である」という言葉はあまりにも有名であり、また、いろいろ誤っても解釈されているようである。

彼が日常茶飯に用いられるすべてのものに興味を持ち、これが大切だとした気持ちは、彼の絵画のモチーフにも見られる。そこには、壜や、パイプや、楽器などがいつも繰り返し取り上げられている。彼が他の静物よりも好んでこれらのものを取り上げた理由のひとつには、「これらは大量生産されて、人々の日常生活の中にとけこんでいる。これは既に使用者の腕となり、手となって、身体の一部の如く扱われて、誰も不思議に思わない。このような人体の延長なる道具は、さらに拡大されて然るべきである。そしてそれは当然、住居にまで及ぶであろうし、住居の群たる都市にまでひろがるべきである」と彼は考える。『現代絵画』という本で、彼はそのように述べていたと記憶する。

要するに、マルセイユの一個のユニテも、三〇年余りかかった設計である。それにしてもここに立ち上がった建物のすべての点に新しい提案が示されていることは、驚くに値する。それは単に過去に彼が唱え、彼が発明したもののよせあつめや、三次元化だけではないのである。

マルセイユがつくられて行く過程において、実際に立体化されていく行程の途中で、さらに豊富に新しい創作が加えられていっているのである。

ここで、私はアランの言葉を思い出す。「壺つくり」の所に、「発明は、つくりつつしか生み出し得ないものである」といっていることを。》

コルの諸々の作品の中で、マルセイユがひとつの大きな里程標であることには、間違いないだろう。それだけに、この作品に接して、直接的にコルの評価としてさまざまな意見がのべられるかも知れないし、またこの作品がそれ自体として世界の動きの中で、いろいろな影響を及ぼしているので、その面から論じることもあり得るだろう。

そうした評論は、多くの紙面を既に賑わしたし、今なお取り上げられていて、それなりの問題提起を続けているといってよい。だからここで、僅かの紙面で、ふたたび寸足らずの言葉を書きたくない。

一応の解説は、私が落成式に参列した時の印象記とともにかつて書いた前掲の文だけにしておくことにする。

そして、ここでは、むしろコルその人について、私が教えられた面を記すことで、間接的にユニテの背景を描いて見たい。

好き嫌いをはっきりするということ

誠に地中海的である。和辻氏を引き合いに出すまでもなく、乾燥した空気の中で陰陽は甚だ明確である世界、コルはこの世界に共鳴したようだ。

二〇代の彼が、リュックを背負って旅をした時ギリシャのパルテノンは彼を魅了した。そしてまた地中海の島々の真白くまぶしい光の下の町々の造形も、彼をうならせた。

光だ。光の下での形や姿の組合せの素晴らしさだ。それは輝きと共に、はっきりした陰翳を描く。そのコントラストの奏でる音楽は和音のようだ。

彼の眼底に焼きつけられた、若かりし日の印象は、おそらく一生いろいろなヒントとなって、それからそれへと創作の原料となったことだろう。

感激したことというのは、実に豊かな実りを生むもとだ。そこには理づめとは別の世界がある。本能的とでもいえる反応である。生理的だともいえる。学習の少ないほど刺戟への反応は大きい。だから若い時ほど柔軟であり、印象は強烈だ。

時が経つと共に、心臓から肺活量に作用した反応は、思い出という形で脳の方に記録され、次第に消化され定着してゆく。こうした生理から心理へ、そして理性へと移りかわっていく過程について、素人的に、体験的に考えて見ると、次のようなものが大きく作用しているようだ。

先ずそれは意外でなければならない。未だかつて経験したことのないことである必要がある。スイスの山の中で育った彼には強烈な太陽というのは初めて見ることだった。驚きだった。

しかし驚きだけであると、それは恐怖へ陥る可能性が多分にある。知らない世界には、どう対応してよいか、わからないという不安があるからだ。感激し、喜びにつながるためには、どこかにかつての経験と類似性がなければならない。しかもそれは、好ましいものとして学習した経験である。

地中海の乾燥した空気と、スイスの山のすきとおった空気との間には、温度の差こそあれ、視覚的には似たような現象が見られる。姿、形がはっきりと認識できることだ。ここで共鳴函は鳴り出す。だが、それは異様な音を奏でる。そこで生理的にどう反応してよいかとまどう。これが感激だ。

血肉がおどる感じは快感として脳に記録される。それは何だと問い返す。光だという答が返って来た。少なくともコルにはそう返って来たらしい。ここでスイスと地中海は結ばれた。彼のものになったのだ。

これから消化がはじまる。光とは何だと眼に問う。眼は陰との対比しかわからない。光と陰とは何だと手に問う。手はそのうつりかわりを撫でて見る。フォルムだと答える。だが、同時に肌の触覚を伝える。スイスの花崗岩の岩肌と、大理石の磨かれた手ざわりとはここでまた驚きを伝える。感激の源が少しずつわかって来る。ケツの孔を余程ひきしめたように緊張しないと理解できない微妙な変化だと。それが光を生かしている原因でもあると。

造形感覚はここで飛躍的な学習をした。前からスイスの山の中で錬磨はしてあったから微妙な差違に気がついたのである。レプラトニエ師から木の葉のできかたを教えて貰って見方を教えられていたのが、大分育っていたからだ。大理石も、石灰のろをかぶせた民家の壁も、同じ白くはあっても、同じ光の下で異った姿を呈していた。

そしてまた身体全体に開いて見る。大きさがすこぶる違うのだと。手をあげると届く天井と抱えようとしても腕を回し切れない柱とは。子供の時遊んだおもちゃや、日曜に連れていって貰った教会の見上げるような鐘楼が思い出されて二つとも理解される。

感激＝快感とつながって、これはよいものとの結論につながっていく。同じような光景にまた巡り会うが、もうその時は前回の感激との比較をする。感激の度合がうすい。驚きが少ないからだ。はじめてでないからだ。そしてこれは前のに劣ると評価する。

何故劣るのか。印象が鈍いではないか。印象の鈍いようなのは……云々と。

好き嫌いは美醜に始まりこうして、優劣、善悪、真偽、本末、正邪などといった倫理的な世界とも次第につながっていく。そして人々の行動をも世の中の動きをも、かつての感激、それを美醜と区別するなら、好悪と美醜がダブッたかたちで評価するようになっていく。

その後になって、コルは北欧のゴシック建築を評して「強い者にへりくだり、愚なる者におごっている」と云い、好きでないといった。日本の建築を見た時には「線が多すぎる」といった。だが坪庭の光を面白がった。地中海の住宅のパティオなどを通じて共鳴函が反応を示したのだろうか。

好き嫌いは地中海的だと、光と陰のようにはっきりしている世界のためこれまたはっきりしたくなる。霧の中の薄陽にぼんやりと浮び上がる北欧的な世界に感激した者のようには難解ではない。水蒸気の多い日本の風景の中で、すべての色も形もひとつにとけ込んだ世界のような、一体化こそよしとする曖昧さでもない。そしてこれはいつしか、その人の性格までをそうさせてしまう。

コルなどは特にその影響が大きかったのだろう。そのことは日常の人間関係にまで拡大されていった。好きな人、嫌いな人がはっきりしていた。その気分は当然相手にも伝わる。好かれれば好きになり、嫌われれば嫌いになることが普通だ。

かくて彼は大いなる味方と強力な敵をつくってしまった。それは人生の上で、処世上には難問をいっぱいまいた形になる。

彼がいい考えを打ち出しながらも、なかなか世に容れられなかったことについては、この敵味方をはっきりさせてしまったことが大いに作用している。

だから、天に唾して、自らひっかぶりながらも、自分の良心に問うて、好き嫌いから、正邪までを貫かずにはいられなかったのだ。

旺盛な消化能力

感激は出発点に過ぎない。それはどうにもならない力に支配され屈せざるを得ない世界だ。生れた所、育った所、そこで経験したこと、それに左右される運にもてあそばれて、芽生えた結果である。

もっともその他に遺伝分子というある傾向がついてまわっていて、それは祖先の経験と学習とが何らかの形で受けつがれることになる。しかし、その時でも男と女との交りのときの情況の違いが作用してしまう。それは生理的である。健康ともつながる。情緒も関係する。

そんな複雑な条件がからみ合って、私たちは世に生れ、いろいろな経験の中で育ち、そして関心事にひとつの傾向が生じる。

そこではまた好き嫌いが、そのことは女性にはもっと強く働く。その影響は冷静な男性をも迷わす。かなり年をとってから、コルはモンテカルロの踊り子と一緒になった。彼女はすっかり彼にほれこんでいた。それまでおそらく知らなかった世界まで、まるで理想郷に仕立てて描いていた。

だがコルも自分の世界を生きていた。リューナンジェセールにアパートを建て、その屋上に理想の住宅をつくった。だが、それは奥様の悲劇だった。玄関先や、日本なら縁側に坐っていて、表を通る人たちと庶民的なつき合い、おしゃべりの好きな彼女は、どんなに立派な屋上の二階分の住まい居も、牢屋のようなものだったに違いない。

コルが居ないとき、彼女は私たちを町の飲み屋につれていって無駄話を楽しんでいた。だが彼女はタバコばかり喫っていた。タバコは食欲を減退させる。彼女はほとんど何も食べずに、私たちに食いたいだけ食べさせてよろこんでいた。母性愛というのだろうか。

しかし、コルはといえば、自分の好き嫌いで選んだ命題にこだわっていたことだろう。どうしてそうなのか、どうしたらそれを理解できるのか、と二四時間考えていたに違いない。彼女を愛しながらも、自分の心のうちの問題の解明のある日までは、余裕がなかった。

だが彼女は、彼が立派な答を生み出すと信じ、自分の欲望もそれに協力する方に向けるか、可愛いい犬を愛することでまぎらわしていただろうと思う。コルもその犬を愛した。毎朝散歩につれて出た。それは一人で考えるにはもってこいの時間だった。犬は犬の恋人があった。ブローニュの森で同じ道を同じ時間に散歩にやって来た。そしてしばらくのデートがあった。飼育主たちは、ニヤッと笑って、そのデートの終るのを待つのだった。コルには、その時間も、かかえている問題の模索にはもってこいのものだった。

突然ひらめきがある。ひらめきというものは大体突拍子もないときにやってくる。それはつめてつめてみつづけて、堂々めぐりをしはじめた時、感激と同じように、全く別天地と接触した時に突然に結晶するようなものだ。ひらめきがほしかったら大いに真剣に悩み、ああでもない、こうでもないと考えあぐねてふん詰りになった時に、全然関係のない世界で気を発散することだ。

しかし、その前に、つめてつめてという緊張を必要とする。この頃はコンピュータとやらがどれだけの順列組合せがあるかなどをやってくれるので悩みが軽くなったみたいだが、ただコンピュータには、でたらめができない。全く無関係の中に関係を見出すことはできない。

そこに感激の源泉があるのに、コンピュータは、やったぞと叫ぶことはない。エキゾチズムと、馴れ切った世界とをつなぐことはできないのだ。人間の素晴らしさはその辺にあるのかも知れない。

コルにはその執念があった。おそらく肝臓が丈夫だったのだろう。忍耐力の問題だ。疲れて飽きたということを知らないのだ。どうしても知りたいという欲望がかりたてる。

他人はよくまああんなにつめて研究ができることと感心するが、本人はそんなには思っていない。わからなくてはと心はそこに集中して、他の何事も聞きたくない。これを旺盛な研究心と人々はいう。だが本当はそんな立派なものではない。やりたくて仕方がないからやっているに過ぎないのだ。世の常識はここでは無視されるほど、自己中心なのだ。「つくりつつしか生み出し得ない」という心情はこの経過をあとで反省した時のことばだ。

どうしても知りたい、わかりたい、これは人間の人間たる宿業みたいなものだ。それを大切にしているに過ぎない。動物的生理的世界を原点にした世界だ。物質もここでは何の役にも立たない。

しかし、その答を得るためには勉強が必要だ。それは書物を通して蓄積もされるだろうが、それより大きいのは行動を通じての経験の反省である。生理的な体験を脳に記憶させてはフィードバックしてたしかめた結果である。行動なくして、何の哲学か。

コルはそれをやった。その結果は彼の性格も反映してある形をとった。私は別の反応を示し、別の結果を経験したから別の結論に達していた。コルを誤解する原因である。

そしてわれわれは日常生活のあり方にはじまって、今の世の中は一体どうなっているのか、という疑問に発展し、それにどう対処したらいいのか。今のやり方は危機に直面するのではないかなど……。大体人間のやることは自然に逆らっているのだから必ずや破滅の方向に向っている。あることを仕始めた時には、必要かくべからざることとしての創造だったのに、ある時点から行き過ぎ、傾き過ぎに反転する。そうなったら再び原点に戻って、新しく必要かくべからざることを探し出すことだ。世の常識、慣習を疑ってかかることだ。

直観を大切に

良心というのは何だろう。コルは良心だけが頼りだといった。「良心に従っていれば、どんな事態に陥っても、辛いということはない」と言い切った。「良心と一緒なら、どんな敵も恐れるに足りない。闘いに敗けたって、もう一度盛り返す闘志がたえない」ともいった。

その良心とは、どこを向いているのだろうか。エデンの園を追われた時、最後に希望の女神の入った壺をもって出たとギリシャ神話は語っている。この壺の蓋をあけて見たら、禍《まが》つ神が一ぱいとび出したので、あわてて蓋を閉じたので、苦難災害は世に充ちたが、まだ底にいた希望の女神だけは手の内にあるのだと。禍ばかりの世界で、どうにかしなければとの努力の源泉はここにある。「なぜ」『どうして」と連続して発する三歳の児童の問いも皆この壺の中の女神への質問だ。壺の中の女神は答えているのだろうが、壺の中にこもってしまうその答を蓋をあけずに聞かなければならない。良心の声というのはそれかも知れない。

コルはこの対話を大切にしていた。四六時中対話していたのだろう。うまい答を聞いた時は、突然アトリエに電話がかかって来た。忘れてしまわぬうちに所員に記録させ、その発展を研究させておくのだ。

私たちはどんな質問からそんな答がでて来たのか知らないから、いろいろ憶測する他ない。トンチンカンな方向に展開してしまうこともある。戻って来たコルが突拍子もない方向に発展した女神の答に、時には叱り、時には驚き、時には共鳴して、新しい創造のきっかけが生じるのだった。

吉阪隆正：
1917年東京都生まれ，1980年没。早稲田大学理工学部建築学科卒業。
ル・コルビュジエの事務所を経て，大学内に吉阪研究室（後にU研究室へ改称）を設立し，
建築設計活動を開始。59年早稲田大学教授に就任。

予言はあえてすべきだ

好き嫌いに端を発するかも知れないが、驚きと共鳴のフィルターをくぐって、より多くの人々につながるような新しい関係をつくり上げて、禍《まが》つ神の災からのがれる術を見出すこと。未だ存在しない関係を見出すことだから大変な努力を要する。その努力へあえて乗り出そうとの勇気を持つことだ。唱えたことを実現する責任をとることだ。一生をかけるに値することだ。

新しい関係が衆人の認める所になるまでには大変な抵抗がある。今のままのぬるま湯につかっていたい人が多いからだ。愚痴をいって不具合を発散している方が楽だからだ。だがやがてそれは加速度的に危機に陥る可能性もあるのだ。そこから脱出をはからなければということだ。

そして皆がそれぞれだと新しい関係に切りかえてくれるような説得力ある提案をつくり上げることだ。マルセイユのユニテは、そうしたひとつの提案だった。だがその仕事を引き受けるということは、コルでも契約書に署名する時に手が震えたという。大変な努力を要することに自らを追い込むことだからだ。それまでの個々の提案を総合的な批判にさらす結果を含むからだ。

それを敢えてする人、その人たちによって世の中は少しばかり暮らしよい方向に戻されるのではないだろうか。

UNITÉ D'HABITATION MARSEILLE 1952

マルセイユのユニテ・ダビタシオン：フランス，マルセイユ

ニューモードに誘うクルチェット邸

平田晃久

1971年大阪府生まれ。京都大学工学部建築学科卒業, 同大学大学院修了。
伊東豊雄建築設計事務所を経て, 2005年平田晃久建築設計事務所設立。
現在, 日本大学, 東京理科大学, 京都造形芸術大学, 東北大学, 京都大学非常勤講師。

あってはならない光と素材の並置

ぼくが、コルビュジエの住宅で気になっているのは、アルゼンチンにある**「クルチェット邸」**(一九五四年)。当たり前モードで、安定して建築を見ようとすると、上手く理解できない。平面や断面から構成を読みとり、頭の中でひとつのモードがつくれたとしても、そこからはみ出す実態が必ず出てくる。恐らく、意図的にコルビュジエは、「判らなさ」をつくり出している気もします。

ひとつの視点だけからでは理解できない建築に、興味があるんです。例えば、平面の図式だけを見たら理解できてしまうような建築はつまらないと思う。そう考えると、**コーリン・ロウ**の言う「虚の透明性」という言葉が気になり始めます。もちろん、ある種のポストモダン的形式主義に興味があるわけではないのですが……。それらは「虚の透明性」をリテラルに扱ってしまっていたように見えます。でも、別の可能性もあるんじゃないかと思うのです。

コルビュジエの謎めいた部分は、「虚の部分を虚のままに解こうとした」ことにあり、より抽象度が高い状態で「判らなさ」を生み出しているのではないか。ポストモダンを通り越したぼくたちが、やっと見えてきた問題意識と、コルビュジエが内包していた謎の部分の一部が、どこかで重なっているんじゃないかと期待しています。

特に**「クルチェット邸」**は、矛盾しているモノを高度に放置しているような感覚があるんです。廃墟の内部を探索していると、突然、天井が抜けた部屋に出て、思わぬ強い光を受けたような感じです。まるで、見捨てられた場所のような光の入り方をしている。

手摺りが内装的に木でつくられているすぐ側で、徐《おもむろ》に樹木が立っていたりすることで、その雰囲気が尚更、助長されています。言い換えれば、あってはならない光が、あってはならない素材と組み合わさっているような感じです(笑)。

ただし、併置できないシチュエーションが、注意深くブレンドされているので、完全に打ち捨てられた状態でもなく、つくり込まれ過ぎた内部化されているシチュエーションでもない。そのような、大らかさや放置感は、現代的だと思えます。

ロウによる**「ガルシュの家」**(一九二七年)の分析を読むと、知的レベルでは「虚の透明性」の概念は理解できるかもしれないけれど、「本当に、肉体的にそう感じられるのか?」は、はなはだ疑問です。一方で、**「クルチェット邸」**の場合は文字通り、そういう不思議さを体現しているように見える。

そういうものに興味があるのは、いわゆる「近代」の主流とは別の「思考の構え」を暗示しているように思えるからです。そして、「思考の構え」は、空間の概念のようなものと関係があると思っています。

その意味で、「実の透明性」と「虚の透明性」を強引に解釈しようとすれば、**ニュートン**と**ライプニッツ**に読み替えられると思うのです。「まず最初に空間があって、その中にモノがある」と捉えるのか、「事物の同時存在の秩序自体が空間だ」と捉えるのかは、大きな分かれ目ですよね。

ニュートンが提唱した不変不動の「絶対空間」の概念は、建築において**ミース**的な均質空間として反復される、近代の主流です。一方で、同時代に**ニュートン**と対立した**ライプニッツ**の空間の関係説は、近代では傍流ですが、「虚の透明性」にも通じる現代性を持っていると思います。

「実の透明性」とは「透明というモノがある」

ル・コルビュジエ:クルチェット邸

という発想で、それを実体化しようとすると、極論すれば「ガラスの箱」になる。逆に「虚の透明性」とは、透明というものは実体的にあるのではなくて、関係であるということです。自分が理解している状態を、後から解釈しようとした時に、複数の体験を結びつけ、ある全体性として必要になってくる。

　自分が興味のある、「近代」の新しい建築の枠組みがあるとしたら、空間を実体的に捉える「ガラスの箱的思想」から、できるだけ遠ざかる方法です。つまり、その正反対である広い意味での「虚の透明性」という意識や**ライプニッツ**的発想とも、どこかで重なってくる筈です。

コルビュジエのトポログラフィ

今、日本の建築家の多くが「**クルチェット邸**」的な、バラバラ感のある全体性に惹かれ始めているんではないでしょうか。逆に「**サヴォア邸**」(一九三一年)のような、正統的に解釈されている作品は、なかなか自分たちに引き付けて解釈しづらいような気がします。

ル・コルビュジエ：クルチェット邸

　ぼくにとっては、むしろ、「**サヴォア邸**」の方がバラバラに見え始めている。家電製品のように、四角いシンプルな箱によって、辛うじて、あらゆる欲求をアッセンブリーしている感じ。「**クルチェット邸**」は、真っ白な四角い箱がない分、「**サヴォア邸**」ほどバラバラにしていないんじゃないでしょうか。

　個々に自立しているけれど、全体としてのルールもある、秩序の階層構造をつくる。抽象的ながら、何となく想像力を刺激させる問題意識があるとすれば、それを上手く形に載せさえすれば、もう一歩踏み込んで「**クルチェット邸**」を理解できるかもしれません。

　少なくとも、個人的には「形式的に考えたい」という意識があります。だから、形に関心があるし、ルールにも関心がある。

ぼくの言う「形式」とは、結構、即物的なものです。言い換えれば、**ルイス・カーン**が指摘しているような「フォーム」に近いと思います。意味や技術を付着した状態で「形式」という言葉を使ってしまうと、「共同性」と変わらないものになってしまう。そうなった途端、何を意図して「形式性」と言っているのか見えにくくなる。

トポロジーとも違うし、トポグラフィとも違って……。言い換えれば、位相幾何学とも違って、地形とも違うけれど、ある種の空間形状が持っている、モノの関係性の規定の仕方が何になるのかと、考え始めています。今のところ、苦し紛れに「トポログラフィ」と言っています（笑）。

例えば、**「ロンシャンの礼拝堂」**（一九五五年）は、「トポログラフィカル」に考えると、割と平面的に感じます。全体像が視認できないような、折り畳まれたプランではあるけれど、ほとんど二次元の世界でつくり上げられているから、平面的秩序を思い浮かべれば、大体、全体像が頭の中に構築されてしまう気がします。

ル・コルビュジエ：クルチェット邸

「均質」ではない前提

個人的に関心があるのは、平面的秩序を思い浮かべれば、全体像が構築できるようなものではない建築です。それは、ひとつの思考モードだと、なかなか理解できないだろうけれど、その難解さが、別の特徴を伴って、ある全体を見せる状態をつくり出したい。

平面で取り出せない状態も、二種類あって……。取り出せないなりにも、別の形でハッキリと明確に掴めるような取り出し方が可能な図式もある。一方で、**「クルチェッ**

ト邸」は、もう少し別のものを暗示しているようで気になるんです。

コルビュジエも「自由なプラン」と言っていた頃には、ある種の均質性を前提とした思考だったと思います。そこだけを取り出せば、図式的に取り出した「**ミース**」と同様の指向性を持っていたと思います。つまり、「床的なるモノ」です。

コルビュジエ自らが提唱した秩序のひとつである**「ドミノ・システム」**(一九一四年)は、個々のコルビュジエ建築に、様々な形で残っていると思います。でも、よく見ると殆どの場合がヘソの緒のような状態でしかない。

中期から後期にかけては、設計を進めていく内に、意識がヒックリ返ってしまう場合が多々あるのではないでしょうか。**「クルチェット邸」**においても、最上階が「自由なプラン」を彷彿させるけれど、「それがどうした?」という感じも否めないわけです(笑)。むしろ、コルビュジエ後期に見られる、「喜び性」と「知性」が統合された不思議さの方が、現代的に見えてくる。

ル・コルビュジエ:クルチェット邸

結局、前提条件として「均質な場がある」と、頭の中で考えている時しか、「均質」はあり得ないと思います。それこそ、「虚の透明性」というのは、「均質な場」という前提自体が揺れていることと、大なり小なり繋がっている筈です。

だから、**「クルチェット邸」**について個人的に面白いのは、「均質さ」と違う前提も持っていたのではないか。そして、それがコルビュジエという個人の枠組みを越えて、普遍的に取り出せるものなのかどうかを探求することです。

「形式」や「ダイアグラム」と言った途端に、「ハッキリと取り出せるモノ」というイメージが強くなってしまうのですが……。既存の方法では「ハッキリとは取り出せない」けれど、別の方法を使えば「ある普遍的な形で取り出せる」もの。それが実現できれば、思考モードが別次元に移行できる可能性を感じています。

まだ、ぼく自身は「ハッキリとしたモノ」の範疇から抜け出していないのかもしれません。そうであってもイイけれど、もう少し広範に建築を見渡す時には、ニューモードまで含み込んだ形で、自分の形式的思考を鍛え上げていかなければならないでしょうね。

その際に、未だハッキリとは見えていない**「クルチェット邸」**の解釈を通して、自分に別のモノの見方の角度を与えてくれることを期待しています。

（文責／杉田義一）

MAISON DU DOCTEUR CURUTCHET 1953

クルチェット邸：アルゼンチン、ラ・プラタ

環境時代のル・コルビュジエ

高間三郎

このごろ地球温暖化の影響か各地に異常気象が報告されているが、設備設計者のぼくがコルビュジエについて書くということも、これと似たような現象じゃないかと思っている。コルビュジエについては、これまでもいろいろな雑誌や本が出版されていてその量は大変なものだ。たぶん建築設計者にとってコルビュジエは一種の信仰の対象、つまり神とも言える存在なのだろう。六本木の森美術館のル・コルビュジエ展「建築とアート、その創造の軌跡」(二〇〇七年)に行った後、ある建築家の方に「コルビュジエは、絵があんまり上手くないですね」と言ったら、顔色が変わった。たぶん神を冒涜してしまったのだ。でも、ピカソやブラックに比べたらだいぶ落ちると思うのだが。

コルビュジエの設計した建物は住宅がずいぶん多いが、ぼくにとって興味深いのは、例の近代建築の五原則を出す前の一九一一年、彼が二五才の時、故郷ラ・ショー・ド・フォン(La Chaux-de-Fonds)で設計した両親の家「ジャンヌレ・ペレ邸」だ。立面図を見るとこれがコルビュジエの設計かと思うようないわゆるヴァナキュラー建築で、急傾斜の傾斜屋根と縦長プロポーションの窓という形態だ。ラ・ショー・ド・フォンは、フランス国境から数キロの海抜一〇〇〇メートルの場所で、冬にはマイナス一〇℃にはなるから、寒冷地では標準的な形態だったに違いない。傾斜地に建つ三階建て住居は、ドミノ・システムを発表した後だったらたぶんピロティにしたに違いない。しかしピロティの建築は、床暖房でもしないかぎり足が冷えて住めないか

1941年東京都生まれ。早稲田大学理工学部建築学科卒業，同大学大学院修了。
大高建築設計事務所を経て，71年科学応用冷暖研究所設立。

ら、暖炉だけの住宅ではこの形態は両親にとっては幸いだった。やはり両親の家では、さすがのコルビュジエも、室内環境を考えて設計していたのだと思い、安心した。

コルビュジエの先祖は、歴史的には十四世紀にカソリック教徒の北フランス人に追われてスイスへ移住した、プロテスタントのユグノー派教徒だと言われている。だから偶像否定する改革論者の気質が、彼のエキセントリックで反体制的な行動にも影響していたのだろう。また、ラ・ショー・ド・フォンのあるヌシャーテル地方は農業に適さない土壌で寒冷な気候だったから、レース刺繍や宝飾加工から時計製造といった産業が発展していった。事実、コルビュジエの父親は時計の文字盤加工の職人だった。十九世紀になると、ラ・ショー・ド・フォンは、ジュネーブとともに、スイスの時計産業の中心地として発展し、現在ではモヴァド、ロレックス、タグホイヤーなどの本拠があることでも知られている。

若いコルビュジエ、正確にはシャルル・E・ジャンヌレの伝記を読むと、いつも誰か理解者がいて、バックアップしてくれていた。本人にそれだけの魅力があったからだろうが、この地方の裕福なユダヤ系スイス人のネットワークが、その後の彼の活躍の助けになったことも想像できる。

設備設計からみたサヴォア邸

建築関係者なら誰でも知っているこの建物について、設備設計から言えば、ずいぶんとひどい設計じゃないかと思っている。確かに例の五原則のピロティ、横長プロポーションの窓、屋上庭園、自由な平面、とほとんどを満足しており、しかも敷地との調和も素晴らしいので、文句を言う筋合いではないが、居住者のことはコルビュジエの頭にほとんどなかったと思う。パリ郊外だから冬期はかなり寒いのに、ピロティで断熱のない壁、横長プロポーションの窓の両端に能力不足な鋳鉄製ラジエーターが付いているだけの暖房システムではまず冬は住めないはずだ。ピロティを取り入れるならば、少なくとも床暖房は必需品で、ミースの「ファンズワース邸」（一九五〇年）はちゃんと温水床暖房をしている。たぶん彼はこの建物を彫刻と考えていたのだろうし、プロポーションを悪くする要素をはずす確信犯だっただろうと思う。ミースはドイツのペーター・ベーレンス事務所に五年いたので、バウ・フィジックス（建築物理学）をたたき込まれていたのだろうが、コルビュジエが在籍していたのは一年程度だったから知る機会がなかったのだろう。

この影響なのだろうか、コルビュジエ信者たちがひどい熱性能の近代建築を建てるようになっても許されてきたのは、たぶん日本の気候が穏やかだったことと忍耐強い国民性に救われていたからだと思っている。

ところで、コルビュジエがある意味で不幸だったのは、フランスで活動していたことだろう。確かに一九二〇年代のフランスは、航空産業や自動車産業の技術面で最先端を走っていたが、その後はガラスのサンゴバン社などごく一部の企業を除けば、アメリカに比較して劣勢だった。第一次大戦後にアメリカは、石油産業、鉄鋼業などで急速に発展し、一九三五年には航空産業でもダグラス社が、金属製、単葉、油圧引き込み脚のDC3を開発している。それはコルビュジエが工学美として参照した、ファルマンやヴォアザン社の複葉航空機とは全く違う流体力学による流線型の形態になっている。建築と直接関係のある空調冷房技術についても、すでにアメリカのW・キャリアが、工場の室内環境改善のために開発していたが、ヨーロッパでは寒冷な気候のせいもあり、空調技術が導入されることはなかった。

巨匠建築家では、一九〇六年にフランク・ロイド・ライトがシカゴの「ラーキン・ビル」(一九〇三年)で、隣接する鉄道の煤煙対策に空調システムを採用し、オフィス・ビルのプロトタイプをつくっていったのに対して、コルビュジエは完全空調のビルを設計することはなかった。唯一のチャンスと思われたニューヨークの「国連本部ビル」(一九五〇年)の設計では、敷地の関係から東西面のガラス張りという熱環境的には最悪のレイアウトに対して、あくまでブリーズソレイユで対抗しようとしたようだが、実施設計者の立場を外されたうえ、キャリア社のウェザーマスター六〇〇〇台を使う力まかせの空調システムが導入されている。もしも彼が空調システムのことをよく理解していたら、現在のファサード・エンジニアリングでやっているような、日射の制御と空調システムを融合した解決法を考えてくれたかも、と思わないでもない。でも、「サヴォア邸」に見られる居住環境無視の視点からだと、ちょっと難しかったかもしれない。

第一機械時代から環境時代へ

コルビュジエが逝ってから五〇年弱になり、彼の残した建築ばかりのせいではないけれど、地球環境が人類にとって最大の課題となっている。これにエネルギー問題が重なり、絵画や彫刻とは違い、建築は人に感動を与える芸術という存在だけではすまない難しい時代になってしまった。

先日、エコ改修という、文部科学省が音頭をとって環境省と予算的に協力して、学校を環境に配慮して改修するプロジェクトの対象になった小学校を見学した。やっていることは、壁を外断熱にし、窓をペアガラスにする程度。もともと熱性能の悪い校舎を改善しているから、それはそれで居住性、省エネルギーの面で良いことには違いない。ただ、環境省予算ということで、わざわざエコというあたりが、何となくうさんくさい感じがした。見学会と同時に、小学生たちが環境に対する発表を行っていた。そこで五年生の女の子が地球温暖化について、「CO_2の層がジャケットで身体を温めるように地球を暖める」とみごとな説明をするのを聞いて、小学生までA・ゴアみたいになる時代なのだと驚いた。ちょっと気になったのは、説明の内容が新聞かグーグル検索、あるいはフリーのネット百科事典『ウィキペディア（Wikipedia）』を読んでいるみたいな感じなので、「ほんとにそう思っているの？」と突っ込みたくもなった。

環境問題はそれぞれの時代にあったが、コルビュジエが活躍しだした一九二〇年代は十九世紀に始まった産業革命による工場周辺の排気ガスや水質汚染、それと工場内の作業環境といったことが大部分だった。この傾向は、企業の化学廃棄物による環境汚染を書いたレイチェル・カーソンの『沈黙の春』（一九六二年）が出版された六〇年代まで続いている。その後ローマクラブの「成長の限界」（一九七二年）で初めて、現在言われている人口と環境の問題、つまり人間活動のエネルギー消費と環境破壊が取り上げられるようになった。ただ、二〇年代のコルビュジエにとっては、「産業生産物をいかに有効に使って、一般市民の建築を大量に供給するか」が最大のテーマだったのだから、建設にともなう材料やエネルギー消費がどんな影響を周辺環境に与えるかなど考えるはずもない。

シャルル・E・ジャンヌレからル・コルビュジエを名乗るようになった雑誌『エスプリ・ヌーヴォー』で、例の有名な「住宅は住むための機械」と言っているのは、第一次世界大戦で急激に進歩した航空機、船舶、自動車の機械としての美学を用いて彼のデザインを説明する巧妙な戦略のひとつだろう。それまでの建築様式に対抗してモダン・スタイルを主張するには、当時の最先端技術だった航空機のイメージは強力な手段だったに違いない。実際に彼は、航空機メーカーだった頃のヴォアザン(Voisin)社との付き合いがあったようだし、構造エンジニアのマックス・デュボアと開発したドミノ・システムは、鉄筋コンクリートで従来の壁構造と異なる柱と床板による構造システムで、ヴォアザン社の複葉機の翼構造に類似している。一九一九年に航空機メーカーから高級自動車メーカーとなったヴォアザン社は、コルビュジエのパリ国際装飾博覧会(一九二五年)で発表されたパリ改造計画「ヴォアザン計画」のスポンサーとして知られている。

新しい鉄筋コンクリート構造体(ドミノ・システム)で壁の制約をうけない平面を得ることができた時に、彼は光、空気、緑が通り抜ける空間ができると言っているが、この発想は比較的寒冷な気候で閉じられた空間設計をしていたモダニストたちには見られない特徴だ。バウハウスの建築家たちはもちろんだが、レイナー・バンハムが『第一機械時代の理論とデザイン』(鹿島出版会、一九七六年)の最後に技術の未来を形態にしたと評価しているバックミンスター・フラーもまた、シナジーという自然循環をテーマにしながらも閉じられた空間を目指していた。実際ほとんど同じ時代に生きていた二人は、どちらも航空技術に興味を持ち、建築との関連を試していた。しかし、片や建築界の巨匠として名を残し、片やダイマクシオン理論やドームのみが知られている変わり者といった存在なのはなぜなのかと考えてしまう。バンハムに言わせれば、フラーは機械の本質を建築の内部まで組み込みデザインしているから未来派のサンテリアに近いと評価している。確かに、アルミ成型の浴槽からなるハートコアユニットや、航空機のモノコック構造のようなダイマクシオン住宅は、当時としては最先端の工学デザインだっただろう。それに比べてコルビュジエは機械に興味をもっていたが、単に配置を合理的に考えていたにすぎないと言っている。コルビュジエが航空技術そのものを住宅に導入しなかったのは、彼の方が人間のことをよく知っていたからではないかと思う。よく映画では人間がロボットのようにパーツ交換して能力をアップしたりスパイダーマンのように変身することができるが、残念ながら生身の人間はそういうことにはならない。食事をしたり寝たり、たまに音楽を聴いたりするのに、何も飛行機のように狭いところに居たくはないし、量産化で安いと言われてもアルミ製が新しいと言われても、肌に合わないこともある。

フラーは、軍需技術から出発していることもあるが、現在の大きなテーマとなっているサステナビリティについて、すでに自然エネルギーの効率的な利用やリサイクルといった技術的提案をしていた。ある意味では、八〇年早すぎた提案だったのかもしれないが、現代に再現して受け入れられるかと言えば、そうとも言えないだろう。彼も認識していたように、人間の美感覚は電磁的情報の〇・一％程度（人間知覚の七〇％を占める）の可視域の情報で判断されるから。もうひとつ言うと、二人の性格の違い、つまりコルビュジエのほとんどノー天気とも言える楽天的発想と、すべてを理論的に固めるフラーのやや偏執的な暗めの発想を比べると、やはり楽しそうな方をとるということもあると思う。

彼らが活躍しはじめた二〇年代、バンハムのいう第一機械時代は、電気や内燃機関の近代技術が生活に入ってきたころで、ローリング・トゥウェンティズといった狂乱の時代、音楽ではジャズ・エイジだった。彼らの晩年は、いわゆる第二機械時代、つまり量産化による消費文化が花開く時代だった。その後六〇年代になるとＪ・アムダールの開発したＩＢＭ三六〇が世に出てコンピュータ時代になり、九五年のWindows95の発売以来ネットワーク情報通信時代になって、グローバリゼーションが広まった。ネットワーク情報のためもあるが、現在は炭酸ガスの発生を基準にした環境評価が世界的にも定着しつつある。これは、二〇年代に新しい技術による明るい未来像が描けた第一機械時代と全く逆の意味で、エネルギーを含めた第一環境時代と言えるかもしれない。もしかすると機械時代の変化と同じように、三〇年後には第二環境時代が出現するかもしれないが、恐竜が酸素濃度の低下で絶滅したという説もあるように、それが第二機械時代のように大衆化といったハッピーなシナリオになるのかは疑問だ。

「サラバイ邸」とエコ・デザイン

建築家の小嶋一浩さんに、チャンディガールの「陰の塔」とアーメダバードの「サラバイ邸」の写真や図面を見せてもらったが、やっぱりコルビュジエはずいぶんまじめに環境を考えて設計していたのだなと思った。アーメダバードはムンバイの北の町だが、やはり年間を通して日射が強く、三〇℃以上の気温になる高温多湿な気候だが、ここでは屋根に樹を植えて遮熱をする構法を採用している。シリンダーボールトコンクリート躯体に、約四〇センチ程度の土を盛って、開口部は簡単なすだれと木サッシュだけという見事なエコ・デザインで、実際に室内に入ると涼しいようだ。豪邸ということもあるが、急な滑り台つきのプールは今は使われていないようだが、楽しそうな遊び心があふれている。

もうひとつのチャンディガールの「陰の塔」は、高等法院と議事堂の間に計画されていて、日本で言えばあずまやみたいなものなのだろう。正確に南に向いた平面を持ち、三方を水平と垂直のコンクリート・ルーバーで囲まれた不思議なスペースで、年間を通して陰をつくっている。コルビュジエの事務所に入ると、太陽の軌跡を正確に計りブリーズソレイユを設計することを教えていたようだ。昔、チャンディガールのブリーズソレイユの写真を見て、見せかけのデザインだろうと思っていたが、まじめにインドの高温多湿の気候において空調技術なしで快適に過ごせる開かれた建築の設計をやっていたのだ。

開かれたとか閉じられた建築といった言い方は、社会学的な意味もあるが、環境では外界の影響をシェルターで遮断することを「閉じられた」と言っており、超高層建築のように窓が開かず、すべて空調装置で室内環境を維持するものだ。これに対して、窓の開閉による通気や躯体の蓄熱などにより室内環境を維持する建築を、「開かれた」建築と言っている。コルビュジエは比較的気温の低いスイスの山岳地帯の出身だから、本来は閉じた建築になじみが強いはずだが、パリに移住する前のギリシャ、トルコなどの地中海地域への旅行が大きな影響を与えているのだろう。この七ヶ月におよぶ旅行で、ギリシャやビザンチンの建築の印象を『東方への旅』として出版しているが、それ以上に彼の思考に影響を与えたのは、たぶん地中海の海そのものだったと思う。

環境時代のコルビュジエ

一九八九年からぼくは近未来実験住宅「NEXT21」という、二一世紀の初頭、ちょうど今頃のライフスタイルをテーマとした集合住宅のプロジェクトに参加している。そこでは、技術的には当時の最先端技術であったリン酸燃料電池や排水リサイクルシステムを採用したり、エコ・デザインということで屋上植栽を行っている。さて、約二〇年近く、正確には竣工して一三年経った今振り返ってみると、最新だったリン酸型燃料電池はその後五年で製造中止になり、替わって自動車搭載用に開発された固体高分子型(PEFC)になり、さらに最近は固体酸化物型燃料電池(SOFC)に変わった。このように最先端技術というのは、せいぜい五年程度の寿命しかなかったが、屋上の樹木は繁って、いつ行っても新鮮で生物の強さを見せつけている。ライフスタイルの変化はもっと激しく、情報システムではせいぜいパソコン通信程度とポケットベルの時代が、すぐに携帯電話とインターネットの時代になった。二〇〇〇年以降は、インターネットのWebによる情報交換が一般化して、ライフスタイルも大きく変わることになり、今ではiTunesで曲を、Amazonで本を買うのがごく普通になっている。町では、iPodとヘッドフォンでほとんどロボット化した人とか、携帯メールでまったく会話のなくなった人などが歩いている。以前はSF映画で見ていたような光景がどこでも見られることになっている。

　ところでCO_2で評価されるような環境時代に入った今の建築は、透明だったり黒かったりして視覚的にできるだけ存在を見せないようなモノが多いから、コルビュジエが言うような建築が芸術の最高の存在であるとは思えない。では、彼が現在生きていたらどうなるか。映画ではよくあるシナリオだが、考えてみると第一機械時代では当時の最先端技術の航空機や自動車をダシに近代建築を宣伝したが、今ではせいぜいステルス機かF1マシン程度であるし、宇宙モノはすでに「スターウォーズ」以来CGの世界でいやというほど見ている。それに環境時代にエネルギーを馬鹿食いする道具を引き合いに出すのもおかしいと考えていくと、機械時代になかった仮想現実のヴァーチャル世界を使うかも、と思ったりもする。今のところ建築は現実世界の存在だが、Web上ではすでにセカンドライフなどのように、建築から都市までそろったヴァーチャルな世界が出現している。これは建設しても環境に影響しないから、環境評価のCASBEEやLEEDで苦労することもない。

いつも不思議に思うのだが、「ヴォアザン計画」に始まるコルビュジエの都市デザインの仕事は、いつも印象的なパースか模型写真があるのだが、実際にこれがどのように維持されていくのかは全く分からない。ローマの昔から、都市計画ではまず多人数の人が暮らすためのインフラ（infrastructure）＝水の供給、排水のルートやエネルギー供給などの計画を詰めるのだが、彼の場合は資料のどこを調べても、そのようなものは見つからない。どうも計画そのものは、彼の建築を引き立てるための都市計画のような気がするので、仮想現実の世界は向いているような気がするのだが。戦略家のコルビュジエのことだから、建築家が都市計画に没頭すると、政治や行政に巻き込まれて、大切なアーティストとしての感性を失うことを恐れてそうしていたのだろう。

また、彼に現在のドバイの世紀末的な建築ラッシュを見せたら、どういう反応をするかも興味がある。

一九三〇年代のニューヨークの超高層ビルは低すぎると言ったようだが、今度はどうだろうか。「ブルジュ・ハリファ」（二〇一〇年、設計：SOM、世界一の八二八メートル以上の高さ）を見て、人間の傲りのバベルの塔と思うか、自分はもっと高いのをやりたいと言うかどっちだろうか。

そんなことを考えていると、彼がカップマルタンに建てた小屋、二〇〇七年のコルビュジエ展ではモックアップが展示されていたが、あれが環境時代の回答なのかもしれないと思いだした。あの三・八メートル角のコンパクトな空間は、小さな窓で熱負荷は極端に小さいし、地中海性の気候だから暖房も必要ないはずで、コルビュジエの裸の写真からもエアコンがあるはずもない。建築材料も木材で、リサイクル可能だ。「サヴォア邸」のようにカッコは良くないが、五〇年たって到達した形態が、やはり環境時代の先取りをしていたんだと勝手に思っている。もっともあのままでは芸術というにはあまりだから、たぶん彼ならヴァーチャル・リアリティを空間に反映するような仕掛けを組み込んだかもしれない。一九五八年のブリュッセル博で「フィリップス館」の膜空間にヴァーチャル・リアリティをつくっているが、これを発展させたネットワークと連携した仮想空間をつくるのではと思ったりする。ただ現在の仮想空間は、太陽光の入らない閉じた空間なので、コルビュジエ好みではないから、きっと自然光と調和したものを考えてくれるのではないだろうか。自分の作品を一つひとつ説明している自叙伝ともいえるDVDで「自分はたいした人間ではない」と話しているのを聞くたびに、それまでの見事な自己アピール戦略から、これも演技かなと思うが、本人は意外にまじめに数々の失敗を思いだして言っているのかもしれない。

VILLA DE MADAME
MANORAMA
SARABHAI
1955

サラバイ邸：インド, アーメダバード

ナントのユニテ・ダビタシオン：フランス，ナント

コルビュジエの住宅の「パース性」と「アクソメ性」

米田明

1959年兵庫県生まれ。東京大学工学部建築学科卒業，同大学大学院修了。
91年アーキテクトン設立。現在，京都工芸繊維大学准教授。

住宅の四つの構成

米田　「サヴォア邸」（一九三一年）以前の住宅に関しては、コルビュジエ自身も論理に拘って思考を進めていた筈です。もちろん、彼独特の感覚的な要因から出発していった部分もあったでしょうが……。少なくとも、感性が直接的に説明原理として持ち出された住宅はなかったと思います。むしろ新しい感覚をいかに論理付けるかといった側面があります。

GA　「サヴォア邸」竣工の約一年前に、それまでつくり続けてきた住宅を「四つの構成」として論理的にカテゴライズしたくなった動機は何だったのでしょうか?

米田　「サヴォア邸」の実現性が高まった時点で、一種の到達感があったのだと想像します。

「住宅の四つの構成」は論理として捉えると、順序立てて進化したようにプレゼンテーションされています。でも、コルビュジエ自身に内在する感覚としては、事後的に整理されて生まれた論理だったと思う。

なぜならば、一九〇〇年代初頭は、社会構造が短期間に劇的に変化したから。生産構造の変化や、二度に亘る世界大戦の経験によって、人間の感覚が急激に変化しただろうことは、想像に難くない。

自分自身にも起こっていた感覚の変化を「建築でどう引き受けるか」との問いに対して「答えを出さなければならない」という強い使命感が、彼の中に芽生えていた筈です。そうして幾つかの建築を実現した時初めて、自覚的に論理として「どういうつくり方をして来たのか」を第三者に伝える必要が出てきた。その結晶が、「四つの構成」だったと考えた方が素直だと思う。

各構成に対して代表的な住宅作品を自ら挙げていますが、リアルタイムでそのような位置づけを目指していたかどうかは、疑問があります。

GA　人間の感覚がどう変わったと、コルビュジエは意識していたのでしょうか?

米田　多様なモノに対して、個々人で多様な経験がある。現代では当たり前のことですが、二〇世紀初頭の飛躍的な技術向上や、世界規模の大事件を目の当たりにすることで、やっと個々人が新しい経験の多様性を自覚し始めたのだと思います。

GA　コルビュジエ的な最初の反応が、第一の構成＝**「ラ・ロッシュ＝ジャンヌレ邸」**(一九二五年)だったわけですね。

米田　「住宅の四つの構成」をつぶさに観察すると、第一の構成だけパースで描かれています。つまり、自分の立ち位置(＝感覚)に則して描かれている。

その他三つの構成は、すべてアクソメになっている。アクソメという描画法は、視点自体が無限遠に設定されるので、意識としてはメタレベルに推移しているわけです。この客体的記述は、機械的に実寸がそのまま反映されるので、人間が関与しなくてもオブジェクトとして成立してしまう。つまり、描画方法の違いが、コルビュジエの意識的変化を表していると言えるかもしれません。ひとつには技術工学的な客体として、もうひとつには、都市における俯瞰の対象として捉える立場です。

「ラ・ロッシュ＝ジャンヌレ邸」では、建築家と建築が必要以上に癒着しているように感じます。自覚的に方法論として展開しているというより、コンテクストに近視眼的に対処していると考えた方が理解しやすい。「新しい感覚」を初めて建築に投影しようとした場合、ス

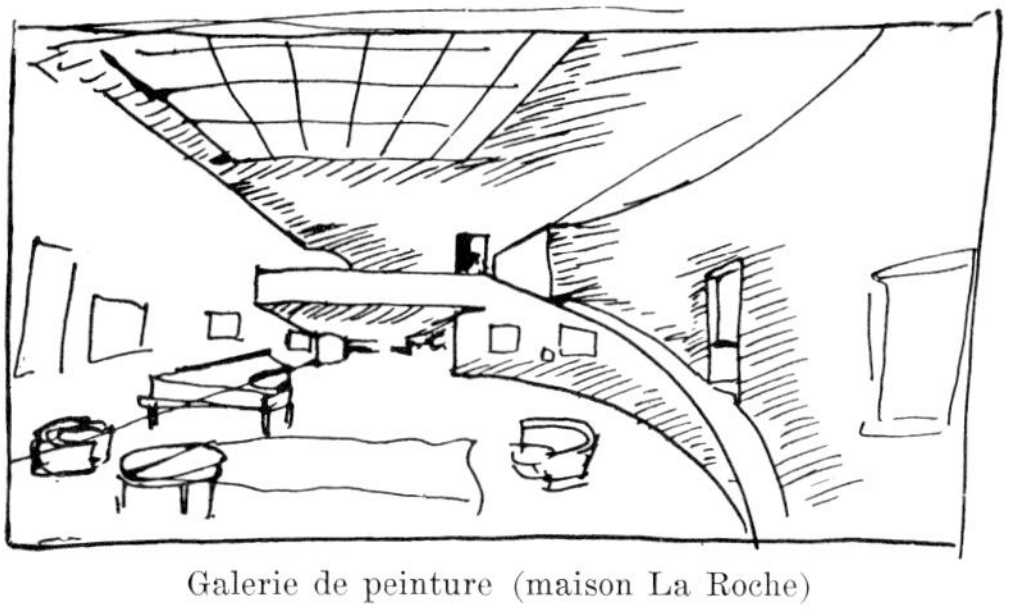

ル・コルビュジエ：ラ・ロッシュ＝ジャンヌレ邸

タディがそのまま実施に移行したようだとも言える。そこにはまだ、言葉や論理が必ずしも介在しない。

GA **「ラ・ロッシュ＝ジャンヌレ邸」**後の住宅は、そのスタディを一つひとつ見直している状態だと。

米田 第二の構成以降、フレーミングが全体に被さってくるのも、バラバラの要素を再統合するキュビズム的フレーミングを論理的に、第一のスタディに投影したからだと思われます。

建築自体をフレームとして捉えるという思考は、コルビュジエにとっては絵画的思考と強くリンクしていたと思う。キャンバスは、画家にとっての論理的規制でもあり、感覚的前提でもある。それと同じ図式で、建築の再フレーミング化によって多様な新しい感覚が統合された結果、**「サヴォア邸」**のような住宅が生まれてきた。

GA 最初期に、自分の故郷において、「白の時代」以前の山小屋風の住宅を幾つか設計しています。これらは、「住宅の四つの構成」とは別物に見えます。

米田 個人的には、第一の構成に通じる部分があると思う。

メソッドなり、実施マテリアルは、ケースバイケースで選択肢が変わってきて当然だと思います。単に、スイスの土着的な構成、材料、そして古典建築の様式等の習作という側面があるにしても、感覚としては、素直に「白の時代」にまで連続している部分がある。

建築の普遍性に対する意識と近代的な意識が、共時的に感覚として存在していた所が、コルビュジエが未だに何度も語られる所以だと思う。

GA だけど、日本の近代建築史教育では、「四つの構成」の内、特に第二、第三の構成（＝シンプルなキューブやドミノ）は、近代で初めて思考された、新しい構成だと教えられます。

米田 コルビュジエ独特のプロモーションを、無自覚に近代建築の一般的進化として日本の建築界が受け入れた結果だと思います。ただし、このような個人的な進化を歴史化する二重性は、すべからく近代の巨匠たちには、見え隠れしているんじゃないでしょうか（笑）。

例えば、「ドミノ・システム」の柱とスラブの組み合わせは、シカゴ・フレームの柱梁の組み合わせのような工学的合理性は無く、むしろ、概念的なテーブルの構成を拡大したような感じがする。それでも、コルビュジエ自身は、建築的テクノロジーとしての新しさは見せたかった筈です。

　良く知られているように、フランスの建築アカデミズムには、ポリ・テクニーク（＝技術系）とボザール（＝美術系）があるわけです。時代の趨勢としては、様式を重んじるボザール的建築が衰退していく中で、工学的アプローチによる建造物が台頭してくるわけです。

　ポリ・テクニークに直接関係していなかったとしても、エッフェルやパクストンの登場は、その典型です。技術を駆使して、建築家が構想する以上の構造物を実施し始めていた。

　コルビュジエは、どちらにも汲みしていた訳ではないですが……。一応、建築家という職能を更新する意識を持っていたので、自分の新しい構想を技術を絡めた形でプレゼンテーションしたかった。恐らく、新しい産業によって勃興したクライアント向けの営業トークとしても、効果的だったのではないでしょうか。

GA　エッフェルやパクストンは、新しい技術が反映されるに相応な、ビルディングタイプを実現していきました。一方、コルビュジエの新しい構想を反映させるビルディングタイプの殆どが、住宅だった理由は?

米田　モダン・ライフという捉え方が、コルビュジエの興味の対象に強くあったからでしょう。単純に言うと、展覧会の展示ではない形で、近代人の生活が、リアルにどう再構成されるのか?　世界的に社会が再構成される中で、モダン・ライフと住宅の更新がワンセットになって考えられたのだと想像します。

　例えば、「エスプリ・ヌーヴォー館」（一九二五年）。それは、一種の住宅であり、都市型集合住宅の一単位でもあり、都市を構成する一要素にすらなる。そのようなスケールを内包した中で、モダン・ライフの容器である「住むための機械」として示されていることが、コルビュジエ独自のアプローチだと思います。万博のパヴィリオンではありますが、単なるパヴィリオンではない、極めてユニークな構成になっている。だから、単体で見ても成立しているし、「ガルシュの家」（一九二七年）など個人住宅としても展開していけるし、都市的な規模では集住体の一ユニットとしても展開可能である。

　そうした生活する場のスケールの多様性を包含していることが、コルビュジエにとっては、エスプリ・ヌーヴォーを表徴するモダン・ライフであった筈です。そうなのであれば、モダン・ライフが都市と繋がるということが、当時の重要な彼のテーマだったことは、想像に難くないです。

GA　ただし、エスプリ・ヌーヴォー的モダン・ライフの典型としての「ガルシュの家」と、「サヴォア邸」的モダン・ライフは、異なる性格に見えます。

米田　その二つへ至る過渡的なプランが、「メイヤー邸」（一九二五年）に確認できます。そのプランを見ると、形が正方形であるばかりでなく、巧みに外部（＝テラス）を組み込み、各階をスロープで繋ぐなど、「ガルシュの家」に新しい要素が登場しだしたように見えなくもないわけです。

　ただし、セッティングとしては、「エスプリ・ヌーヴォー館」はあくまでも都市型住居であって、「サヴォア邸」はヴィラ的な郊外型独立形式を採る。それでも、相異なる二つの形式がいかに連続可能か試みているように感じます。

ル・コルビュジエ：ガルシュの家

GA　つまり、「サヴォア邸」で完結する「四つの構成」は、あくまでもヴィラ形式に対する分析だと？

米田　コルビュジエにとっては、「第一の構成」にあたる「ラ・ロッシュ＝ジャンヌレ邸」で、パリの真ん中、クルドサックの突端という都市的コンテクストが濃厚な場所での感覚が、建築の中にまで延長していくことを意識していたと思う。それは、近代都市の感覚が、そのまま建築に連続すると言い換えてもいいかもしれない。

GA　しかも、技術的な更新無しに解いていた?

米田　「ラ・ロッシュ=ジャンヌレ邸」では、技術的なことは言いづらかったでしょうね。でも、「第二の構成」以降は、アクソメで描かれていることに象徴されるように、技術的な要素が視野に入ってくる。

ル・コルビュジエ：メイヤー邸

ここで言う「技術」とは、一方では工学的技術が反映されていることですが、他方で、建築を極めて論理的に捉えること自体が、既にアーキテクトニックだという意識があったと思う。**モデュロール**に代表されるように、数学的に厳密に解こうとしていること自体、その意識の顕れですよね。つまり、工学的解決以外に、建築的な客観性を持たせることも、重要な「技術」だと考えていたと思う。

「第二の構成」でプリズム・ピュールを宣言しているのは、そういう理由からでしょう。実態は、プランをつくっているわけでもないから、「建築として統括する客観的なフレーミングを考える必要がある」ことを説いているように、ぼくには見えます。そうすること自体が、建築なんだと。その後の展開を見ると、一つひとつの建築が、各々に統合されてきているような印象があります。

GA　「第三の構成」については?

米田　ここで初めて、工学という意味での技術的な、スラブや柱の解決法を説いている。このフレームさえ与えれば、プランは感覚的にも展開できる。
　観念的な「第二の構成」、リアルな「第三の構成」を、如何にバランスしていくかという課題に対して、**「サヴォア邸」**において最高の状態で調停できたのではないでしょうか。

コル的モダン・ライフ

GA　都市的モダン・ライフを志向していたのが、いつの間にか郊外型ローカル・ライフの再現になったのは、面白いですね。

米田　**「サヴォア邸」**は、必ずしもローカル・ライフを志向していたわけではなく、都市感覚がコアに内蔵されていると思います。全体は四角くフレーミングされているけれど、既存都市における複雑な経験（＝**「ラ・ロッシュ＝ジャンヌレ邸」**）が、実は再現されている。
　ローカル・ライフと都市経験を繋げているのが、スロープと自動車とのスムースな関係性。

GA　つまり、**「サヴォア邸」**は、ヴィラ形式の中にも、都市的モダン・ライフを包含できることを実践した？

米田　そういう意味で、**「エスプリ・ヌーヴォー館」**と**「サヴォア邸」**を、彼は同等のモノとして考えていたと思う。**「エスプリ・ヌーヴォー館」**がユニットとなった集合住宅を「ヴィラ型共同住宅」と呼んでいます。歴史的に言えば、都市型住居は「パラッツォ」で、「ヴィラ」ではないのですが。

GA　**「エスプリ・ヌーヴォー館」**の集積としての都市と、**「サヴォア邸」**の集積としての都市。コルビュジエは、どう区分けしていたのでしょう？

米田　都市型の集合住宅と一戸建てのヴィラの関係は、自動車でカバーできる距離かどうかが大きな前提だったと思います。コルビュジエは、二〇年代後半から、船や飛行船に乗ってアメリカだけでなく、インドや南米にも行っていますよね。自動車では移動しきれない、スケール感なり距離感を実体験してしまった時、初めて、自律した都市のような建築を構想し始めた。
　結局、**「サヴォア邸」**のように感覚的な都市経験に対して、実質的な都市要素とはどういうものかと考えると、**「ユニテ」**のように建築というフレームの中にパブリックな都市施設を入れるシステムに行き着いたのだと思う。恐らく**「ユニテ」**は、当時の海外旅行では主流だった大型客船における都市性を意識していた筈です。自動車の都市性は、点と点を結ぶ線でしかないけれど、そのスケールを上げていくと船のように都市自体が実装された居住空間のモデルが意識されたんだと思います。

一方、土着的にその地域、土地にアンカーする住居は、割と先祖帰り的な感覚でデザインされていった。

中期以降は、それら二つのタイプの住居がパラレルに存在し始めると思います。例えば、**「スイス学生会館」**（一九三二年）。定着と離脱の関係が、ひとつの建築で対比的に扱われている。ピロティをわざわざつくりながらも、石組みを地面から立ち上げるような定着意識も併存しています。

さらに、三〇年代後半になると、完全に定着意識が勝った、**「パリ郊外の週末住宅」**（一九三五年）のような、煉瓦積みを基調としたヴォールト屋根の居住空間を思考し始める。**「サヴォア邸」**と郊外住宅というフェイズは一緒にも拘わらず、建築自体は土に埋まり始めていて、ピロティとは逆の意識（＝アンカリングなり洞窟的感覚）が組み込まれ始める。

GA　離脱の感覚は、**「サヴォア邸」**以降に出てくる進化系として理解し易い。一方で、定着という発想は、どうして生まれたのでしょうか？

米田　当時、メインのイデオロギー対立は、ナチズムと共産主義だったわけです。共産主義は一種のユニヴァーサリズムを当時は標榜していましたけれど、ナチズムは国家社会主義だった。つまり、後者はナショナル・アイデンティティ＝土着性に回帰しようというイデオロギーだったわけです。ヨーロッパにおいて、特にフランスは、二つのイデオロギーの狭間で、微妙な位置づけになっていたのではないでしょうか。

一方で、各先進国による植民地政策の強化によって、特にフランスはアルジェリアとの関係において、アフリカの土着性と本国における普遍主義とどうリンクさせるかという難しいテーマもあった。どちらにしても、両極の構図が、政治的、社会的背景からも見え始めていた時代だったことが、コルビュジエの捻れに大きく影響していると思う。

自力本願の建築家

GA 晩年のコルビュジエは、欧米以外のアルゼンチンやインドにも、住宅を建て始めます。

米田 第三諸国へ実際に渡航することで、欧米とは違う世界観を目の当たりにしたことは確かだと思う。「モダン・ライフ」という言い方が、西洋の限られたエリアでしか通用しない概念だったと痛感した筈です。「モダン・ウエスタン・ライフ」は通用するけれど、「モダン・インディアン・ライフ」には、別の概念が必要になってくる。

GA その解釈は、**「カップマルタンの休暇小屋」**(一九五一年)にも通じそうです。

米田 **「カップマルタン」**が面白いのは、隣接するカフェ「ヒトデ軒」に増築する形を採っていること。食事はそこで取るからキッチンはいらないし、海が近いから風呂もいらない。その辺の考え方は、ラディカルと言えばそれまでなのですが(笑)。ある種、寄生的な建築をコンテクスチャルに捉え始めてる。恐らく、**「カップマルタン」**単体で見せると面白くなくて……。パブリックな食堂にプライベートな寝室がダイレクトに接合した状態として捉えると、パブリックとプライベートの関係も含めて、コルビュジエの意識が違って見えてくる筈です。つまり、「離脱と定着」という概念は、「パブリックとプライベート」という概念にも変化し得る内容かもしれないです。

近代人の個人性が強まっていく(=近代的自我が独立する)につれて、一般的にもプライバシーが重要視され始めた時代でもありました。パブリックの中から離脱していくと共に、新たな自由度を獲得していく。そして、パブリックに関しては、一種の共同体なり、地域性なり、人工的ではあるけれど国家みたいなものと、共有せざるを得なかった。この二つの関係をどう取るかも、「離脱と定着」という概念と同じフェイズだと思います。

GA　結局、晩年まで、コルビュジエの住宅に決定的に欠けていたのは、コンテクストだったと。

米田　むしろそうしたものを観念的に追い求めていたと言えるのではないでしょうか。彼自体が、コンテクストを失っていた人間ですからね。背景的な解釈をすると、宗教的に迫害を受けて、スイスの山奥へ逃げたプロテスタント系の先祖からして「離脱」の歴史の中で生きてきた人たちだったわけです。

そんな系譜に自分が位置づけられた時に、「当たり前のように、コンテクストがある」といった前提は相対化される。絶えず対象として見なければならないが故に、コンテクスト自体も操作対象になる意識が芽生えている。

彼は、基本的にアナキストだったので、国家主義に対しても微妙に馴染めなかった。偽名を使ったりする所をみると、アイデンティティの複数性、乖離性が、彼自身の中に付きまとっていた筈です。

GA　コルビュジエ自身が持ってしまった本能を、当時の住宅には求められ始めていたんでしょうね。

米田　最初から、疎外と呼べるような近代的離脱性を宿命的に背負い込んでいることを、自覚していたんだと思う。その結果として、「モダン・ライフ」といった感覚がリセットされる生活を先駆的に実践し得たわけです。

映画やカメラというメソッドが、身近なテクノロジーとして進化してゆく中で、そこで何らかの感覚が更新されたとして、現実の空間なり、建築的物理的組立に、どうやって反映しうるか？　そういう問題意識を持ったという意味で、コルビュジエはかなり自覚的に活動していたと思います。

結局、テクノロジーがどう建築を変えるかではなくて……。テクノロジーによって変えられた人間が、建築をどう更新し得るか？　コルビュジエは、あくまでも自力本願の建築家だったのではないでしょうか。

（聞き手／杉田義一）

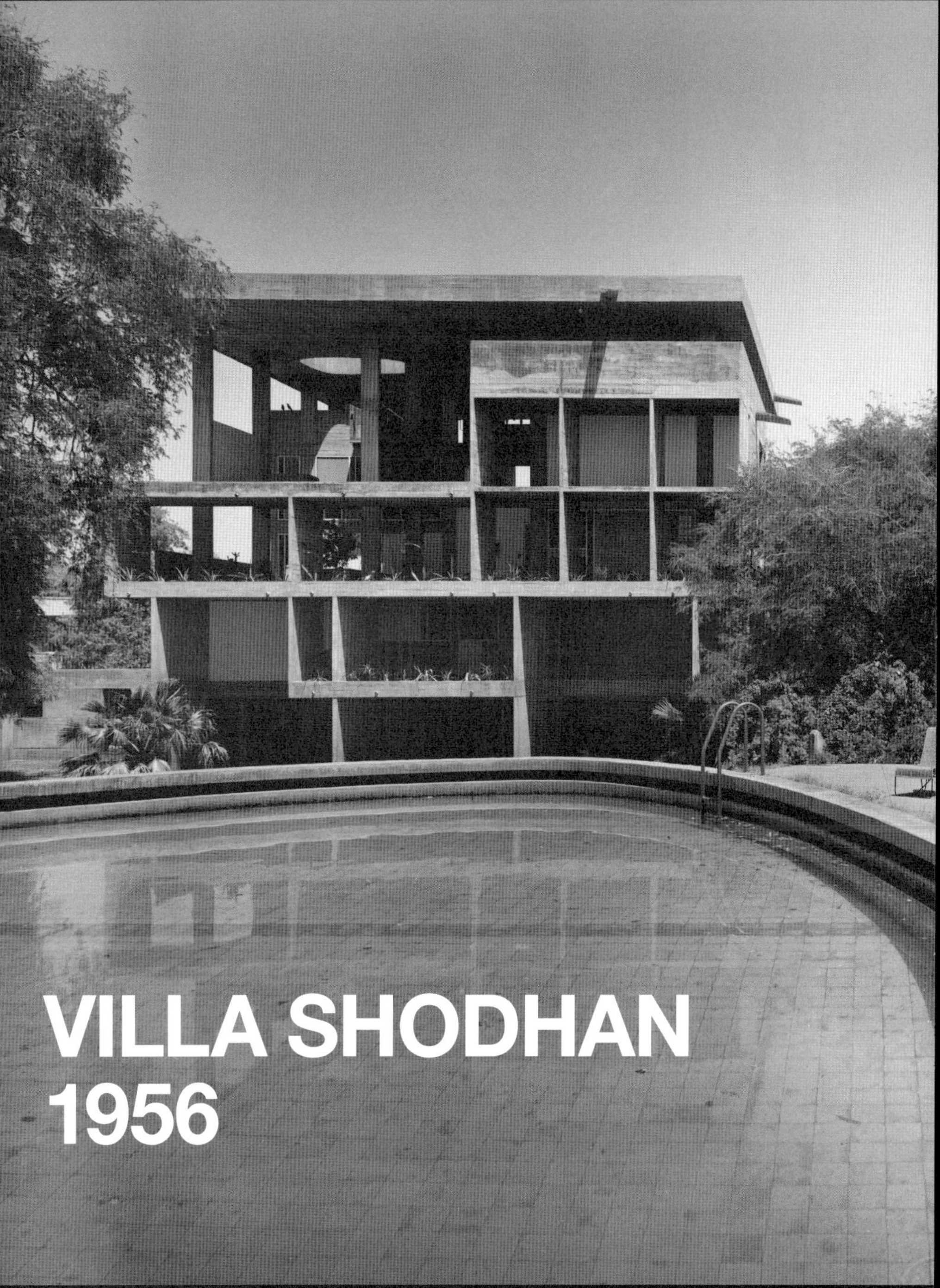

VILLA SHODHAN 1956

ショーダン邸：インド, アーメダバード

MAISONS JAOUL
1956

ジャウル邸：フランス，ヌイイ＝シュル＝セーヌ

デュボアとプルーヴェ、二人のエンジニア

佐々木睦朗

1946年愛知県生まれ。名古屋大学工学部建築学科卒業，同大学大学院修了。木村俊彦構造設計事務所を経て，80年佐々木睦朗構造計画研究所設立。現在，法政大学教授。

ドミノのオリジナル

GA　コルビュジエの住宅は、ファショナブルに扱い易いビルディング・タイプということもあり、様々なメディアで取り上げられてきました。一方、専門誌も含めてエンジニアリングの切り口で取り上げられることは、日本ではほとんどありません。『**GA JAPAN**』でも、佐々木さんの連載**「モダンストラクチャーの原型」**で触れて下ったくらい。

佐々木　連載では、**「ドミノ」**の開発に関わった初期のコンサルタント・エンジニア、**マックス・デュボア**を中心に書かせてもらいました。

　さらに、忘れてならないのは、**「M.A.S.乾式構造の住宅」**(一九四〇年)以降、度々協働した**ジャン・プルーヴェ**。彼は、二つの世界大戦を経験したコルビュジエが、戦争難民用に

「住宅の工業化」を意識した際、欠かせないエンジニアだったと想像します。

GA　その二人を通して、「コルビュジエ」の住宅を語っていただければと思います。まずは、**デュボア**の**「ドミノ・システム」**(一九一四年)について。

佐々木　コルビュジエが**「ドミノ」**と呼んでいる、六本柱とフラット・スラブ、階段だけで構成された、非常に有名な原型モデル。実は、コルビュジエの師匠にあたる**オーギュスト・ペレ**の事務所では、ある意味で既に採用していた工法だったのです。それは、アンネビク工法と呼ばれる床組システムです(『**GA JAPAN 54**』参照)。

　意外と、鉄筋コンクリートが技術的に実用化されたのは遅くて、建築分野では十九世紀後半になって、やっと特許が申請されたくらいです。それをいち早く取り入れたの

が**ペレ**でした。鉄筋コンクリートの柱と梁で構成された骨組み構造（＝メルシュの骨組み）で、そのフレームに穴あき煉瓦を敷くことで一種のリブを構成し、床としていた。柱と梁を同寸にすれば、一応、見た目にはフラット・スラブが実現できます。

　ところが、実際の力の流れで言えば、あくまでも床を支えているのは梁であり、梁を支えているのが柱になる。所謂、軸組み構造でした。

GA　**「フランクリン街のアパート」**（一九〇四年）で、既に利用されていたのですか？

佐々木　それだけじゃなく、**「ル・ランシーの教会」**（一九二三年）も、基本はアンネビク工法を応用していると思います。

　既に実用されていた工法を、「戸建て住宅にどうやって当て嵌めるか？」を考えたのが、コルビュジエと**デュボア**だった。ですから、技術的に見ると、**ペレ**の建築から進化した節は、何も見当たりません。

GA　厳しい見方ですね（笑）。

佐々木　文献によっては、かなり誤解があるのも事実です。例えば、純粋な「無梁版構造」と思っている人もいれば、「六本の柱をプレキャストで考えていた」と、噸でもない誤解をしている人までいる（笑）。まだ、PCにおいて床との接合部を技術的に解決できるような時代ではなかったからね。

　でも、コルビュジエ自身、これら二つの誤解を意図していたであろうことは、想像に難くない。彼は、本気で「住宅の工業化」を目指していた感じがヒシヒシと伝わってくるので、当時、既にあったプレキャストという技術を、柱だけでなく梁にも使いたかったんじゃないかな。

　デュボアの協力も得て、何とかプレキャストで解決しようと試みたのかもしれな

オーギュスト・ペレ：
フランクリン街のアパート

いけれど……。結果的に**「ドミノ」**は、特許の対象となるような技術がひとつもなかったのが、事実だったようです。

GA 既成の工法だったにも拘わらず、何故、ピュアな形で**「ドミノ」**を実現しなかったのでしょうか?

佐々木 姿を変えて、幾つかの住宅に上手く仕込まれていたと思います。例えば、**「サヴォア邸」**(一九三一年)。RC柱に対して、一方向に掛けられた梁型が、きちんと露出している。むしろ、**「サヴォア邸」**こそが、本当の姿だと思う。

もし、**「ドミノ」**をアンネビク工法で実現するとしたら、床には一方向しか力が流れないから、それを受ける梁は、成、もしくは幅が大きくなるしかない。通常の合理性で考えると、**「サヴォア邸」**のように、梁成を大きくする選択をするでしょう。

GA **「ピュア・ドミノ」**には、確かに梁型がありません。

佐々木 その矛盾を**「サヴォア邸」**では、ちゃんと改善しているわけです。柱や梁、床がRCで、壁はコンクリート・ブロックで塞いでいる。

「ピュア・ドミノ」ではないけれど、彼が目指していた、「水平にどこまでも広がっていく空間」を、何となくイメージさせる実作にはなっていると思います。個人的に、**「サヴォア邸」**は、**「ドミノ」**のバリエーションと見て差し支えないと考えています。

オーギュスト・ペレ:ル・ランシーの教会

GA 少なくとも、**「シトロアン型住宅」**(一九二二年)のように、壁を地面にまで下ろした構造システムとは、全く考え方が違います。

佐々木 ひとつも、純粋な形でRC造の**「ドミノ」**は実現されていないけれど……。一九二〇年代になって、鉄骨造のドミノ・システムとでもいうべきルシオール型、あるいはシトロアン型住宅と呼ばれる、大量生産を目指した工業化住宅として、ドミノは実現されるに至ったのです。その契機となったのは、従兄弟の**ピエール・ジャンヌレ**とのパートナー・シップだと思います。
むしろ、ドミノのスマートな使い方をしたのが、**ミース・ファン・デル・ローエ**だった。極端なことを言うと、**「バルセロナ・パビリオン」**（一九二九年）や**「トゥーゲントハット邸」**（一九三〇年）における世界観を見ると、**ミース**の方が鉄骨造だけど**「ピュア・ドミノ」**をより洗練させていたと思う。きっと、この二つの建築の情報を得ていたであろうコルビュジエは、やる気が無くなったんじゃないかな（笑）。
「実行するんだったら、鉄骨の方がイイ」と思えたから、**ジャンヌレ**とパートナーを組み、さらに一九三〇年代になると、**プルーヴェ**にも関心を示したのかもしれない。

GA　**デュボア**と離れた原因も、そこにあると？

佐々木　もちろん、**デュボア**も、後にコルビュジエの唱えた**「近代建築の五原則」**に繋がるような、「壁を構造から完全に解放させる」、「構造的軽快さを表現できる」、「柱断面が小さくできる」等々の、**「ドミノ」**の可能性は理解できただろうけれど……。アンネビク工法以上に展開できなかったのが、現実だった。

ミース・ファン・デル・ローエ：
トゥーゲンハット邸

GA　つまり、コルビュジエの欲求を満たせなかった？

佐々木　**「ドミノ」**が実現できなかっただけでなく、時代が要請していたプレファブ化にも展開できなかった。

プルーヴェの影響度

GA　**プルーヴェ**は、コルビュジエの欲求を満たせそうな、期待感があったのでしょうか？

佐々木　鉄骨の方が、プレハブに向いている素材なのは、現代でも変わりません。そこで、**プルーヴェ**との接点が生まれたんだと思います。

その意識が垣間見えるのは、「マルセイユのユニテ・ダビタシオン」(一九五二年)。初期の計画案は完全に鉄骨造でしたが、遮音対策からRC造になったもので、見える所はすべてコンクリートになっていますが、本体構造には、結構、鉄骨が使われている。そういう所を見ると、彼との協働がもたらした考え方が、きちんと反映されているように感じます。

プルーヴェは、プロトタイプを元に、主構造体からサッシュに至るまで、すべてをスティールを使って工業製品化していき、乾式で組み立てていく住宅を、幾つか試みています。コルビュジエの中にもジャンヌレとの協働作業の経験から、プルーヴェ的な欲求が常にあったんじゃないかな。

GA　晩年のコルビュジエが五〇戸のフル・スティール・ハウスを計画した「ラニの住戸群計画」(一九五七年)も、プルーヴェとの協働です。

ジャン・プルーヴェ：グルノーブルの展示場

佐々木　コルビュジエが面白いのは、割と初期の段階から、一見すると矛盾するような思考を、同時にしている所です。

一方では、「ドミノ」に象徴される、ミースが実現していった近代に適した、均質でユニヴァーサルなイメージを持っている。それと同時に他方では、泡や洞窟を彷彿とさせるような、非常にノスタルジックなイメージも同居している。特に、コルビュジエの住宅を振り返って見ると、常に同時に顕れていたことが良く判る。

GA　何故か、彼の全集には、洞窟的住居を実現するヴォールト屋根のディテール図を、盛んに載せています。一方で、「ドミノ」系の住宅は、ほとんどディテール図がない。

佐々木　たぶん、ミースなどが実践していった工業化は、コルビュジエの中では、イメージに留まっていたからだと思う。一方で、「ジャウル邸」(一九五六年)など、ヴァナキュラーな洞窟的住宅は、どんどん実現されていった。むしろ、後者の方は、エンジニアリング的には全く新しい所がないから、躰に染みついていたイメージを、ディテール図として投影していたんじゃないかな。

　ぼく自身、**ミース**的抽象度と**ガウディ**的表現の両方に興味があるので、コルビュジエの二面性は、何となく共感できます（笑）。恐らく、近代以降における空間把握の両極じゃないかな。

GA　コルビュジエは、最先端の技術に興味がありながらも、実際には一歩手前の技術を使っているのは、ある意味で保守的にも見えます。

佐々木　**プルーヴェ**は、アルミを使ったことに代表されるように、当時としては先端素材を使用したし、最先端の生産方式も積極的に取り入れていた。結果的に、傍系にしか成り得なかったけれど、工業化社会の真ん中にドップリ浸かろうとしていた意志は、明らかに読み取れる。
　一方でコルビュジエは、「最先端の技術を取り入れるために発想された空間」を目指していたわけではない。毎日、

午前中は絵を描くことに充てていたという、有名な逸話が示す通り、アーティスト、造形家としてのコルビュジエと、社会的オピニオン・リーダーとしての建築家という側面を、上手く使い分けていたように思う。

　元々、**「ドミノ」**を提案したのも、第一次世界大戦で壊滅的な被害を受けた市民住宅を、短時間で大量に新たに供給するためだったわけです。後者のコルビュジエになると、極めて真っ当な発想をするよね（笑）。

「サヴォア邸」のように、小高い丘に一軒だけ立っているようなシチュエーションであれば、「延々と水平に広がっていく」コンセプトに共感が得られるだろうけれど……。ほとんどのクライアントは、ある意味で「自由な広がり」を求めていなかった。言い換えれば、**「ドミノ」**が内包している「無限に広がる」という近代的思考に、時代が追いついていなかったんじゃないでしょうか。

ミースだって、初期の住宅は「平面的な無限の広がり」を感じさせるけれど、**「ファンズワース邸」**（一九五〇年）に至る

と、四周をバチっと区切ってしまう。

GA 建築家自身も、ついていけなくなった？

佐々木 特にコルビュジエは、技術的だけでなく、精神的にもついていけなかった。

フィジカルには、「如何に、西欧的壁から構造を開放していくか？」と言う大命題に対して、**「ドミノ」**によって、「柱と床だけ」という究極のシステムを提示できた。でも、そこから先に、なかなか手が出なかったというのが、真相でしょう。

GA コルビュジエの建築で、エンジニアリング的先進性を感じられるプロジェクトはありますか？

佐々木 唯一、**ヤニス・クセナキス**と協働した**「フィリップス館」**(一九五八年)。便箋をクシャクシャと丸めた後、ゆっくりと広がってきたような、不思議なシェル形状をしています。個人的に、空間構造を専門にしているから、共感できる部分もある。

ル・コルビュジエ：フィリップス館
© Wouter Hagens (via Wikipedia)

GA **「フィリップス館」**のような住宅も、計画されませんでした。

早生過ぎたコルビュジエ

佐々木 **「ロンシャンの礼拝堂」**(一九五五年)や**「フィリップス館」**は、住宅規模とは言えないほど大きな建築ですが……。

コルビュジエも都市計画を行ったアルジェリアを含む北アフリカには、その二つのコルビュジエ建築を彷彿とさせる古い民家も存在していると聞きました。

つまり、どちらもヴァナキュラーな系列で、どちらかと言えば「泥で捏ねたような連続マッス」だよね。そこに穴を開けるだけの単純操作で、光や風を取り入れる。

GA 工業化を目指せば目指すほど、最先端の一歩手前の技術を反映させ、ヴァナキュラーさをもの凄くピュアに表現しようとすればするほど、最先端の技術を導入せざるを得ない。

佐々木　確かに、それは現代建築にも通じることだと思う。**「ロンシャン」**だって、現代だったら、もっと適切な技術を反映していたでしょう。ある種の不定形さを本気で実現しようとすると、もの凄い最先端技術が必要になるわけです。

一方で、直交系で組み上げていくような世界＝工業化は、ある意味で部品化なわけです。部品には、生産性を最重要視する傾向があるので、直線材をベースにせざるを得ない。そのようなロジックと、不定形なヴァナキュラー世界は、多分、違う理屈があるような気がする。一体、コルビュジエは、どちらをやりたかったんだろうね？

GA　現代住宅における、エンジニアリングと空間性の関係は、コルビュジエに影響を受けているとお考えですか？

佐々木　コルビュジエが初期の頃に夢想していたエンジニアリングを、善し悪しを織り交ぜながら積極的に推し進めたのは、結局、大手の住宅メーカーだと思う。徹底的に部品化し、その部品の組立に見合った機能性をプランに反映していく。

一方で、現代の建築家たちは、基本的に個別対応の道を進んでいる。もちろん、彼らも工業製品をふんだんに使っているわけですが……。「別の素材」とも思えるような、使い方、組み合わせ方をすることで、オリジナリティを発揮しようとしている人もいる。壁を極限まで細かく分解して、ルーバー状に表現された構造体だったり、ガラスを積極的にどんな部位にも取り入れたり……。

GA　後者のような、工業製品をアッセンブルするような方法は、コルビュジエの実作には顕れていません。

佐々木　自分の中に矛盾したモノを抱えながらも、建築をつくる上で、工業化が視野にあったことは間違いない。初期の**「M.A.S.乾式工法の住宅」**などを見ると、本気で実践しようとしていたんじゃないかな。

だけど、政治的な問題だけでなく、建築家的視点からも、彼自身、納得いく結果が得られなかったから、最後まで実現しなかったんだと思う。そして、困り果てた彼は、客船や飛行機、自動車など、工業化を象徴するようなメタファーを言い出して、有耶無耶にしてしまった（笑）。
　その点、**ミース**はスマートだった印象がある。鉄とガラスを用いた、工業化社会を前提とした一種のプロトタイプをつくったと思う。そういう意味で、コルビュジエの建築に、モダニズムのプロトタイプは感じられない。
　エンジニアレスでも、コンクリートを使えば表現になっちゃうけれど、「ガラスと鉄」による**ミース**型の住宅は、そのような誤魔化しが効かない。

GA　コルビュジエだって、表現として誤魔化すために、コンクリートを使ったわけじゃないでしょうけれど……。

佐々木　後世に、そのような誤解が生じてしまうのは、パイオニアの宿命でしょう。少なくとも、「ブルータルな表現が、コンクリートによって可能になる」ことを、最初に示したのはコルビュジエだというのは事実だから。
　同時代の建設会社ペクテルも、コンクリートを積極的に使っていたけれど、「コンクリート打放しが、そのまま表現になる！」というレベルにまでは、とても達していなかった。

GA　コルビュジエは、敢えてまだ未成熟な技術（＝RC）を選んだわけですね。

佐々木　彼について一番、興味深いのは、**「近代建築の五原則」**にも挙げられている、「立面、平面の自由」を実現するために、一生懸命、テクノロジーに関わり合おうとしていた姿勢です。ただし、具体的な結果に結びついたのは、ほとんど無い。
「モダンストラクチャーの原型」を連載していた時、**「ドミノ」**を扱う前に、**「ロンシャンとキャンデラ」**を対比的に書きました（『**GA JAPAN 52**』参照）。**キャンデラ**の建築は、完璧にテクノロジーの投影として成立している表現だけど、

ミース・ファン・デル・ローエ：ファンズワース邸

「ロンシャン」はテクノロジーではなく、あくまでもコルビュジエ個人の原型イメージを表現している。

つまり、後者は、どちらかと言えばローテクで、構造的に見ると、まさにハリボテ建築なわけです。**ジェームズ・スターリング**の「分析する箇所は何もない」というコメントに代表されるように、エンジニアリング的にはヒドイ代物です。それでも、圧倒的な空間の存在感、建築の存在感を、未だに感じられる傑作に成り得ている。

例えば、**丹下健三**さんが**坪井善勝**さんと組んで、独特の建築を生み出して行けた時代と比べると、コルビュジエには**坪井**さんほどのコンサルタント・エンジニアはいなかった。強いて言えば、今回挙げた、**デュボア**や**プルーヴェ**が、工業化という限られた視点でアドバイスしていたに過ぎません。

一方で**ミース**は、その問題を上手く誤魔化し切って、如何にも最先端にタッチしているように見せていた。**「バルセロナ・パヴィリオン」**だって、鉄骨のフレーム構造だったわけだから。パヴィリオンを訪れた建築家のほとんどは、RCのフラットスラブだと思い込んでいた。**ミース**は、ただ黙って、現場に佇んでいたんだと思う。そういう意味で、**ミース**の方がコルビュジエより役者が上だったのかもしれないね(笑)。

GA　当時、建築界で使われ始めたばかりのコンクリートではなく、既に経験値の高い鉄を選んだことからしても、**ミース**の方が一枚上のように感じます。

佐々木　**ルイス・カーン**の時代になると、コンクリート構造に対してプレストレスという技術が一般化してくると同時に、**オーガスト・E・コマンダント**という優秀なエンジニアも顕れる。そう考えてみると、少し、コルビュジエは生まれるのが早かったのかもしれないですね。

（聞き手／杉田義一）

UNITÉS DE CAMPING 1957

カップマルタンの宿泊施設：フランス，カップマルタン

2260
432
1829
698
1130
698
432
267
L'Etoile de Mer

UNITÉ
D'HABITATION
BERLIN
1957

ベルリンのユニテ・ダビタシオン：ドイツ、ベルリン

生々しい喜びに満ちた人間像

伊東豊雄

1941年京城生まれ。東京大学工学部建築学科卒業。菊竹清訓建築設計事務所を経て，71年URBOT設立。79年伊東豊雄建築設計事務所に改称。

建築とコンテクストの乖離

伊東　「白の時代」のル・コルビュジエの住宅を見ていて、いつも面白いと感じていることがあるんです。

あれだけ「純粋幾何学の適用」を声高に謳っていながら、その中にコルビュジアン・カーブと言われている生々しいモノが混在していること。純粋幾何学と、自らの動物的本能から湧き出てくるような幾何学に載らない曲線が混在している所に、コルビュジエの魅力のすべてがあるとも言えます。

でも、時代を追う毎に、曲線の方が強くなり、幾何学が影を潜めていく核心について、今までのコルビュジエ研究者たちが、あまり上手く解析できていない。コルビュジエ独特の両義性に対して、どういう状態で折り合いがついていたのか？　そのことをもっとキチンと話して欲しいですね（笑）。

GA　伊東さん的解釈は？

伊東　以前のぼくは、幾何学の方に惹かれていたんです。でも、実際に見に行くと、厳格なルールというよりは、とても小さな空間なのに「ホッとする」とか「ここにずっと居たい」と思える心地良さを感じる。恐らく、純粋幾何学ではない、もうひとつの側面から誘発される感覚なのでしょう。

それは、**ミース・ファン・デル・ローエ**の建築には絶対、感じられないものです。

GA　純粋幾何学は，彼の生み出す建築の原理を第三者に伝える、説明手段にも使っていました。他方の動物的本能とは、人間の身体性に通じると思います。

一九〇〇年初頭に、原理と身体、二つの要素をどうして分けなければならなかったのでしょうか？

伊東　「抽象」という問題と大きく関わっていると思います。十九世紀末のアール・ヌーヴォーや、フランスの作曲家**クロード・ドビュッシー**を中心とした印象主義音楽。それら美術や音楽の潮流が、二〇世紀のアバンギャルドの様々な試みに移行する際、大きな断絶があった。

それは、身体に象徴されるポエティックな表現を、すべて切り落とし抽象するムーブメントだったわけです。絵画の世界では、**セザンヌ**のような印象派からキュビズムへの移行を連続的に説明するけれど、冷静に見れば、大きな断絶があったのは明らかでしょう。その両方のポジションを、コルビュジエは一人の人間の中に背負っていたのだと想像します。

「抽象」とは、本当は主観的なのに、主観を外した所でモノを見ているような表現に感じられますね。大変革期に、過去にはない客観的な原理を、同時代の表現者たちは探していた。過去も含めて、色々な付帯物を切り離していき、「未来にこそ、ユートピアがある」という社会主義革命の理屈と、自分たちの表現を結びつけようとしたのでしょう。

GA　表現行為におけるコンテクストが、少なくとも「身近なモノ」ではなくなっていたようです。

伊東　そうは言っても、「建築とコンテクストの乖離」は、「住宅」だったから表現可能だったのではないでしょうか。とても、それ以外の公共建築では、実現しづらかっただろうことは、想像に難くない。住宅ならば、モダニズム的実験を許す奇特なクライアントもいたわけです。

例えば、とても特殊な建築を追求していた**アントニオ・ガウディ**。ずっとパトロンになっていた**アウセビ・グエル**との出会いも、住宅の設計がベースになりましたからね。

奔放さゆえのオーバーフロー

GA　コルビュジアン・カーブは、離れそうになっていた「建築とコンテクスト」を繋ぎ止める要素になり得たのでしょうか？

伊東　コルビュジエ自身、言説としては、明らかに「建築とコンテクスト」を切り離していました。実際の建築を見た時の第一印象も、まったく別のモノを、都市の中へ完璧に埋め込んだようなシャープさがある。ところが、住宅として、あるいは建築として成立させている背後には、「そこで終わってしまわない、独特の人間的厚みや深み」を感じる。

同時代の**トーマス・リートフェルト**による**「シュレーダー邸」**(一九二四年)には、コルビュジエのような人間的深みや豊かさを感じない。特に、実際の建築を見てみると「こんな模型みたいな空間が、人の住む場所なのか?」と思いました(笑)。完全にコンテクストと切れてしまっているし、それ以外のインパクトも何も感じない。

同じような感想を持ったのは、メキシコの**ファン・オゴールマン**が設計した**「カーロとリベラの家」**(一九三二年)。もの凄く社会主義的、機能主義的な住宅で、論理的にはコルビュジエ以上にパーフェクトにできている。だけど、決定的に建築としての魅力がない。

トーマス・リートフェルト:シュレーダー邸

GA 今までの伊東さんによる**「カーロとリベラの家」**評価では、「ピュアな近代が見られた」という肯定的な意見でしたよね。

伊東 **オゴールマン**の建築をピュアであると感じれば感じるほど、それと同時に「何故、メキシコ社会に広がっていかなかったのか?」と、いつも問題提起してきたつもりですよ(笑)。

GA 今、例示していただいた二人とコルビュジエの違いが生まれた原因は?

伊東 コルビュジエという人間があまりにも奔放で、自らの欲求を留めきれなくなり、オーバーフローした。そのまま「住宅」として結実したのが、真相だと思う。

GA オーバーフローすることで、コンテクストを繋ぎ留めていた?

伊東 幾何学的処理がしてある直線部分ですら、**「ガルシュの家」**(一九二七年)のように、ユークリッド幾何学的ラインと、古典的リズムを伴った直線が混在していますからね。だから、近代的とも、必ずしも言えない。

ぼくが共同で翻訳した、**コーリン・ロウ**の**『マニエリスムと近代建築』**(一九五〇年)によれば、**「ガルシュの家」**と、**アンドレア・パラディオ**の**「ヴィラ・フォスカリ**(マルコンテンタ荘)**」**(一五六〇年)は、まったく同じリズムでできていると解説していました。この比較は、ちょっと穿ち過ぎだとは思いますが……(笑)。

何れにしても、古典のリズム感は、何処かでコルビュジエの中で身体化されていて、無意識の内に、湧き出ていると感じます。本当に、色々なことを身体の内に持ち合わせていた人だったのでしょうね。

GA　コルビュジエの住宅は、ピュアなモダニズムを突き詰め続けた末に生じた、オーバーフローだったのでしょうか?

伊東　表立っては「純粋幾何学こそが、最も美しい」と言い続けて、「機械」などの近代を彷彿とさせる言葉を使用するわけだけど……。**ミース**だったら、その言葉に忠実に、余剰のオーバーフローは自ら切り捨てていたでしょう。

一方でコルビュジエは、オーバーフローした先の対応は、ヒューマンな建築として実践していた。その段階では、純粋幾何学なんて、問題にしていなかった筈です。

コルビュジエを研究する人たちは皆、ここで感激して終わっちゃうから、是非、もう一歩突っ込んだ所を説明して欲しいよね(笑)。

ファン・オゴールマン:カーロとリベラの家

GA　少なくとも、コルビュジエの「抽象」は、切り捨ての美学から生まれたわけではないことは理解できました(笑)。

ルールとそこからの逸脱

伊東　個人的に、もうひとつ検証して欲しいことがあって……（笑）。**「ラ・ロッシュ＝ジャンヌレ邸」**（一九二五年）、**「ガルシュの家」**と**「サヴォア邸」**（一九三一年）。所謂、住宅三部作において、あれだけたくさんのバラバラなエレメントを、宙に舞うように散りばめ、断片化しながら、古典的とも言えるくらいに統合してしまっている。そんな結果が生み出せること自体、凄く不思議ですね。

GA 具体的には？

伊東 **リートフェルト**を例示すると判りやすいと思います。彼も、あるリズムで線を引いているけれど、各々のラインがバラバラのままで何の統合性もない。

一方でコルビュジエは、建築自体に内包されている「シンボル性」や「中心性」を、ある瞬間から外せなくなる人だと思う。

GA コルビュジエ独特の統合性は、住宅三部作で一貫していますか？

伊東 最初の**「ラ・ロッシュ＝ジャンヌレ邸」**は、統合性が弱いと思います。でも、**「ガルシュの家」**に至ると、凄いことになっている（笑）。平面的に見ても断面的に見ても、**「サヴォア邸」**より遥かに多いエレメントが散りばめられている。

「ガルシュの家」は、なかなか内部が見られないので、未だ想像するしかないけれど……。散りばめ方と統合の仕方が、並じゃないドコロじゃない（笑）。

GA 断片化しながらも統合する。語彙的には矛盾しますが、それを実践するには、何が鍵になるのでしょうか？

伊東 コルビュジエという人間そのものが、奔放に設計すればするほど、統合されてくる。それは、理屈では語れない……。

GA 例えば、**「ガルシュの家」**に対して**「トラセ・レギュラトゥール」**という幾何学的解析が、コルビュジエ自らなされています。だけど、頭の中で対角線を引きながら空間をイメージすれば

ル・コルビュジエ：ラ・ロッシュ＝ジャンヌレ邸

するほど、「断片と統合」の同時性が掴めなくなる。

伊東　ぼくも、そんなに厳密に「**トラセ・レギュラトゥール**」を適用していないと思います。

GA　ルールを設定したとしても、その適用度合いが、「断片と統合」の関係にデリケートに影響する典型ですね。

伊東　我々も、設計していていつも判らなくなるところです。新しい幾何学のルールで何かを考えていこうとしても、そのルールに従った途端に行き詰まってしまう感じがある。「**ロンシャンの礼拝堂**」(一九五五年)なんて、ルールを全面に出していたら、絶対、生まれてこない建築ですよね。だけど、最終的には、我々のつくる建築も、本当はああいう言葉で語れないレベルまで昇華して欲しい。

そう考えていくと、ルールの設定だけでなく、それを絶え間なく崩していく解体の方向性(＝ルールに収まり切れないモノ)を、どのように入れ込めるのか?　そこが、現代建築にとって、大きな問題になってきています。

コルベの裸婦像とモデュロール・マン

GA　コルビュジエ独自のルールとして、よく取り上げられる「**モデュロール**」(一九四八年)。これは、人間の身体に対して設定したルールでもあります。

自分たちが設計した建築自体のルールには、他の巨匠たちも積極的に言及していますが……。それを使う人間の身体に対するルールにまで踏み込んだ人は、コルビュジエ以外に見当たりません。

伊東　以前、レクチャーで、**ミース**とコルビュジエの違いを比較したんです。それは、「**バルセロナ・パヴィリオン**」(一九二九年)の水盤の中に立っている、ドイツの彫刻家**ゲオルグ・コルベ**による**裸婦像**「**朝**」と、「**モデュロール**」に描かれている「**モデュロール・マン**」。この二つの対比が、二人の建築家の差異を象徴しているような気がします。

ぼくには、コルベの裸婦像だけでなく、**ミース**のドローイングの中に出てくる人物像は、生きた人間には見えません。「**バルセロナ・パヴィリオン**」だって、水盤の上に人体像を置くことによって、辛うじて「建築なんだよ」ということを留めている。

　一方で、**「モデュロール・マン」**はとても生々しい。ルールを説明する人物像にしては、やたらと筋肉モリモリで、生きていることが嬉しくてしょうがない、喜びに満ちた人間が描かれている。

GA　コルビュジエのような、建築と身体のアンカリングは、現代にも使えそうな気がします。流石に、「現代人はこうだよ！」と直喩的に身体のルールを提示すると、風当たりが強くなるでしょうが……。

伊東　別の形で身体性を感じさせるようなルールが出てきても、面白いかもしれない(笑)。

　コルビュジエの**「モデュロール」**は、円や長方形に両手足の指先が接する人体を描いた**「ウィトルウィウス的人体図」**(レオナルド・ダ・ヴィンチ、一四九〇年)を意識していると思います。だけど敢えて、幾何学に接する人間像ではなく、片手だけを伸ばした筋肉モリモリのダイナミックな人間像を描いた。

　そんなコルビュジエの胸中を察するに、幾何学の断片を散りばめながら、そこを躍動する人間が動いていくことによって、統合を図ろうとしていたからかもしれない。ダイナミックな光が差し込む幾何学の中を歩き回る人間と、**「モデュロール」**に描かれているような**「跳躍する人間」**、「アクティブな人間像」は、自然にオーバーラップできますね。

GA　スロープや螺旋階段によって、ある種の「跳躍性」が喚起されるという説明が、コルビュジエの住宅を語る際、頻繁になされています。でも、個人的な実体験としては、それほど特異な跳躍感を得られませんでした。

　現代では、垂直移動に対して様々な選択肢があるから、ロ―テクな移動装置はあくまでも空間構

ミース・ファン・デル・ローエ：
バルセロナ・パヴィリオン

成上の一要素と思えたのかもしれません。つまり、スロープや螺旋階段でさえ、散りばめられた幾何学のひとつに過ぎない。

想像するに、**「ガルシュの家」**の内部は、横連窓も含めて、全ての要素が、断片になっているのでしょう。その中を、**「モデュロール・マン」**のように、いかに垂直飛びできるかに掛かっている。

伊東　そのような、身体に対するルールを出し易かったビルディング・タイプも、コルビュジエにとっては「住宅」だったわけです。

GA　「白の時代」では、まだ「論理としての身体性」としても理解できるので、我々の頭の中で垂直飛びが可能です。でも、後期の住宅は、それに拘わりがない感じがあります。

伊東　是非、後期にあたるインドのコルビュジエ建築を見て、飛び方の違いを実感したいですね(笑)。

一方で、まったく飛ばない両親のための**「小さな家」**(一九二三年)などの極小住宅もつくられている。**「パリの週末住居」**(一九三五年)に代表される、一連のヴォールト屋根住宅も出てくる。それらの住宅は、逆に掘り込んでいて洞窟的ですらある。実際に体験してみると、本当にコルビュジエの身体的な側面だけでつくられていると感じました。

「中野本町の家」(一九七六年)をつくった頃から、そうだったのですが……。個人的に、洞窟的空間は胎内回帰みたいなものだから、理屈とはどこかで噛み合わなくなるモノだと考えています。

モデュロール・マン
(マルセイユのユニテ・ダビタシオン)

マシン・トレーニングによって得られる野生

GA　伊東さんは、南米にも何度か渡航されているようです。アルゼンチンの**「クルチェット邸」**(一九五九年)はご覧になりましたか?

伊東　はい、観ることができました。

GA　後期の住宅ですが、ジャンプと掘り込み、双方のバランスが図られているようにも感じます。

伊東　ぼくも、よくできている住宅だと思います。第一印象は、掘り込むというより、既存の住宅街の中に抉り込んでいる感じがありました。

そこから先には、コルビュジエが現地へ一度も行かなかった割には、様々な要素が軽快に、上手く組み合わさっていると思います。初期の住宅を彷彿とさせる空間でもある。

GA　垂直飛びではない、ジャンプ感はあるのですか?

伊東　割と細長い住宅なので、ジャンプというより、複数の往復運動が組み込まれていると言った方が正しいかもしれない。敢えて言えば、「行って帰る三段跳び」みたいな感じじゃないかな(笑)。

GA　ジャンプという感覚を連想させるような、自動車や船、飛行機といったメタファーを、コルビュジエは積極的に使って解説します。だけど、現代において、同様のメタファーを使ってしまうと、ナンセンスになってしまう。

伊東　飛行機や新幹線のような高速移動手段ではなくて……。**原広司**さんが仰っているように、携帯電話やインターネットなど、「情報テクノロジーによってつくり出される新しい身体像を、どのようにメタファーとして建築化できるか?」という考え方はできるでしょう。

でも、ぼくは、そこにアプローチすることを諦めかけている。むしろ、アナクロに直喩的な人間に希望を見出したい。まさしく、コルビュジエの「**モデュロール**」に描かれているような人体に、逆に憧れ始めている所があります。

GA　よく話題にされている、**イチロー**のような身体像でしょうか?

伊東　**イチロー**の試合をアメリカで観戦してみると、改めて**イチロー**は凄いなと思いました。彼のしなやかさは、他のメジャーリーガーとはまったく異質の生命力ですね。

GA　現代の身体性を語る際、**バリー・ボンズ**のような人工的生命力ばかりが取り沙汰されますが……。

伊東　薬漬けによる人間的抑制が掛かった筋肉モリモリ

感と、野生の動物に戻っていったような躍動感とが、もの凄いコントラストとしてゲームの中で表現されていました。

イチローのように、マシーン・トレーニングだけで培われた運動能力が、逆に野生に戻っていくのが面白いですね。格闘技のようにベースボールをやっている選手たちの方が、人工的に見えてしまう逆説状態が、スタジアム内に生じていました。

GA コルビュジエの有名な言葉「住宅は機械である」が思い浮かびました。彼は時代を越えて、「機械(=住宅)を使って、体を鍛えろ!」と言っているのかもしれません。

伊東 それを、現代的に解釈すると、どういうことになるのか? それが一番、現代の住宅に面白いテーマになるんでしょうね。

ぼくも、穴蔵の方ばかり行かないで、もう一度、ジャンプしないといけないね(笑)。

(聞き手/杉田義一)

UNITÉ D'HABITATION FIRMINY 1967

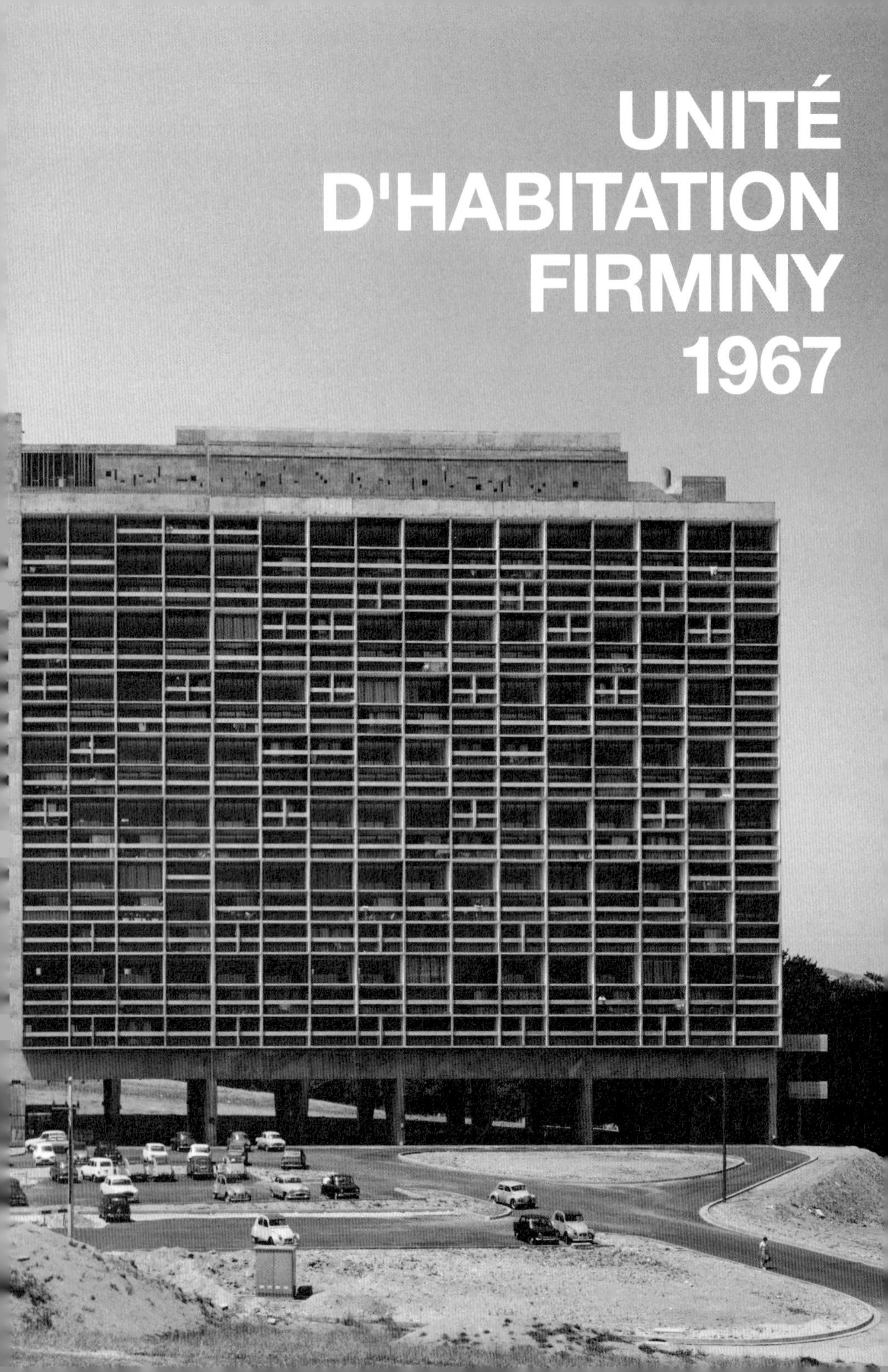

フィルミニのユニテ・ダビタシオン：フランス，フィルミニ

第２章　ロンシャンとラ・トゥーレット

終わりであり始まりである

磯崎新

1931年大分県生まれ。東京大学工学部建築学科卒業，同大学大学院修了。
丹下健三研究室を経て，63年磯崎新アトリエ設立。

建築のオーセンティシティとは

二川　ジョゼ・オーブレリーが担当した、フィルミニの**「サン・ピエール教会」**（二〇〇六年）を見に行ったのですが、コルビュジエの作品だと言えるかどうか、考えてしまいました。ちょっと違うんじゃないかと。今回の話と関係してくるのですが、コルビュジエが手を下したか否か、それが最後の出来にどう関係してくるのか。後年の作である**「ロンシャンの礼拝堂」**（一九五五年）と**「ラ・トゥーレットの修道院」**（一九六〇年）の何がコルビュジエ的と言えるのか。

磯崎　それを言うならば、上野の**「国立西洋美術館」**（一九五九年）は本当にコルビュジエの作品と言えるのかどうか、ぼくは疑問に思っているんです。例えば、同じ時期にできたアーメダバードの**「サンスカル・ケンドラ美術館」**（一九五七年）は実際に行ってみて、これはコルビュジエのスペースだと判りました。しかし**「上野」**は、それに比べたら違うんじゃないか。

何故**「上野」**がそうなったのか、ずっと疑問だったのです。実は、**前川國男**、**坂倉準三**、**吉阪隆正**という三人のお弟子さんが**「上野」**を担当したのですが、その時、地震の問題、仕上げの問題、施工の問題を日本という土壌に合わせて解決せざるを得なかった。例えば外壁パネルは、わざわざ土佐の五色浜辺りの石を拾ってきて工場で玉石を貼り付けてつくっている。だから大変綺麗にできている。同じようなパネルをユニテで使っているけど、これはそこいらの砂利です。コルビュジエがそれに対してどう思ったか。何の言葉も保証もありません。

ぼくは、仕上げの話はまあいいと思う。しかし、疑いを持っています。**モデュロール**に二つ系列があります。その小さい方を採ったんじゃないかということです。実際、コルビュジエは地震も知らないし計算もやってないわけで、プロポーションだけを考えていて、図面はノンスケールだったんじゃないか。それを日本で解釈するときに、小さい方のスケールを採ったんじゃないかと推測できるのではないか。それがアーメダバードと比較したときの印象です。だから「**上野**」はこじんまりとしている。チャンディガールの総督官邸が大きく予算超過したとき、コルビュジエ本人が小さい**モデュロール**系列で寸法を読みなおしたら、うまくおさまったと自慢したりしてるから、同じことがあったかも知れない。しかし、「**上野**」はあまりにちぢこまってみえます。図面を見ると何となくゆったりしているのです。これがそのままできたら**坂倉準三**さんの鎌倉の「**神奈川県立近代美術館**」（一九五一年）に近いスペースになっていたんじゃないかという気がします。

ル・コルビュジエ：国立西洋美術館

一九九八年、「**上野**」を免震構造に変える改修計画があって、たまたまぼくは、評議会のメンバーでした。そこで、せっかくやるなら、一度壊してオリジナルの図面をもう一度再現することにしたらどうかと提案したんです。どっちにしろ値段は同じだと（笑）。そうしたら、これは、今日の保存の概念からするとまったく理屈に合わないことらしく、できたときの状態が間違っていようがダメだろうが、それがオリジナルである。オーセンティシティが保存の基本ですが、何をその基盤にするかといえば、一番最初にできたものである。それ以外のものは理論的に認められないというわけです。

建設当時、日本は大げさに言ったらまだ貧しい状態で、全部圧縮したんじゃないかとぼくは思うのです。お弟子さんたちが苦労したとは言っても、本当にコルビュジエのスピリッツを解っていたとは思えない。しかも各事務所の担当が実際の作業をして、前川さんたちはそれを見ているだけですからね。こういう間違いを犯した建物をコルビュジエ作と認定して、それでいいんですかと。すると「オーセンティシティは、そういうもんじゃない」と言われました。でき上がったブツがオーセンティックなものの根源なのか、ドローイングが根源なのか。もしコンセプトが明瞭に見えているのがドローイングならば、これが重要であるとぼくは考える。

　でき上がりはどうせ崩れたり壊れたりするし、しかも自分自身がやっているわけじゃない。他人がやっているんだから、それを著作者としてコルビュジエと認めていいか。

　これはすべての建築の保存の問題と絡む話ですね。法隆寺にしても、歴史的に解体修理を何度となくしている。するとオリジナルの材木なんて残ってない。後から、垂れてくるからといって軒先につっかい棒が入れられている。それに龍かなんか巻いてあるから、これもデザインだと言われている。しかしこれはオリジナルでは無い。するとオーセンティックというのは、一体何を基準にしているのか非常に曖昧なんですね。もうひとつ法隆寺で有名な話は、金堂の内部が焼けたとき解体修理してしらべると、屋根に鴟尾ののっていた跡がみつかった。飛鳥のものを再現して実物もつくられたのだけど、誰もその姿だったという確信がもてない。そこでおそらく江戸期あたりの手抜きされた修復状態のままにもどされた。これが現状です。

ル・コルビュジエ：サンスカル・ケンドラ美術館

　ヨーロッパ的保存の概念で言ったら、最初に使った石が重要ですが、日本の場合、木は保たないから、入れ替えざるを得ない。そうすると、オーセンティックなものの頼りになるのは、物質ではなくて、何なんだという議論が出てくるはずなんです。

コルビュジエ・マジック

二川 「サン・ピエール」が何故コルビュジエと違うかと思ったかといえば、まず、初期の計画から高さが変わっていて、昔の模型を見るとスラっと高いんです。しかしでき上がったのは、三分の二程度に圧縮されてずんぐりしている。それも生前のコルビュジエの想定内だったのかもしれないし、フレームとしての輪郭はそれほど気にならない。しかし、これはあの頃のコルビュジエの建築との関わり方の鍵になることだと思うんですが、祭壇などのオブジェが違うのです。それはかなり決定的に、コルビュジエ作に見えないような要素になっていると思いました。おそらく、システムや仕組みは、コルビュジエのアイディアが反映されているのでしょうが。

「ラ・トゥーレット」とか「ロンシャン」の時代のコルビュジエの仕事は、特にその二つが特徴的だと思いますが、建築の実務に関わるハードラインは所員さん、例えば**ヤニス・クセナキス**みたいな人ががっちりと描いて、そこにオブジェクトみたいなものをコルビュジエが足していく、というやり方だったんじゃないかと想像できるのです。「サン・ピエール」を見てそう感じたのですが、「上野」の場合、コルビュジエはそういうことさえ一切しなかったのかもしれませんね。それも決定的な問題だったんじゃないでしょうか。アーティストとしてのコルビュジエという存在がいて、建築家対アーティストの構図が逆転する時代なのかなと。

ル・コルビュジエ：サン・ピエール教会

磯崎　時代が経つと、一体何が建築家の、あるいはアーティストのシグナチャーかということが判らなくなってくる。コルビュジエの場合でも、きちんと言えないでしょうね。おそらく、スタッフが描いたものを、「これでいけ」ということもあったでしょう。**クセナキス**だけがクレームを付けたという話は伝わっていますね。彼は作曲家という側面もあったし、せめて共同設計という形にしてくれたらなと思っていたようです。だけど、コルビュジエは、「お前はスタッフだ」という姿勢だった。

例えば、**レオナルド・ダ・ヴィンチ**が二一、二歳のまだ若い頃、**ヴェロキオ**という人物の大工房にいた。ある時、天使の顔を描かされた。これが絶妙で抜群に巧かった。**ダ・ヴィンチ**の特徴は、髪の毛を渦巻き模様に描くところなんだけど、それがすでに現れている。ということで、その部分を**ダ・ヴィンチ**がやったことは判っているけど、全体は**ヴェロキオ**の作とされている。これを見て**ヴェロキオ**は俺はもう絵は描かない、指揮者になるんだと言って、直接描くことはなく、工房の棟梁になったという話は**ヴァザーリ**によって広められましたがね。

建築の設計事務所も多かれ少なかれ皆同じです。実際に描いたものがあれば、大体判るわけ。でも最近はコンピュータだから、もう判別不能です(笑)。

二川　あの頃、各担当者の色というのは、かなりはっきり出ていると思います。コルビュジエ・マジックというのはその上に載っかっている状態で、それが何なのか。

戦前の白い住宅をつくっている頃のコルビュジエは、自分のアーティスティックな側面を**五原則**とか**モデュロール**で自己規制して建築化していた部分があると思うのですが、後年の**「ラ・トゥーレット」**とか**「ロンシャン」**の頃に

ル・コルビュジエ：ラ・トゥーレットの修道院

なると、自分の生み出したシステムがベースになりつつも、自分のアーティスティックな部分がそこから完全に分離しているというか、基壇が建築ならば、その上にアートが載っているかのような図式があったんじゃないかと思うのです。

アーキスカルプチャー

磯崎　コルビュジエの**ドミノ・システム**とは、建築の設計上のエンジニアリングであってデザインとはいえない。だけど、このシステムを言わない限り、自由なファサードや自由な平面といった**五原則**は成り立ちません。**ドミノ・システム**はコルビュジエのものかもしれませんが、今は誰でもこれを普通に使ってますね。といってそれをコルビュジエ作だとは言わない。コルビュジエはパテントにして、**ドミノ**で儲けようと思っていたぐらいなんですが(笑)。

そうすると、ハダカの**ドミノ**の中に何をどう差し込むかという問題になる。多くの作品はその文脈で語れるとして、**「ロンシャン」**は、それまでベースにあった**モデュロール**と**ドミノ・システム**をまったく外してしまったということでしょう。**「ロンシャン」**は、アーキスカルプチャーと言えるようなものなんじゃないかと思います。

最近、建築と彫刻をつないだアーキスカルプチャーなる展覧会を目にするようになりました。そこで注目されているのは、彫刻としての建築ではなく、〈建築は彫刻であり彫刻も建築である〉という相互関係がひとまとめになったコンセプトです。この手の建物に社会的需要がうまれてきた背景を考える必要もありますね。世の中の建物の九九％は普通でいい。これに加えて、アイコニックな建物が欲しい。つまるところ商業的な宣伝にしても、権力の誇示にしても、いかに差異をうみだすかにかかっています。開発規模が巨大化してくると、そのすべてを特異なデザインにするなんて無理なので、その一％ぐらいを眼立たせて注目させる。これをアイコニック・ビルと呼びはじめた。

この数年、圧倒的なひろがりがみえはじめました。これまでは、インターナショナル・スタイルといった具合の様式論でした。二一世紀になってからはアイコニック・ビルディングしかアイディアがでていないんじゃないかとも言える。

その始まりが、**「ロンシャン」**だという気がします。**「ロンシャン」**のユニークさについては、スケッチが出たとき、**前川**さんは大ショックで、「何でこんなことやり始めたんだ」と言ったという噂を聞いたことがあります。「理解できない。コルビュジエは狂ったんじゃないか」と。**前川**さんは一九二八年に大学を卒業して、コルビュジエ事務所に一、二年居て、その後もずっとフォローしていた人です。その人が、戦後になって**「ロンシャン」**が出てきた時に、自分が考えていたコルビュジエ、彼が学んだコルビュジエとは違うと言っているのです。

前川さんは、**「東京文化会館」**（一九六一年）で、屋根を跳ね上げたり、壁をカーブさせたりしていますが、それ以前には全然無い。しかも当時、**大高正人**らが事務所に居て、彼らがカーブさせたりしているうちに**前川**さんも乗ってきた、という感じだと思うんですね。だから**前川**さんがショックを受けたというのは面白いことでした。近代建築を推進していたフォロワーたちは、コルビュジエのデザインには普遍性があると捉えていたわけです。あのシステムを学んで行けば、そのまま普遍性を持った近代建築は成立するというわけでした。

前川國男：東京文化会館

初期のバウハウスのメンバーは、それぞれ個性があって読み分けができますが、その後に全世界がバウハウス的になったのは、**ワルター・グロピウス**が、モダニズムをシステムとしてとらえて、教育や出版などを介してひろげたからでしょう。一九五〇年頃まで、つまり**「ロンシャン」**ができる前まで、コルビュジエもバウハウス・スタイルのひとつだと思われていたとしてもおかしくない。
コルビュジエは**「ロンシャン」**を徹底してアーキスカルプチャーにした。コルビュジエにとってはリスキーなプロジェクトだったと思います。一九三〇年代の後半、仕事がほとんどない時にコルビュジエは毎日絵を描いていました。その絵の一部を彫刻にして、**「ロンシャン」**のフォルムみたいなものをつくっていた。それが最初の発想ではないかと思います。**「ロンシャン」**のユニークさとは、こういうものでも建物になるということを言い切ったところです。当然、できた頃は、もう付いて行けないとか、気が狂ったんじゃないかと、建築家は言っていたでしょう。でも今から考えると、普通のなりゆきにみえますね(笑)。

二川　あそこでコルビュジエが採った態度は、建築をパーソナライズしたというか、個人のものに還元したのだと思うんです。それまで、彼はマニフェストを打ち出していたわけですが。

ル・コルビュジエ：ロンシャンの礼拝堂

磯崎　それまでは普遍性を持つべく、一種のプロパガンダをやっていた。ところがもうこれでいい。あとはもうちょっとアーティストとしてやりたいものをやってみようという意識がどこかにあったのかもしれないし、その下地になるようなスタディを、建物ができない時代にやっていたんだと思います。

二川　コルビュジエの一日のタイムスケジュールは、午前中絵を描いて、午後は事務所のあるセーブル35番に行くというものだった。しかし彼の絵は、**レジエ**なんかが背景に見えて、アーティストとしては決して一流ではなかった。それが、後年の作品に影響を及ぼしているのではないかという気がするんですが、どう思われますか。

磯崎　画家としては、常に二流ですよ。一番初期の静物画にあたるようなものも**オザンファン**の影響でしょう。ピュリスムの時代ですね。今一番評価が高いのが、あの時代で、自分で克明に油を塗り込んでいる。その後三〇年代になって大量生産するようになって、絵も大きくなってよりグラフィックになっていく。**レジェ**はオリジナルだけどコルビュジエはフォロワーだという感じはどうしてもある。本人は、それを充分に自覚していたでしょうね。建築デザインでも、ずいぶんひどいことを言われていた。盗用だとか。借用だとか。

例えば、**ピエール・シャロー**の「**ガラスの家**」(一九三二年)は、ディテールに至るまで**シャロー**のオリジナルだと皆判ってる。ところが工事中、夕暮れ時に、毎日入口の門の前に立って中を窺ってるやつがいる。これがコルビュジエで、盗み見に行った証拠だという説明になっているぐらいです。ちょうどその頃、コルビュジエはスイスのアパート「**クラルテの集合住宅**」(一九三二年)を進めていた。これは、コルビュジエの作品の中でも良くできているメゾネットだとぼくは思っている。例えば、階段室は全部床がガラスブロックで、全体がふわっと浮いた感じになっている。これは**ピエール・シャロー**から来ているわけ。口の悪いやつはコルビュジエが盗用したなどと言う。そういうことがいろいろあった中で「**ロンシャン**」が出てきた。これはかなり長い間蓄積してきたイメージを一挙に広げたもので、しかもベルタワーにしろ光の入れ方にしろ、奇妙な窓の開け方とか目地割りとか、一つひとつ、それまでどこかで描いたイメージを実に巧くまとめきれていると思います。

ピエール・シャロー:ガラスの家

二川　そのイメージというのは、絵として描いているものですか。

磯崎　そうです。しかしその中でおそらく、光は、確かに彼のオリジナルだと思います。「**ロンシャン**」は建物としては大きくないけれど、入った時、スペースの光の分散の仕方にしてもスリットの入れ方にしても、それぞれ何とも言えずバランスがいい。彼は版画の大作を二〇〇点ぐらい残していますが、それより「ロンシャン」の一点の方がよっぽどいいとぼくは思う。それは空間があって光があるせいだと思います。フォルムは誰でも真似できると思いますが、あの雰囲気が出てくるのはそう簡単ではあり得ません。「ラ・トゥーレット」がとりわけそうだと思います。

光と影、宗教と世俗

磯崎　「ラ・トゥーレット」は、クライアントのル・クチュリエ神父が、コルビュジエに「ル・トロネの修道院」を見てこいと言ったと、ぼくは現地で二代目の神父に聞いたことがあります。彼は「ロンシャン」を知っていたけれど、「同じ物を頼んでいるんじゃない。もし、自分たちの修道院として参考にするならば『ル・トロネの修道院』だ」といったらしい。さっそくコルビュジエは行きました。行く前に地形のスケッチだけはしているんです。「ル・トロネ」から帰って来ると、ロの字型のプランをつくった。それがあの傾斜地の中にあって、途中階は宙に浮いている。彼はいろんな提案をしています。このクライアントはかなりコンセプトがはっきりしていて、断られているんです。修道僧が毎日二回程ミサをやるのですが、その際、教会堂へ隊列を組んで行く。それが重要なんだと言われて、コルビュジエはずっと考えたようです。それで最初に屋上に上げてそこから斜路で降りてきて、ぐるっと廻って一番下の奥に入って行くというプランを考えています。一番明るい外から徐々に下降して行って、最後に真っ暗闇の中に入って行くと。ところが、屋上なんかにあがる必要ない、斜路もいらないと断られる。しょうがなくて、回廊の壁面をパン・ド・ヴェール・リトミッ

ル・コルビュジエ：クラルテの集合住宅

ク（pan de verre rythmique）で構成し、そこを歩いて暗闇のなかに入る。その暗闇にどういう風に光を入れるかを考えたんだと思うんです。コルビュジエが一番気にしたのが、明るい場所から暗い場所へ、それも高い所から低い所に向って降りて行く光の変化、それが地形の傾斜とつながっていること。アイコニックなものはほとんど無い。「ル・トロネ」から教会堂と回廊、中庭、食堂といった修道院の生活空間だけをもってきて、それを自分なりに料理しているわけです。光と一種の儀式。これに彼のコンセプトが集中していったんだと思います。

「ロンシャン」のようにアイコニックにやるというのも、アーティストとしての側面が出ていて判らなくはない。しかしこの二つの建物を比べて「ラ・トゥーレット」にぼくが惹かれる理由は、この時に初めて、「ル・トロネ」、つまり中世的な光を媒介にしてつくった。ひとつのことに絞り込んでいくという感覚が「ラ・トゥーレット」の場合は、成功している感じがするのです。

コルビュジエのノートブックを見ると、その中で、「ル・トロネ」に行ったときのメモが数行残っています。「光が一〇分の一」とだけかいている。「ル・トロネ」は実際真っ暗なんですよ。光が一〇分の一とはよく見ていたなと思いました。それと残響時間がめちゃめちゃ長い。二秒というのが音楽ホールの通常ですが、五秒とか六秒という残響で、これは表面が石だけだからです。「ロンシャン」の場合は壁を傾けていて、残響時間は長いけれど籠るという感じは無いんです。しかし「ラ・トゥーレット」は、エコーとして音が残っちゃうわけ。それがいい。それが伝統的な修道院から行き着いた「教会とは何か」に対する答えになるのでしょう。

ぼくが不思議に思ったのは、コルビュジエ

ル・トロネの修道院

は、スイスのなかでもプロテスタントが住んでいた一角の出身です。おそらくプロテスタントのコミュニティで育っていた。カトリックじゃないわけです。近代建築というのは元々プロテスタント系のコンセプトだと言えます。ユダヤ・イスラムの非具象と縁があると論じられたりしますが、プロテスタントのイコノクラスム（偶像破壊主義）がより決定的な影響を与えたとぼくは思っています。コルビュジエはそこから一生かけて、いろんなプロセスを経て、**「ロンシャン」**で光を見て、それをもう一度中世的な光を媒介にして、カトリック的なものに行き着いちゃったんじゃないか。ぼくは**「フィルミニ」**を見ていないから何とも言えないけど、そういう雰囲気が無いんでしょうね。

二川　例えば、**ガウディ**の地下聖堂**「コロニア・グエル」**（一九一四年）がありますが、あの上につくって初期案を完成させたような感じなんです。下はオリジナルでオーセンティックなんですが、上は違う。

「ラ・トゥーレット」は、**「ロンシャン」**の建築とアートの逆転現象みたいなことが別の形で出ているのではないかとぼくは思うのです。だからすごく乱暴な建築作品であって、質の高い空間だと言えると思うんですが、あれだけなんですよね。あの後また普通の建築になっていく……。

磯崎　世俗建築ですね。

二川　あの二つがその後の建築界において、どんな影響を及ぼしたのか。先ほど**前川**さんの話が出ましたが、ブルータリズムみたいな表現的な建築が隆盛していくということが影響としてあったわけですね。ひとつには、近代建築が、あれで終焉したと言えるだろうし、新しいものとしてブレークスルーしたのだと言えるのかもしれない。今となっては、アイコニックな建

ル・トロネの修道院

築につながっていると言えるのかもしれませんが……。

磯崎　当時はだれもそんなこと思いもしなかったでしょうね。

　元々、コルビュジエという人は、クラシシズムを下敷きにしたシステムをつくった人です。そういうシステムをつくることがモダニズムであり、これが十九世紀的なモデルニテ。それを近代建築運動がフォローしていったのかもしれないし、そこではある種の時代のスタイルをつくっていくということが目標だったと言えるのでしょう。

　国際建築様式と近代建築を理解することで、二〇世紀の中期はうごいたのですが、その呼び名をみてもわかるように、様式で判別し、その様式を学んでデザインするのが普通でした。それは、近代建築が批判したとされる十九世紀の様式主義と、実は様式で型を決める点では変わりない。つまり、ゴシック・クラシックにつづいてモダンという様式にとりかえたに過ぎないともいえるのです。様式をその時代に普遍的なものと位置づけようとする。バウハウス様式という呼びかたも同じことです。先程、あなたが、ル・コルビュジエは**「ロンシャン」**でパーソナルな表現を試みたといわれたのは、こんな文脈の中でみると、明瞭にうかびあがってくる。近代において、芸術家が自我を表現することが常識になってきた。どの領域でも同じことだったのに、建築だけは政治的表象、技術的限界、社会的集団性など、もっと多様な配慮が常に必要で、それ故に無名性が特に語られたわけです。そんな状況のなかで、アイコニックなアーキスカルプチャーの原型をうみだしたのは注目していいことですね。

ル・コルビュジエ：ロンシャンの礼拝堂

　この章でとりあげられている**「ロンシャン」**と**「ラ・トゥーレット」**、他の多くの建築の設計のみならず、彼が大量に制作した平面的絵画、ドローイング、いくらかの彫刻、そんなものと比較して、この二つの仕事にぼくが関心をもつのは、その内部の光、つまり光線、光の配分、その制御方式、しかも色彩で染めあげられた光、そんな身体的な体験なしでは感知できない要素で、数々の試行を統合しようとした。ぼくはこの点が決定的なのだと考えます。それこそが建築です。正直なところ、これらの仕事をアーキスカルプチャーだと決めつけるのでは片手落ちです。そんな内部空間の特性のとぼしいアイコニック・ビルはたくさんあります。形が変っていてもなかは普通、そんなものばかりです。二川幸夫さんの写真を手がかりに、ぜひ、そんな内部空間に充ちる光を想像的に体験して下さい。それに価いする建物なのです。

（聞き手／二川由夫）

PAVILLON DE L'ESPRIT NOUVEAU 1925

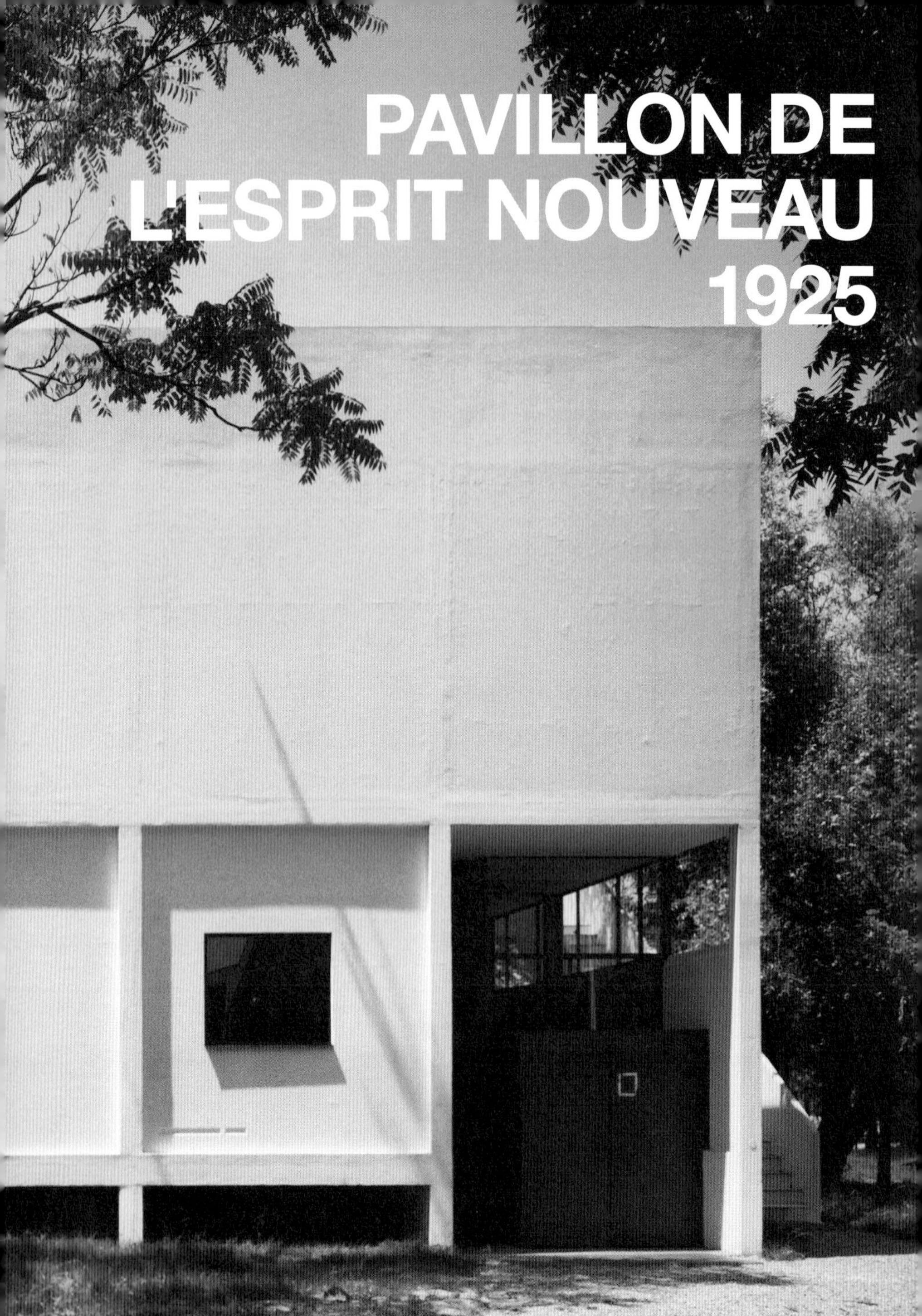

エスプリ・ヌーヴォー館：イタリア, ボローニャ（1977年に再建/オリジナル：フランス, パリ）

PAVILLON SUISSE CITÉ INTERNATIONALE UNIVERSITAIRE 1932

建築をつくることにとっての原点の大切さ

槇文彦

1928年東京都生まれ。東京大学工学部建築学科卒業，ハーバード大学大学院修了。
ワシントン大学，ハーバード大学で准教授を歴任。65年槇総合計画事務所設立。

東方への旅の意味

槇　もう四五年以上前のことですが、**「ロンシャンの礼拝堂」**（一九五五年）や**「ラ・トゥーレットの修道院」**（一九六〇年）を写真で見て、その後、実際に訪れる機会がありました。その時に、インドのチャンディガールとアーメダバードにも行きました。

その後、再訪するチャンスがなかったので、今思うことをお話ししても、現在ぼくがそれらに対してどう考えているかということとは、厳密な意味で違うかもしれません。例えば、**ミース・ファン・デル・ローエ**のＩＩＴの**「クラウンホール」**（一九五六年）には、竣工後すぐに行き、昨年リノベーションしたというのでまた訪れました。その際、昔の体験と最近の体験の間の「強弱」のようなものを実感しました。今度訪れた時の方が、内部の空間体験がはるかに素晴らしかった。だから、コルビュジエに対しても、現在ぼくが見れば、違うことを感じ、違う体験が生まれるように思う。

ぼくの考えでは、多くの建築家の生涯の中で、コルビュジエはずっとそばにいる人。そんな数少ない建築家のひとりであると思います。ぼくも、常に関心がありました。だから、今、ぼくたちがどのように感じるだろうかということについて、お話できるような気がするのです。

GA　建築家各々のキャリアの中で、設計プロセスの問題として、コルビュジエは常に、接点というか、インスピレーションの源に触れるところがあるのでしょうね。

槇　そう。建築家によっては、自らの思考を「敢えて」コルビュジエと切り離してみたりする。でもぼくは、素直にずっとそばにいた建築家の一人だったと思います。

設計されたものを形態分析する手法によって研究対象とされている方も、多くいますよね。設計者の目の中には、そういった分析もあってよいと思うのですが、ぼく自身はあまり興味がありません。むしろ、コルビュジエのキャリアの中で、どういうことを考えていて、どうしてその時点でそういう形態が生まれてきて、どういう建築ができたか。そして、それにどんな意味があるのかと考えることの方が興味があります。

GA　**「ロンシャン」**や**「ラ・トゥーレット」**は、コルビュジエの作品の流れを見ても、一見、唐突というか、特殊なデザインにも思えます。槇さんの、設計者の目から見て、どのように考えられますか。

槇　現地を訪れた五〇～六〇年代、ぼく自身は、まだ実際の建物をつくる経験も少なかった頃です。そんな若い建築家にとって、一人の巨匠がなしえた建築群に対して、素朴な感動がありました。当時、その感動について特に考えを深めようと思いませんでしたが、数十年、コルビュジエがそばにいて、やっと彼がそこで何をしようとしたのか、分かりかけてきた気がします。

彼は一九一一年、二四歳の時に、半年かけてベルリンから東欧、トルコ、ギリシャ、イタリアを巡る東方への旅へ出ました。ぼくは、これが彼の建築人生に決定的なものを与えたと思うのです。その中で大事なことは三つあって、特に注目するのは、内陸ヨーロッパから地中海に出てきた時に、おそらく初めて、イスタンブールなど東方、そして地中海の文化や建築に触れたこと。それから、アトスの修道院を訪ねたこと。最後に、アテネでアクロポリスの丘を訪れたこと。彼が『**東方への旅**』で得た感動の数々は、その三つの地域や場所、建築に集約されていると感じます。

しかし、彼はそのような経験の影響を、一見、直接は感じさせずに、**「エスプリ・ヌーヴォー館」**（一九二五年）などによって、新しいモダニズムのチャンピオンになるわけです。その結晶としてイメージされるのが、**「サヴォア邸」**（一九三一年）。それに対して、人々は、第二次世界大戦後のコルビュジエによる**「マルセイユのユニテ・ダビタシオン」**（一九五二年）から、今回話題にする二つの建物、「チャンディガール」(一九五一年〜)などを通して、彼の変身や変貌について語るわけです。それは、ジェームズ・スターリングが、「ロンシャン」に見るところはない」と言ったり、前川國男さんが「ロンシャン」を見て戸惑ったという逸話によって、ますます強く印象づけられる。彼らの反応は、個人的な実感であって、不思議はありません。でも今、あらためて考えてみると、むしろコルビュジエが『東方への旅』の中で抱くことになった様々な感動が、これら後期の作品に、より直接的に表れているのではないかと思うのです。

二つの建築に至るプロセス

GA　一九五〇年代になって、『東方への旅』の感動が表れてきた理由は、彼のキャリアや状況、つくってきた建築から理解できるのでしょうか?

槇　ひとつに、第二次世界大戦という誰もが制御できない、外的な大きな出来事があって、それが全く空白とは思わないけれど、それまでと異なった建築の在り方を感じる時期が、彼が五〇代の時にやっと訪れたことは大きかったと思います。その時に、何かしら原点を見つめ直すようなことがあったとしても不思議はない。ただ、第二次世界大戦前から、『東方への旅』の影響がなかったわけではないのです。

先ほども言ったように、『東方への旅』で、エーゲ海地域の文化に遭遇している。彼は、イスタンブールのモスクのスケッチ等も描いていますが、むしろ、エーゲ海の集落から、自分の建築のエッセンスを取り込んだのではないかと思うのです。ぼくの友達にもあの辺りの集落の研究をしている人がいるのですが、彼に言わせれば、その要素は非常にシンプルな白い箱です。それを積み重ねて、集落ができ上がっていく。そして、それが組み合わさる時、必ず中庭や角庭のようなものが附随している。つまり、コルビュジエの「箱建築」、ドミノからシトロアンへの流れは、地中海の白いキューブと無関係ではない。特に「エスプリ・ヌー

ヴォー館」の内部に取り込まれた中庭や、実施されなかった集合住宅案(「イムーヴル・ヴィラ・プロジェクト」、一九二二年)に表れた二層吹抜けの空間には、その影響が感じられます。

一方彼は、建築空間の中に光をどう取り入れるべきかということをずっと思考し続けてきた。その問題意識も既に『**東方への旅**』の中に、しばしば出てきます。つまり、その旅の中で得たものが、単に光に限らず、彼の中で一貫したテーマになっていったとしてもおかしくない。

建築家というのは、もちろん施主がいなくても提案できます。彼にとって提案とは、非常に理念的なアイディアを表現するものであって、具体的な自分の種あかしをするようなものではなかった。実際、「光」といった具体的なテーマは、施主のいない提案で表すことは難しかったはずです。

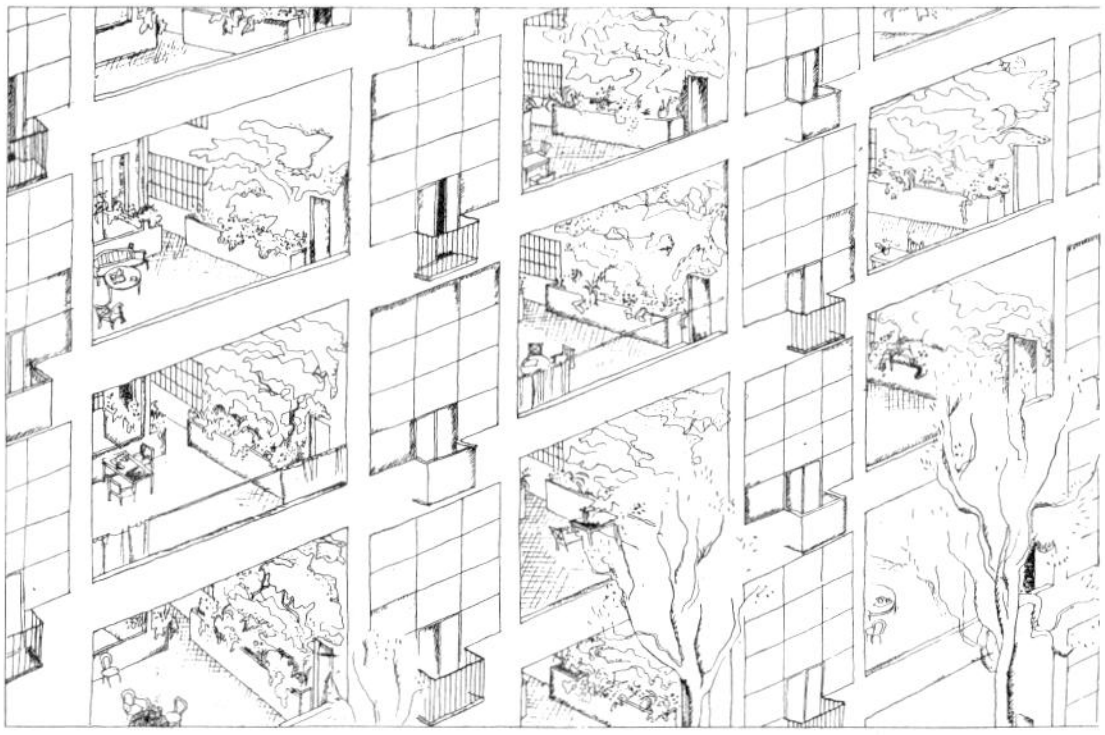

ル・コルビュジエ：イムーヴル・ヴィラ・プロジェクト

ぼくは、ヨーロッパ人は常に異郷に憧れてきた民族だと感じます。自分の場所にないものに対する願望が、そこが例え辺境であったとしても強い。それは、日本人とは圧倒的に違う点です。例えば、ぼくの知っている範囲では、アフリカはヨーロッパの建築家、知識人にとって、全く違うが故に憧憬の対象です。例えば、**アルド・ヴァン・アイク**などは、サハラの経験をぼくに随分話してくれました。

コルビュジエの『**東方への旅**』は同様に異郷に対する憧憬であり、そこからの新しい「発見」だったと思います。だからこそ、彼が「**チャンディガール**」に携わるようになった時にも、インドを理想化して考えている部分が多々あったように感じます。

そういう中で、戦後、実際に依頼された

建築の中で、あらためて彼が「光」という建築の中で最も重要だと考えていたものを中心的なテーマとして試した。その機会が、二つの建物だったのかもしれないと思うのです。しかし、**「ロンシャン」**と**「ラ・トゥーレット」**を、ラフ・コンクリートの造形だとか、ブルータルなものとして、一緒に語るのは、よくないように思う。ふたつはそれぞれ性格が違う建築です。

GA　二つの建築を、コルビュジエが心に抱いていた異なる原点から解釈すると、彼は「何をしようとした」のでしょうか。

槇　**「ロンシャン」**の仕事をドミニコ派の人から受けた時、彼は教会を設計できることのチャンスとして受け止めたと思う。その後に、同じドミニコ派から、修道院の設計を依頼される。そして、最後に頼まれたのが、フランスの中西部、リヨンの南西にある、フィルミニの**「サン・ピエール教会」**(二〇〇六年)。生前は未完で、彼の死後に完成を迎えましたから、全部が彼のつくったものではないけれど……。

やっと最近になって分かってきたことですが、三つの宗教建築は、基本的に、彼にとっての造形の探究だったと思う。その探求によって、彼の原点となるような空間性が表現されていると感じます。

例えば、**「ロンシャン」**において、ぼくが特に注目するのは、それぞれが、光を導くエレメントになっている天蓋、厚い壁、柱。それが基本的な構成要素です。

そこで多くの人が共通して感じるだろう、柱への畏怖。そのような象徴の具現化として、**パルテノン神殿**への意識がコルビュジエの心のどこかに潜在的にあったのではないか。天蓋が「なぜ反っているか」というのは次の話であって、あくまで天蓋を支える要素である垂直性の存在としての厚い壁。そのようないわば初源的な空間に対して、**『東方への旅』**で経験した光の導き方などが重ね合わされ、表れているように思う。

コルビュジエは当初**「ロンシャン」**の依頼に乗り気ではなかったといいます。本当かどうか分からないけれど、ドミニコ派の人に敷地である起伏のある丘に連れて行かれ、少しづつ惹き込まれていったと書いています。カップマルタンという地中海を臨む場所で亡くなったことも関連がないかと考えてしまうくらいに、終始彼の中に「地中海的なもの」があった。そこで、緑の丘にそそり立つものと**パルテノン**を重ねても、それほど違和感がない。彼自身の造形への関心が凝縮されていて、その素が何かと考えると、**パルテノン**かなと感じるのです。

一方で、**「ラ・トゥーレット」**は全く違う、もうひとつの彼の関心事であったひとつの理想のコスモスの具現化だと思う。それは、何かと言うと、アトスに行った時に見た修道院ではないか。ぼくはコルビュジエは孤独な人だったと思うのですが、その孤独さを楽しんで、自分の人生の中核においていたように感じるのです。個人の孤独さと、規律の厳しい共同生活、その両方が修道院の生活を構成している。孤独と厳格さを具現化できるプロジェクトは、彼の生涯の中でも、珍しいチャンスだったと思います。

たまたまこの前、**立花隆**さんの『**エーゲ　永遠回帰の海**』（二〇〇五年、書籍情報社）という本に収められていた写真を見ていたら、アトスのある修道院の空間構成と**「ラ・トゥーレット」**のそれがそっくりだったのを発見しました。起伏の多い場所で、ピロティの上に修道僧のための部屋が二層分載っている。そして、上の層が少し持ち出している。

後に、実現しなかった**「ヴェニス・ホスピタル」**（一九六四年）というプロジェクトがありましたね。病院の生活というのも、見方によっては、修道院と似ていて、ベッドというもので個人の存在が表現される。だから、**「ヴェニス」**を見ていて面白いのは、プランに全部ベッドが記入してあること。当然、ホスピタルでありながら、このプロジェクトでは、医者やナース、家族などと個人の共同体が構成されているイメージがはっきりしてくるように思うのです。

そのように、コルビュジエは共同体に対して興味を持ち続けていたと思います。その結果としてのひとつの具現化が、**「ラ・トゥーレット」**ではないかと思います。

実際の建物を決定づける深層

GA プログラムや敷地のイメージを重ねやすいですよね。たまたま似たプログラム、場所で依頼されたから、それで考えてみようということだったのでしょうか。

槇 元々彼の中にあったんだけど、それまでのプロジェクトでは表現するチャンスがなかっただけでしょうね。先ほど言ったように、建築家は施主が現れないと表せない部分もある。ドミニコ派の人たちが現れなければ、あの二つの建物がこの世の中に存在しなかったとも言えるわけですからね。

それに、**パルテノン**やアトスが影にあると言っても、コルビュジエが訪れた際に建物の形態を覚えていて真似したというわけではありません。もちろん形態的には、彼自身の建築ヴォキャブラリーを使っているとも言える。

ル・コルビュジエ：ラ・トゥーレットの修道院

GA **「ラ・トゥーレット」**を近代建築的に解釈すると、**コーリン・ロウ**も少し書いていますが、謎が多いとも言われます。

槇 ぼくはあまり謎だとは思いません。形態的な話に関心を払っているのではなくて、そこにあるもっと大きなテーマについて見るべきだと思うんです。**「ラ・トゥーレット」**なら、ソリチュードと集団生活が純粋に凝縮したものとして考えたい。建築表現の内部にあるコルビュジエの理想化された社会としての精神生活への憧れ。それこそが、コルビュジエにとっての興味でもあって、**「ラ・トゥーレット」**は生まれてきたと言うべきだと思う。

例えば、**「ラ・トゥーレット」**の礼拝堂は、**「ロンシャン」**とは違い、生活の中で位置付けられているものです。孤独な個人の表現である個室に対して、集団の祈りの場として、抑制的に表現されている。

『東方への旅』では、修道院の食堂についても言及しています。それは**「ラ・トゥーレット」**のなかにも、違った形で表れてきている。そして、媒介空間である廊下は、外側の世界との遭遇としても、どう表現したらよいか。それは、彼にとって、建築的なテーマとしてあったと理解できる。

そのように、あの二つの建物は、彼の最初の原点としての**『東方への旅』**から追ってみて、それを二〇世紀に彼が実際につくる時にどのように考えたかと思うと、ぼくとしては理解できるような気がするのです。

GA　その原点がどう現れるかは個々のプロジェクトによって違うと思います。例えば、**「ユニテ」**における集団生活との違い。

槇　当然、**「ユニテ」**の共同性は、修道院の共同体とは違います。修道院では、信念と理想を求めてやってきた人たちがつくり出す集団で、**「ユニテ」**は不特定多数。だけど、そうとは知りながら、コルビュジエはある一貫した共同体へのイメージも持ち続けていた。だから、ピロティ空間や屋上庭園、内部で展開される共同スペースによって、コミュニティをつくりたいと思っていたでしょう。それぞれで、彼が理想としているものを表現したかったわけです。

だから、あまりにも単純に、一言で彼の基本に**パルテノン**や**アトス**があったというと違うのです。そういうものを彼がどう考えて表していったかというところが重要。そのように空間を考える足元のような意味でも、建築家にとって、原点となるようなものを持ち続けることは大事なのだと思います。それは、つくられた建物の大きさは関係ない。それをどう表現していくかも、キャリアとも関係して、決まったプロセスではないでしょう。

原点への挑戦

GA　具体的に見れば、コルビュジエの原点に対して、それぞれの建物は、個々のデザインとして新しい提案をしていると思います。**「ロンシャン」**の太い壁のようなものは天蓋を支える柱のようであり、同時に光を取り入れる要素でもある。彼が**パルテノン**の空間を、光の陰影を映す非常に太い柱として見ていたような気がします。

槇　そうですね。柱という意味では、「**ロンシャン**」では象徴的な四つの塔が建っていることも興味深いですね。

　だから、アクロポリスの神殿に対する憧憬を持ちながら、一方では、それを破壊することによって生まれる新しい造形にチャレンジしたということは、当然あると思います。だからこそ模倣ではないし、挑戦と見た方がいい。だけど、挑戦するということは、ある対象があって、初めて成立する。その対象が初源的なもの、ここでは**パルテノン**だったのではないかということです。非常に違うヴォキャブラリーや組立てでもって、同じように初源的な空間を表現している。

GA　それは、近代の抽象芸術の大きな流れですよね。意味を帯びた要素を組み合わせるのではなく、新しい抽象的なカタチで、深いテーマを表現したい。

ル・コルビュジエ：ロンシャンの礼拝堂

『**東方への旅**』を読むと、イタリアの様式建築についてかなり否定的ですよね。それは、コルビュジエから見れば、固定的な記号を使ってコチョコチョやっているように感じたのかもしれません。

槇　確かに彼の造形は、何か原点に帰りたいというベクトルを持っています。だから、ゴシックなど、少しずつ変化していく様式には、全く興味を持たなかった。当然、その結果生まれてくる建築にも否定的だったでしょう。

　原点への挑戦という意味では、「**ラ・トゥーレット**」でも、修道僧が持っている、そしてコルビュジエも感じていた「自分とは何か、世界とは何か」という問いの意味を探り、それを建築家としてつくろうとしていたと思います。

　修道院は、そもそも隔絶した共同体です。その禁欲的な世界があって、コルビュジエ自身自由な創造を自覚しながらコスモスを具現化しようとする。

だから、一方で共同体の在り方を確認する礼拝堂や食堂、図書室という場所が配置され、一方で個人の個室がある。それに対して、それらを繋ぐものであり、また明確にそれ自体個室に対する場所として、廊下を存在させようとした意図を感じます。

個室から出てきて、礼拝堂に導かれたり、食堂に行く。それによって、共同体の一員であることを確認する。同時に、外界に開いていく場所であり、周りの原野を確認する。そこに人々にどう思わせるか、どう思ってもらいたいか。その場所を、非常にシンプルに、素朴に演出していますよね。実際に何もないに等しいくらい。そこに、外界と繋ぐガラスの色や、**ヤニス・クセナキス**がやったと言われるリズムのある開口面があったりする。意味を込めた空間として廊下をつくっていると感じるし、そういう場所にぼく自身も興味があるわけです。

GA 個人と社会集団を繋ぐ場所だけど、それを取り巻く自然のような、より大きな秩序みたいなものが、外の風景と、**クセナキス**が生み出した規則的なパターンのスクリーンに重ね合わされ、見えてくるような……。

槇 そういう解釈もできるでしょう。多くの人が、コルビュジエに自分を映して、その関心に応じていろいろな解釈ができる。そのような人がいたことが自分の建築生活を豊かにしたと思うのです。だから、一言で自分にとってコルビュジエはこうだと切り捨てるような姿勢は取りたくない。もう少し謙虚に、「泉」のようなものとして見てきたし、これからも様々な観点から、コルビュジエを見ることができるのではないかと思っています。

（聞き手／山口真）

ル・コルビュジエ：ラ・トゥーレットの修道院

CENTROSOYUS
1933

セントロソユース：ロシア, モスクワ

ARMÉE DU SALUT CITÉ DE REFUGE 1933

救世軍難民院：フランス，パリ

ガラスの箱とロンシャン

原広司

1936年長野県生まれ。東京大学工学部建築学科卒業，同大学大学院修了。
70年よりアトリエ・ファイ建築研究所と協同で設計活動開始。現在，東京大学名誉教授。

ついに到来したチャンス

GA　コルビュジエ後期の代表作、**「ロンシャンの礼拝堂」**（一九五五年）と**「ラ・トゥーレットの修道院」**（一九六〇年）は、モダニズムからの変化というふうに話されることがあります。あるいは建築家としてのロジックと、アーティストの表現、創造性との矛盾であるとか。原さんは、**「ロンシャン」**について、どのように分析されていますか？

原　ぼくは、変化だとは考えていません。ただし、コルビュジエの住宅群や都市論ともちょっと違う。

どういうことか説明すると、彼にはコミュニティへのシンパシーがあって、**「輝く都市」**（一九三〇年）はそこで成立しているし、一連の住宅にもそれが現れています。つまり、分かりやすく言えば、**モデュロール**という形で、人間の身体性と建築、そして都市を結びつけていく。彼が「機械」と表現したような「ものの諸部分がいかに一体化してある効用を発するか」、つまり「諸部分が合目的性＝ファンクションによって、機能的な関係によって、いかに連結するのか」というテーマが一方であると考えられてきました。**「ロンシャン」**は村の教会堂として、コミュニティのシンボルになるような建物という意味で話すこともできるでしょうが、そのような都市論的なテーマとは離して見た方がいいと考えているわけです。

それではどういうことかというと、ぼくは**「ロンシャン」**のテーマは、「ピュリスム」だと考えています。ピュリスムは一九一〇年代に出てきましたから、デ・スティルやロシア構成主義の前というか同時進行的な動きで、コルビュジエにとっても、初期の構成や機能といったものがはっきりする前の、最初期段階にあたる。**「ロンシャン」**は、それに対するチャンスが来たということでつくったんじゃないかと考えられます。

ピュリスムとは美学的、芸術的なアプローチであって、そこで彼が言っていたことは「造形言語」。つまり、建築で現れてくるような諸部分が、造形的な言語としてコミュニケーション可能であり、人々に伝わる……。まさに抽象芸術なのですが、民族的な装飾などとは違い、既存の意味世界の中での意味を帯びた形などではない、抽象的な形態とその連合によって、ひとつの建築ができる。それは、直前の**「ユニテ・ダビタシオン」**も含めて、コルビュジエの他の建物とは異なるアプローチです。むしろモロッコなどに見られる魔除けの象徴、「ファティマの手」のようでもある**「チャンディガール」**（一九五一年〜）の手と、**「ロンシャン」**は近いと感じる。

GA　ピュリスムと、機能的な構成主義である「白の時代」は連続して考えられることが多いですが、ピュリスムの展開には「別の道」があったということでしょうか？

原　そういう意味では、「別の道」があった。でも、ファンクショナリズムや構成にあまりに重点が置かれて解釈されていただけで、元々、本当のコルビュジエの良さは、造形言語的な**「ロンシャン」**の方にあるという気がするよね。だから、**「ロンシャン」**ができた頃、ちょうどぼくは大学に入った頃でしたが、建築がこういうふうにあり得るということに対して、もの凄く驚きました。

新しい言葉で話す

原　ピュリスムの「造形言語」は、今から考えればやはり記号だと思います。それは静的な文法のような言語ではなくて、用いられることで、意味がずれたり、新しい意味が生まれるようなダイナミックなもの。そして、近代の抽象芸術の動きの基本は、その表現を民族的なものによるのではなく、抽象性でもって普遍的になる意識を強く持っていたわけです。つまり、一般の言語で喩えて言うと、フランス語やアフリカの何々語で話されると日本人の我々にはよく分からない。そうではなくて、地域に準拠した特性を超えて、誰にでも伝わるような新しい言葉を話す。そのような普遍性を、抽象芸術はテーゼに立てた。**ワシリー・カンディンスキー**なんかが美術で言っていたことと、時間的に考えても共通していると思います。

　そのような視点で「**ロンシャン**」を見れば、壁や屋根などにしても、何か既存のイメージに浮かぶようなものではない抽象的なもの、「見たことのないような」ものをつくろうとしたと思う。だから、建築史上非常に特異な形、ユニークな形を持っていますよね。でもコルビュジエの意図は、実はその特異であるということによって初めて、普遍的になりうるという考え方だったと思います。そのことを非常に確かに、はっきりと示す造形言語＝記号の集合をつくったのが、「**ロンシャン**」なんだと。

ル・コルビュジエ：ロンシャンの礼拝堂

GA　もう少し具体的に分析していただけますか。

原　例えば、世界的に流行した南側の壁面に開けられた窓。実は、アルジェリア中部、サハラ砂漠のオアシスの町ガルダイアに実際にいっぱいあるんです。しかし、ロシア・フォルマリスムの美学の基準のひとつでもある「誇張すること」や「変形すること」と通じますが、ガルダイアでは小さかった窓が「**ロンシャン**」ではぐっと大きなスケールにされ、ものすごい迫力になっている。同時に、集め方というか、並べ方というか、非常に上手く離散的に構成され、穴の開いた分厚い壁がつくられているわけです。

　同じように、アルコーブをつくる湾曲した壁や祭壇側の壁、諸部分が全てアーティキュレート（分節）されています。彼は床もすごく考えていて、石の使い方も全く均質ではなく、目地割りも本当に綺麗です。その意識は雨樋やそれを受ける水槽にまで及んでいる。そのように、全てを切り離していくことには、テクニックが必要だと思う。でも、コルビュジエの中には、グシャグシャと一体化してしまうような造形では、言語になり得ないという意識があったんだろうと思うのです。だから、それぞれに異なった特性ある諸部分をきっちり発音させねばならない。文章で言えば、分節していって、エレメントを単語のような形に持ち込む。

GA　そのような分節は、機能的な要素主義として捉えられることが多いですよね。**「ロンシャン」**では、どのように違うのですか。

原　コルビュジエのファンクショナリズムをまともにとって、**「ロンシャン」**を屋根や壁といった諸部分の連合として捉えることもできるわけです。つまり、全体をひとつのマシンとして解釈する。しかし、**「ロンシャン」**では、その諸部分をひとつにまとめているのは、機能的な配列ではないと思うのです。例えば、壁をなぜひとつの壁としてつくらなかったかと言えば、壁の諸部分を分節して、一枚ごとに意味を託したんだと思う。それは機能とその関係では記述できない。つまり、個々の要素がある意味を持っているとしても、それは既存の建物の部分としての意味ではないし、逆にその意味を引きずって全体を理解することもできない……もし、できたら純粋ではない＝ピュリスムの言語になりませんからね。だから、各要素を、例えば窓の要素としてガルダイアから引用したと言えたとしても、それではガルダイアでの窓と「同じ」かというと、意味が変容して、別のひとつの存在になっている。それは抽象的な造形言語という意味で、非常に正しい姿勢だと思うのです。

　ですから、ガラスの箱みたいな建築をつくることがひとつの抽象的な道で、成功する方法として考えられるし、実

ル・コルビュジエ：ロンシャンの礼拝堂

際に考えられてきたけど、それは**ミース・ファン・デル・ローエ**が突然飛躍的に実現した道であって、実際に絵画や彫刻で出てきた抽象芸術の流れは、むしろ**「ロンシャン」**の方に行き着くわけです。

配列の原理、要素の原理

GA 抽象的な造形言語という意味では、**「ロンシャン」**の前に、**「マルセイユのユニテ・ダビタシオン」**(一九五二年)などで、すでに形態のスタディみたいなことがされているのですか? あるいは、やはり**「ロンシャン」**で突然出てきたものなのでしょうか?

原 それまでに造型言語が考えられてきた面はあったでしょう。**「ユニテ」**を見ても、形に対する意識はすごく強く持っていたと感じる。造形的な要素はいろいろ入っていて、屋上庭園のオブジェが離散的に配置されているところは形をつくりやすいし、ピロティの「足」なんて、かなり形ということが考えられている。実際、ピロティの足をどのような形にするかという問題は、かなり難しいと思うのです。コルビュジエは、言ってみれば形の天才だから、そこに意識を払って上手くつくり上げていることは確かです。でもやはり、一方でドミノのような原理がある。それは標準的なるひとつの建築形式、言い換えれば実践的で普遍化しうる建築モデルとしての原理であって、ドミノで示されているものも、**建築の五原則**で述べられるピロティや屋上庭園、水平連続窓なども、諸部分の連結に関するテーゼですよね。それは「配列」に対する指示で、**モデュロール**といった寸法体系も含むと、天井高まで指示されていく。しかし、そこには個別の諸部分そのものをどうつくるか、あるいは造形、記号としてどうつくるのかという指示はないわけで

ル・コルビュジエ:マルセイユのユニテ・ダビタシオン

す。一方、ピュリスムの中には、確か配列に関する言及はないはずです。

GA　つまり、**「ユニテ」**はあくまで配列、関係性の表現になる。

原　単純な建築モデルの表記は、(X、σ)となります。ここで、Xは建築的要素の集合(パラディグム)、σは配列規則(シンタグム)。これは、言語学のモデルと通底している。つまり、文章の組み立ては、やはり、(X、σ)と表記できます。言語の場合、Xは辞典だと思えばよい。しかし言語の場合でも、σは「文法」としてその一部分が表記されますが、辞典のようにおおむね一覧表になっているわけではない。配列規則の表記は、大変難しいというより不可能で、そのため、文学ではいかなる「文体」をつくるかといった課題が生まれてくるわけです。建築の場合も同様に、配列規則σの表記は、設計図書、実現された建物でないと示せない。

　話がやや拡張されますが、建築の様式とか建築形式を論じる場合には、それらは、モデル(X、σ)で語っているのだということをはっきり意識しておかないと、何を話しているのか曖昧になります。様式の場合は、パラディグムXが、かなり固定される。コルビュジエの場合は、普遍性をもつ建築モデルを提起することが課題であるので、Xは概念的な建築要素として提起しようとします。「ピロティ」であるとか、「屋上庭園」であるとか。**建築の五原則**で言うなら「自由な平面」は、実は配列規則σに属していますね。

　そこで、今**「ドミノ」**、**「ユニテ」**の建築モデルを(X1、σ1)とします。すると、これはかなり「標準」を指し示していることになります。この場合は、**ミース**の均質空間のモデルと同様な解りやすさを持っている。もちろん**「ユニテ」**は、極めてユニークなプランを持っていますから、配列規則σは、そう単純ではないですが、**「ドミノ」**はかなり普遍性がある。

　次に**「ロンシャン」**のモデル的表記を(X2、σ2)としてみる。これが、造型言語のモデルに近いというのが、ここでの論議ですね。造型言語というものがあるとすれば(後に話題になるように、今日では「記号」の方が適切ですが)、**「ロンシャン」**こそ、最適な事例です。それでは二つのモデル(X1、σ1)

と(X2、σ2)とどこが異なるのか。

その差異は、まずX1とX2の差異にあります。X1(つまり「ドミノ」系列)は、一般性のある概念的な建築的要素の集合であるのに対して、X2(「ロンシャン」)は一回性、その建築に限られるユニークな形、記号の集合です。(もちろん、「ロンシャン」の窓のように流行した部分はありますが、ここでは要素のレベルを大きくとって、壁、屋根等々とする。)

次に、配列規則σ1とσ2ですが、この間には、差異と類似とが同時にあります。まず差異ですが、σ1は元々層を重ねるモデルですから、床について地形論的性格がある。単純に言えば、鉛直方向のためのσ1です。それに対して、σ2は、この意味では、地形論ではない、といった差異。この差異は、建物の性格からすれば、当然でしょうし、配列規則は記述が難しいので、分かりやすいところを指摘すれば、コルビュジエのあちこちに現れるアーティキュレーション(分節)でしょう。つまり、機械の美学の持つXの諸要素をそれぞれ切り離すことによって明示する配列規則。当然、諸要素は機能することによって連合するわけですが。

ただ、以上は「空間の文法」上の説明であって、「いきいきとした空間」つまり空間の体験の説明ではない。この区別をちゃんとしておかないと、単なる印象、感想の羅列になってしまいます。

機能主義と造形言語

GA コルビュジエの建築には、機械のような論理と、造形などのアーティスティックな側面の二面性が矛盾を含むように共存するとも言われてきました。けして、どちらかだと言い切れないような部分があると。

原 「ロンシャン」については造形言語としてはっきり示されていると思います。それでも、先ほど言ったように、それ以前の作品同様、諸部分をはっきりと分節して、全体をつくるというレベルでは共通性があって、機能主義的な機械解釈も成り立つ。実はそこに近代主義の重要な問題があると考えています。

ぼくは、機能主義が一体何なのかを、建築の中では上手く説明した人がいないと思っています。「機械のように」というと鮮明なんだけど、そういったコルビュジエの建築を見れば分かるように、「機械」とはどういうことだったのか、今でも人々に考えさせるような矛盾というか、上手く言えていない感じがすると思うのです。

実は「機械のような」機能主義を基礎づけたのは、コルビュジエと同時代を生きた哲学者**マルティン・ハイデッガー**だと考えています。人間の存在を考える時に、世界内存在ということを言いながら、世界（**ハイデッガー**の言葉ではUnwelt＝環境世界）がなぜ認識できるか、私の周りの世界がどのように現れてくるのかを説明していく。そこのところを分かりやすく言ってしまえば、世界が現れてくる時、私と周りのものの隔たりがなくなって、「手許存在」というものとして認識される。それはその諸部分が道具として考えられるからだというわけです。つまり、背後に道具＝機械として必然的な連関があり、そのようなファンクショナルな相互の関連性があるから、ものが立ち現れてくる。直接そうは言ってはいないけれど、調和的な相互連関性をもって、空や木が出てくるという感じ。

GA　全体が調和のある、ひとつの上手く動いている「機械」のようなものとしての環境や世界のイメージですね。

原　そうです。道具や機械という、ある意味で非常に人間らしい倫理性でもって、人間と世界の繋がりを説明したわけです。何かを普遍化する時に、「困ったら機械」という倫理的な優しさとでもいうものが、コルビュジエだけに限らず、他の建築家から**ハイデッガー**まで、近代の良質な部分には共通していると感じる。ただし、その時に実は「記号の概念を使えば、上手く説明できるかもしれない」と**ハイデッガー**は書いているんです。

ハイデッガーが『**存在と時間**』を書いたのが一九二七年。実はまだその頃には、記号概念がちゃんと出ていないのです。十九世紀末～二〇世紀初めは高揚期で、哲学や美術、建築でも、近代主義の基本が同時並行的に一斉に出て来た。だから、機能主義を基礎づけて上手く言ったのは**ハイデッガー**だけど、もう少しいろいろなことが分かって整理されたら「もっとより良く言えたんじゃないか」というのが、ぼくの印象なんです。

GA その上手く言えなかったところを分かりやすい形の関係性で捉えてしまったのがファンクショナリズム。

原 そう。だからこそ、今我々が建築をつくる余地があるところだと思うのです。機能主義の背後には、完全に道具論があって、手許存在、道具として、上手く相互に連関している前提で考えている。でも、そうじゃない言い方があるんじゃないか。**「ロンシャン」**はそれを上手く言えたので、諸部分が道具ではなくて、**ハイデッガー**が予告していたように、非常に記号的に見えるのだと思います。

記号論は時間的には、**ソシュール**が二〇世紀の最初期に出てきているんだけど、芸術の理論とは結びつかなかった。それをコルビュジエは、抽象芸術における造形言語と言っていたんだろうと思います。そのように、造形が文字や言語と等価に並べられるという認識は、いろいろな人の記号論が出て、二〇世紀の後半になってから、やっと理解されてきたように思う。実際、今でも記号論と造形言語は別なまま放置されていて、収拾がついていないように思います。ぼくたちは、まだ道具論と違うもののあり方を、うまく説明できていない。

「ロンシャン」以降の可能性

GA **「ロンシャン」**をもって、モダニズムが終わったとも言われました。確かに、機械的な機能主義に対する表現としては、そういう位置づけも納得できます。**「ロンシャン」**の後に、形の可能性を切り開いたものはないのでしょうか。

原 コルビュジエが、この建築でマニフェストというか、プレゼンテーションしようとすごく意識したのは確かだと思います。二〇世紀前半に展開してきた、あるファンクショナリズムに対して、造形言語も含めて、そうではない説明をしようとしていた。

その後の試みで、形に関して一番すごいのは、デコンストラクションでしょう。しかし、いろいろなものがランダムにあるあり方は、ひとつのストラクチャーや体系があったとして、その崩壊の風景としてしか諸部分を示せなかったと思う。つまり、機械に対して、壊れる機械としての表現。それは現代の表現に、ひとつの系譜を示したと思うけど……。

GA 原さんが先ほど、建築をする余地があると言われたのは、**「ロンシャン」**が示した造形言語による表現の可能性を、現代の我々が設計する学校でも美術館、住宅でも示し得るということでしょうか。

原 そう。一般化して言えば、機能的な配列の理論ではなくて、建築をつくる方法があるんじゃないの？ということです。だから、**「ロンシャン」**で、コルビュジエがどのようなことを言っているのか、機械の論理ではなく喋れるようにならないといけないと思う。

ぼくはかつて、近代建築を説明する図式として、「ガラスの箱の中の**ロンシャン**」と言ってきました。それは、造形や構成、機能といった、ものすごく広い意味での、ひとつの強い関係性の結晶体としての**「ロンシャン」**と、その関係性を全て包含して座標化していた**ミース**という図式なわけです。つまり座標と関数で、座標の中には何でも絵が描けると。だけど、そこに関数を描かなかったらただの空白。そういうヘンチクリンさを持っているのが均質空間です。そこで**ミース**が上手い関数を描いたかと言えば、つくれなかった。でもこの図式においては、これまでも言ってきたように、抽象性や普遍性という意味では、やはり**ミース**の座標がすごい。ただ、それはそこで終わっていて、それをやっても下手な**ミース**になるだけ。そこに可能性はないと思う。

ぼくがこれまで「対**ミース**」として考えてきたのは、言い過ぎかもしれないけれど、「ガラスの箱が壊れる」というようなことをちゃんと説明できるのではないかということです。意識としては、ガラスの箱なしにできるのではないかと思っている。その意味で、造形言語としての**「ロンシャ**

ン」には、ガラスの箱に収まらない、普遍への可能性があると感じます。モダニズムを乗り越えていくとすれば、「**ロンシャン**」を上手く説明できれば、きっと次のステップの建築像が見えているはずという気がするのです。

GA　その説明のヒントのようなものはあるのですか。

原　原理的には、先ほど言ったようなエグザジェレーション（＝誇張）やデフォルマシオン（＝変形）によって、いろいろな諸部分やその連合が記号、メタファーとして発生してきて、それ自体がひとつの美や驚きというものを誘起するという美学。そんな程度の美学なら説明できるけど、「**ロンシャン**」はもっと多くのことを言っているような直感があるのです。

いつもの繰り返しですが、「機械」と「エレクトロニクス」あるいは「コンピュータ」あるいは「携帯電話」に置き換えて、コルビュジエたちが「機械のような」と言ったのに対して、「コンピュータのような」と、目標設定をするのではないでしょうか。ただ、この場合、「機械」とは違って、「遠く離れたもの」を相手にしなくてはならないから、容易ではないですが。「様相」なり「ディスクリート」なり、間違ってはいないと思うのですが、**ミース**やコルビュジエのように、分かりやすい建築モデルで示せないと。つまり、**ハイデッガー**の「手許存在」の書き直し。

GA　巨匠の自由な遊びではない。

原　全然違うと思います。もっとすごく根源的なことで、「人間はなぜ言葉を喋るのか」というような、話すこと＝共同性とか言葉＝普遍性と関わる問題というか。だから、建築固有の問題じゃないと言ってもいい。でも、「普遍」とか「特殊」なんて古い言葉なんですね。もっと新しい言葉で喋らないといけないんだけど、言葉が足りない。例えば、最近よく言われる風景や環境という概念でも言えるだろうけれど、不毛だと感じる。

「**ロンシャン**」は、二〇世紀につくられた「神話の機械」みたいなものです。言い換えれば「普遍化する神話」というか、限られた歴史的な時代や場所に直結したものではなく、それらから開放されたところから出てくる神話みたいなもの。それは現時点では無理に説明せずに、喋る準備ができるまで置いておいた方がいい(笑)。

GA 「すごさ」を説明することも難しいということですが、コルビュジエ自身は具体的に方法としてつくり出したのでしょうか。あるいは、偶然できてしまったというようなもの?

原 やはり、ちゃんと操作していると思うな。確かに造形の上手さというか、形をつくる「腕」というものがあるんだけど、それで説明しようとすると、あまりに上手くできているので、非常に古典的な一般化できない「個人の才能」……。結局、「コルビュジエは天才だ」ということになる気がする。それでは例としてあまり良くないし、可能性がないですよね。

もしかしたら、**「ロンシャン」**の後にできた**「ラ・トゥーレット」**は、さらに一歩踏み込んでいて、**「ユニテ」**までの配列の理論と、**「ロンシャン」**でピュアに表現した造型言語のアプローチを、高度に統合したものかもしれませんね。問いの度合いが高いというか、「箱」自体にも言及しているような感じもある。それを分析するための言語を準備しなければいけませんね。

(聞き手/山口真)

IMMEUBLE MOLITOR
24 RUE NUNGESSER
ET COLI
1933

24

PALAIS DES FILATEURS 1954

ロンシャンの礼拝堂——『建築における真行草』

吉阪隆正

人間は特定の観点から一面的にしか事物を考察できないものだ。どんなに広く複雑に周辺の諸条件とからみ合っている事物ないしは事実にしても、ある一点を通じてしかそれを摑えられないのだ。それは人間が一度にひとつのことしか考えられないというその能力の限界に起因する。

ただしここにひとつの救いがある。それは直感である。直感力の鋭さによって、実はその一点を捕えることを通じてそれが関係する巾広い全体像へ肉迫できるということである。喝の一声を聞いて、ぐっとさし出された親指ひとつを見て、宇宙の全体を感得できるのもその恩恵である。

しかしそれも相手に伝達されなければそれまでである。ついに「世に出ず」に消えることだろう。伝えるとなれば再びひとつしか考えられないという制限が浮び上って来る。しかもそれに加えるに、一挙に一瞬にして察知できるのはせいぜい片手の指の数ぐらいの要素までという条件が加わる。

そうした中で象形文字は、私たちの周辺のさまざまな事物の伝達のために案出された。大地と幹と枝によって木を、頭と羽と脚とによって鳥を、頭と尾と鱗によって魚を、などなどである。だがＩＢＭでもいっているように、人間は理論的な思考に弱く、根気がなくて、なまけもので、気まぐれで、単調なことは続かず、不注意で、のろまで、何をしでかすか解らないという存在だと考えるべきだ。その中で必ず正

『GA 07 ル・コルビュジエ/ロンシャンの礼拝堂』(1971年)より再録

確に記録され伝達される保証を得るためには、更に抽象化して、ある枠組の中にはめてしまわなければならない。そこから漢字というものも、楔形文字も、ローマ字などもあみ出されたものといえよう。そして、その成果はことばの違う国々や人々の間にまで国際的な流通伝達の手段となったのであった。

いくつかの要素の組合せセットによって、新しい概念を得ると、それは再びひとつの要素として他の組合せ要素と複合できて、次から次へとより細かい分類も、あるいはより大きな総合概念も表現できるようになっていった。漢字ではこうしてふくれ上っていく内容の形を全体的に揃えるために、正方形の中にとじこめる手法が案出されたのだった。

その正方形を見出すまでには随分な年月と世代を経たことだろうと想像する。その前に直角の存在を発見しなければならなかったし、そのためには対の概念を感得しなければならなかったからだ。幼児のように唯我独存として一点中心から、他者を対等の存在として認識するまでにも随分な努力を要したことだろう。

おそらくそれらは自己の肉体の姿を通じて次第にはっきりしたものといえよう。左右があり、前後があり、そして上下があるということまで気がついた時、大地の上に立っている事を知ったのではないか。そこから垂直と水平を知り、足裏の細かい筋肉の動きを通じて重心を保っていることから直角という考えへ飛躍したのは、よほど頭のいい奴だったに違いない。

これから先は加速度的である。幾何学の誕生した上は直角の描き方をかえればいろいろな図形がでて来る。その中で大変要素の少ない図形といえば正方形である。一番理解が早かったのだろう。そして正方形のもつさまざまな性能の利用へと移ったに違いない。

ル・コルビュジエの造形も直角から始まる

「ある日、パリーの小さな部屋の石油ランプの下で、絵葉書が机の上に並べられていた。彼の目はローマのミケランジェロのカピトルの上に惹きつけられた。彼の手はもう一枚の絵葉書を裏がえしてその白い面を出し、直観的にそのひとつの角(直角)をカピトルの立面の上に動かした。すると直角がこの構成を支配し(直角の頂点が)すべての構成を命令していると認められる真理が、俄然あらわれた。これは彼にとってひとつの啓示であり、確信となった。同じ実験がセザンヌの絵にも成功した」。

直角を示すには二つの直線が必要だ。そこから彼はこれを規準線として造形的構成のチェックに利用しはじめた。直角の頂点の示すいろいろな組合せが浮かび上ってきた。幾何学的な図形、その中に示される級数的な寸法の一群、彼は直角のもつあらゆる可能性を追求しようとマルコフ的にそれからそれへと連想を豊かにしては実験を続けた。寝食を忘れるに十分な魅力的な探検だったに違いない。

だが彼は時々立ち止った。迷路にふみこんでしまってはならない。今進みつつあるみちはこれでよいのかと周囲を見廻わすことを忘れなかった。彼に同調して同じ探検に従った人々に、君のは迷いのみちだと指摘することもあった。その時彼を正道に戻したのは「人間につながっていなくては」という磁石だった。

直角の頂点のあそびは、二つのことを彼に暗示した。ひとつは頂点と頂点の間にある距離から生じる寸法、その数的なもの、今ひとつは直角を描き出すための直線の描く図形、いわばディジタルな世界とアナログの世界である。それらはそれぞれにひとつの秩序のある世界を見せてくれるが、彼は何とか人間の世界とそれを結びつけたいと考えていたのである。

物をつくるという立場で、何をしてもいいという自由を与えられた時、人はどうしてよいかわからなくなる。何かの規準にそって、秩序ある世界、何かしらの法則に従っている宇宙、でたらめに見えて秩序を保っているそのような秩序ある世界と一致したいと願う。その秩序を探り当てなくては曖昧で頼りなくて、無重力の世界に浮いているように感じられるからである。

ル・コルビュジエはその手がかりを直角に、そして後に正方形に見出したのだった。チャンディガールのカピトルの設計は正にそのような正方形の組合せなしには、何をどこへ配してよいかも決めかねたであろう。古代中国の人々が運河を、灌漑水路を引く時も、南米のインディオがパンパスの中に拠点を設置するのにも、直角と正方形とが利用されたのだった。

直角と正方形、格子状の秩序は、個人空間から脱して全体的な統一を求め、それを整えるために最初に人類が発見した秩序だったのではないか。それは同時に細部の比例にも利用できるのだった。礼儀作法も四角定規にという秩序である。それは完全な世界を見せてくれる。「真」の世界らしいのである。

だが、人間は丸いことをも求めている。角のとれたことをも探している。あまりに四角四面なのにはいたたまれないという矛盾を孕んでいる。

正方形の堅さを少しやわらげたのが、黄金分割

この黄金比の神話はヨーロッパを風靡していた。ル・コルビュジエもそれに感染し、四角の中に何とかこの少し歪んだ、しかし美につながるものを含めたいと考えた。

ソルボンヌの数学者タトンにいわせれば、一〇〇〇分の六の誤差だとのことだが、鉛筆の太さの中にかくれる誤りを彼はおかした。そして、二つの正方形の中に直角の頂点の位置を探していて、たまたま黄金比になる所があると勘違いしたのだった。この幸運な間違いが発展してモデュロールは誕生した。

手をあげた人間の寸法、臍《へそ》の高さ等々がこの新しく発見された比例尺の中に誠に巧みに合致していた。彼のいう通り、「不思議の扉」をくぐり抜けて神の世界に入れた歓びがここにあった。世界の、宇宙の寸法を支配している原理が発見されたといってもよい。

その後、一〇〇〇分の六の誤ちは、幾何学的にも整合するように修正された。誤ちの原因がわかったからである。そして、正方形から無数の矩形と、三角形とが生みおとされ、黄金比に合致し、更にフィボナチの級数も、また一：二という倍数の関係もそこに含まれる一連の自由な秩序がつくられたのだった。

カーンワァイラー氏は立体派のことについて次のようにいった。「絵描きであろうと、建築家であろうと、また音楽家であろうと、一八八〇年前後に生れた芸術家たち（グリ、ピカソ、ブラック、レジェ、シェーンベルクなど）は、彼らがやっている芸術の真の性格を把握したいという考えに動かされ、そしてその芸術のため

に、その芸術の本質の上に築かれているが故に動かすべからざる基盤を見出したいと願っていた。これらの人々は皆、作品がそれ自身で、できるだけ強く存在できるものをつくろうとし、部分は全体の支配下に強いリズムによって統一を保つような作品を求めた。こうして彼らの感激から生れた作品のどれも統一性によって完全な自律を保証しようとした。彼らは彼らの芸術をできるだけ純粋に、できるだけ強くつくり上げようとした」。

モデュロールの発見も、この精神の上になされたものであり、造形芸術の世界で寸法の決定は大変重要な要因である。その寸法、無限にある寸法の中から秩序ある選択の規準が見出されたのである。神のつくりたまうた動植物その他にこの比例が、寸法があてはまるとすれば、この寸法を用いることは、ル・コルビュジエがいうように「神々は遊ぶ」ということになる。無上の楽園の出現が期待されるのではないか。

七五三の世界の不在

ル・コルビュジエには子供がいなかった。「おれみたいな馬鹿が、もう一人この世に生れることは悲劇だ」と彼は謙遜してか、述懐していた。そのことは彼が人生というものの半面しか見ないという宿命を与えたようにも思われる。

夫婦という対までは体験したのだった。しかし、親子というもうひとつの対、対の対は、頭でしか知らなかったのではないか。ここにはもうひとつの別の世界がある。

数字でいえば、2に対して3の世界だ。何れも己という1の世界から出発するのだが1から2へは直交することで世界を支配できるが、3ともなればそうはいかない。1はコンパスの世界として登場する。三つの円がひとつの塊になろうとすると、どうなるか。シャボン玉やあぶくを想像すればよい。

更に母親を中心に多数の子供のことを考えると、どうなるか。放射状の世界が出現する。放射状は無限の豊饒を示していることからルネサンス以来大変に好かれた。ル・コルビュジエは、その無限の世界に反撥を感じ、ルネサンスからバロックにつながるこの放射状の世界は非人間的だと非難したのだった。確かに母親は無限に子を生むわけではない。しかしついでに放射状そのものまで否定してしまった。だが、何となくその存在だけは否定しきれなかったといってよい。おそらくこの悩みはもやもやと心の底に低迷していたに違いない。あるいは無意識界位にかくされていたかも知れない。

澄明な地中海的世界を好む彼にとって、この割り切れない世界、3、5、7、……は北欧の陰翳のようにその中に素晴らしいものを含みながらも彼には抵抗ある世界だったに違いない。

そのことは、例えば六角形の好きなライトとの関係にも表現される。この巨匠を決して評価しないわけではないが、「彼は酋長だ！　古い時代の最高をつくり出してはいるが……」と評している。現代は時代が違う。カーンワァイラーのいうように、より広い世界とのつながりの中で統一を求めるのだということを云いたかったのだろう。

私自身を人は評して、ル・コルビュジエの所で学んだのに、まるでライトみたいな考えだという人がいる。大変偉い方々と結びつけて頂いて光栄の至りであるが、二〇世紀初頭というのは、ライトからコル的への転換期だったのかも知れないと今になって考えるし、二〇世紀後半はコル的から再びライト的をもう一度組み込む時代なのかも知れないと考えているからだろうか。

これをさいぜんからとり上げているような数的な表現をするならば2→4の系統から3→6の系統への移行であり、4と6を足した10、その半分の5を中間に入れることで円から球にといったフーラー・ドーム的な操作の必要な時なのかも知れないと考える。丸い地球を全体として問題としなければならない時代なのだから。

更に地球の自転を加えると、等時間帯という考えから、極東西太平洋、北米東太平洋、大西洋と南米、欧州とアフリカ、印度中心の北の陸と南の海、といった五つの西瓜割だって存在する。もう少し細かくすると七つということも考えられる。どうも割り切れない世界が存在する。

その割り切れないまま、全体として生きているのが諸々の生物であり、天然現象である。

自然をもう一度見なおして、どんな秩序に準拠しているのか出発点からやりなおす必要があるのだろう。第二次大戦はそのチャンスを与えてくれたのだった。ル・コルビュジエについていうなら、その期間、殆んど仕事らしい仕事が与えられなかった。特に建築についてはそうだった。彼のパートナーのピエール・ジャンヌレはその状態を嘆いて別れてしまった位である。

ル・コルビュジエは貝殻とたわむれ、建築のできないままに絵画の世界に逆もどりして時を過した。だが今度はもう直角の秩序を求めようと努力をする必要はなかった。奔放に曲線を描いて感情のおもむくままを楽しむ世界にひたることができた。そうした全く別の世界に入って見て、再び過去の作品を眺めかえしたのだった。そこで直角の秩序について、冷静にそのあり方を語ることもできた。自由曲線の中にも正方形を見出せるようになっていた。モデュロールへの昇華はそんな中で完成されたというべきであろう。

一九一〇年から二〇年代の彼がガッチリ取り組んだ絵画にくらべたら、誠に自由な曲線が乱舞するこの期の絵画はそれを物語る。まるで良寛の書を見るように、何ものにも拘らない世界がひらけつつあった。

丁度その頃にロンシャンのチャペルの仕事にかかった

一方では第二次大戦前までの直角の秩序の集大成としてのマルセイユのユニテの仕事が進んでいる時、その対極としてこの可愛らしいチャペルの仕事に取り組んだのだった。

貝殻の自由曲面は、更に複雑な蟹の甲羅にヒントを移していた。そして、あるいはと想像するのだが、宗教建築なるが故に、北欧の伝統からの何ものかを地中海的な精神で解こうという野心を抱いていたのではなかろうか。

そこへとび込んで来たのが、印度のチャンディガールの首都計画であった。ヨーロッパ中心で生きて来た彼にとっては、書物などを通じて二次元的には知っていたが三次元的に、たまには四次元的に彼をとりまくはめに至った経験は、大きな刺戟だったに違いない。豊さを求めて、それを実現して来たヨーロッパの世界の中で生活していて、貧しいというその世界にも楽しさも、美しさも、豊さの中以上に輝くことのあるのを知って驚いたのだった。このことは巡礼のめぐって来るロンシャンの世界へ理解を深める機会であったろう。

既に造形上は、かたくるしい真の書法から離れて行の世界に入っていた彼に、更に一段の飛躍を可能にしたのではなかったか。その下地としては、かっちりと組立てられた直角の世界が、もう忘れようとしても忘れられない位に身についてしまっていた。何十年かの修練が意識せずとも導いてくれるようになっていた。だから勝手に感情の赴くままに筆を走らせても、構成に狂いの生じる心配のないまでになっていたのだろう。

若い頃に国際聯盟のコンペに張り切った頃には、大時代的な王宮の姿を要求されながら、同時に各国の協調による平和をつくり出す舞台をという矛盾した要求に、正眼にかまえて立向った時の迫力とは別な態度で、今度はヨーロッパの宗教建築のイメージともいえる北欧的なカテドラルと、近代合理主義との対決をとり上げたのだと思う。

ゴチックに代表される宗教建築には、ロマネスクの壁の建築からの脱出がテーマであった、と私は解釈している。強い太陽の光の下に陰を楽しむという近東から地中海の砂漠的な世界に対し、北欧の冷雨や霧の中で、森のうす暗りの中で光を求め、やわらかい反射光線のもやもやした中に幻想をたくましうした人々の心を盛り込むことはたやすい作業ではなかった筈だ。

今、ル・コルビュジエはその逆の立場にあった。直角や正方形できれいに割り切った世界の中へ、どうやって怪獣や、からみ合う蔓草の不規則きわまりない迷宮を持ち込むかに直面していたのだ。

相容れない矛盾の統一は、創造活動のもっとも強い刺戟である

対立する思想はここでひとつに解け合えるからだ。それこそ人類の念願である平和を実現することといわねばならない。それが具体的な形で示されたとなれば、万人の財産たり得る。

そもそも宗教なるものは、出発点において人々をひとつに結び合せるものだった。それがいつの間にか宗教の数だけ対立を生じている今日のあり様は誠に情ないといわねばならない。イデオロギーもまた宗教と同じく多くの人々が共存するために考え出されたものであるのに、それぞれのシンボルを掲げて睨み合い、斗《たたか》い合わなければならないとは本末転倒ではないのか。

ロンシャンの礼拝堂には直接的にそのような対立的な要因はなかったかも知れない。しかし彼の心の中では、カトリックとプロテスタントの長年の争いが渦まいていたに違いない。彼の先祖はユグノーとしてスイスに亡命したのだった。ここにつくられるものはドミニカ派の礼場である。外界に居る私にとっては、そんな悩みはまるでつまらぬこだわりにとれるが、その中にいる者にとってはなかなか大変な問題だろうと想像する。

東西ドイツや、南北朝鮮、そしてベトナムといった世界は、外から見たら実に無駄なことといわなければならない。しかしこれひとつの解答を出すことはもっと難問だ。それは具体的で、誰にもすぐわかるこれだというものとして提出しなければならない。その日その日を生きる人の人生に直接つながる形で、シン

吉阪隆正：
1917年東京都生まれ，1980年没。早稲田大学理工学部建築学科卒業。
ル・コルビュジエの事務所を経て，大学内に吉阪研究室（後にU研究室へ改称）を設立し，
建築設計活動を開始。59年早稲田大学教授に就任。

ボルとなるものだ。たったひとつだが、同時にすべてを含んでいるような、そんな存在であらねばならぬ。

ロンシャンへの解答は、はじめあの丘陵の線の上に、垂直な線と斜めの線ではじめられた。やがてその垂直な線は実体となった時、光と色を呼び込む塔となった。斜めの線は蟹の甲羅にヒントを得た屋根だったが、工作技術の制限からかなり紆余曲折して二重曲面のそりを持ったものに落着した。そして、従来なら最奥にあった内陣は、一番表につくられた。逆転である。

もっとも、日常小人数の礼拝者の時には屋内を、礼大祭の時、大人数の巡礼の来る時には屋外の広場を利用するという機能的な要求をうまく利用したのだ、といえばそれまでであるが、これをそれらしく盛り上げるための多くの装置を必要とする。

破壊された旧礼拝堂の石材を利用した後の壁、そこからラッパ状に拡がる三角形の断面の実質はうすくて、見た目に厚い壁、そこにモデュロールにのっとっていながら、まるででたらめにつけたような深い窓。そして内陣には細いさけ目を通じて内外が一体となり、且つ陰と光の比例でまさしく光る神々しさを出すといった発明がなされている。その奔放な設計を眺めて、正に草書に似ていると感じたのだった。

そしてあらためて自らに云い聞かせるのであった。やはり堅くはあっても真から出発し、確実な組立てを自己薬篭中のものとしてから、はじめてあの自由な世界でも間違いない所に至るのではないか。芸の世界とはやはりそれだけの年期を入れてやっと到達できるかできないかなのだとも。

CHAPELLE NOTRE DAME DU HAUT 1955

ロンシャンの礼拝堂：フランス，ロンシャン

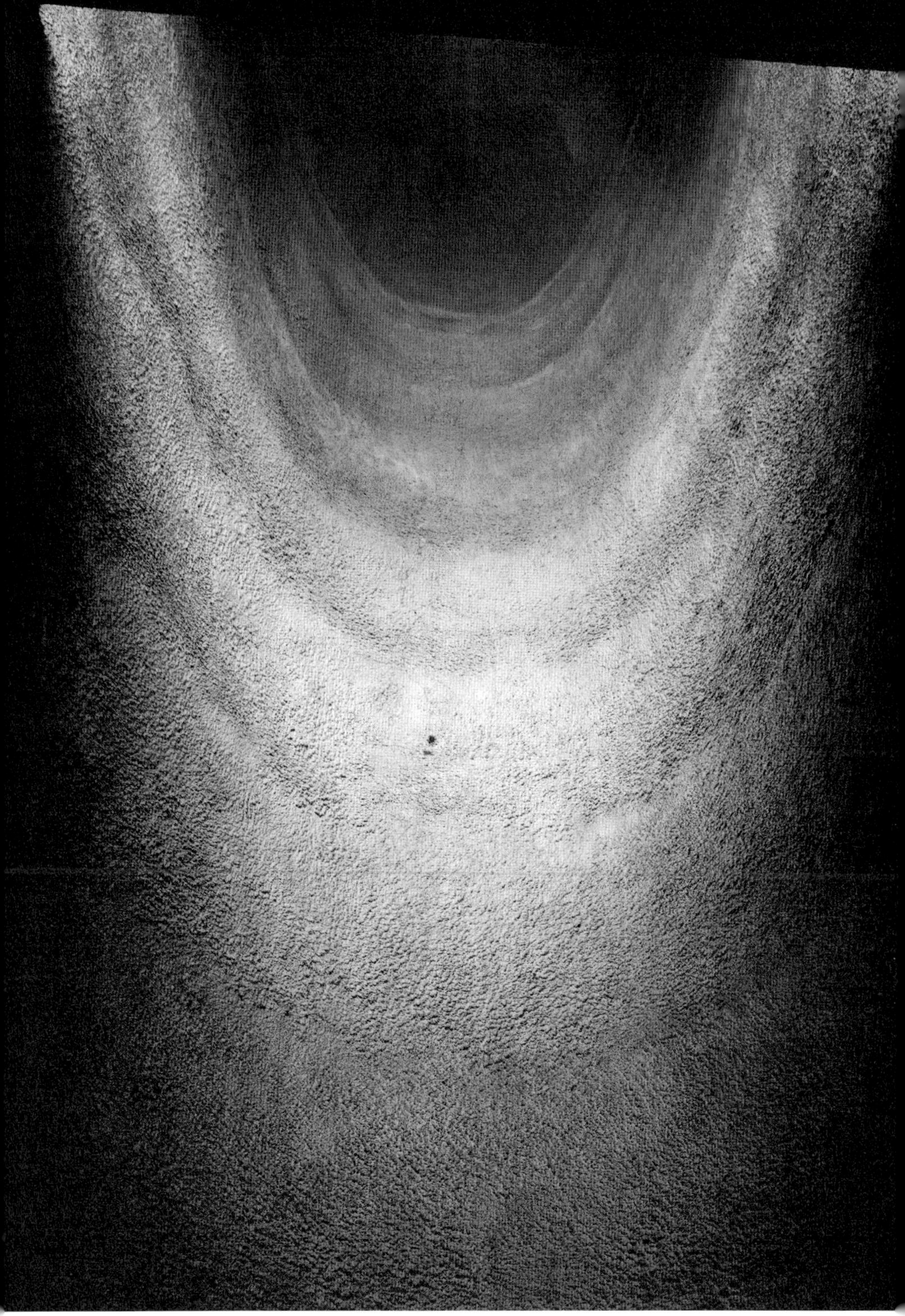

二一世紀に見えてきたル・コルビュジエ

月尾嘉男

1942年愛知県生まれ。東京大学工学部建築学科卒業，都市システム研究所所長，名古屋大学教授，東京大学教授，総務省総務審議官等を経て，現在，東京大学名誉教授。

コルビュジエ再発見!

GA　月尾さんは、以前は建築学科で都市システムやIT社会の研究をされていましたが、最近では地球環境問題やメディア政策など、幅広い関心を持って活動されています。その視点から、ル・コルビュジエのことを伺いたいと思います。

月尾　ぼくは大学では建築学科に在籍し、**丹下健三**先生の研究室にいたのですが、その頃、ル・コルビュジエはブームになっていて、著書もたくさん翻訳されていました。当時、**フランク・ロイド・ライト**、**ミース・ファン・デル・ローエ**、そしてコルビュジエが三大建築家、それに**ワルター・グロピウス**を加えて四大建築家という言い方をしていました。その四人の中で理解できなかったのがコルビュジエだったのです。**前川國男**さんにしても**坂倉準三**さんにしても、コルビュジエのところに修行に行かれたし、**丹下**先生も私淑しておられた。しかし、なぜ多くの人がコルビュジエに憧れるのか、ぼくには理解できませんでした。

自分なりに理解しようと、コルビュジエ全集を買って眺めたり、翻訳された著書を読んだりしましたが、建物の写真を見ても荒々しい形だし、スケッチも上手いとは思えなかった。ぼくがコルビュジエの建物の実物を見たのは**「ロンシャンの礼拝堂」**(一九五五年)と**「チャンディガール」**(一九五一年〜)の都市だけで、いずれも六〇年代のことですが、荒々しい建物で、どうしてこれが凄いのか分かりませんでした。

五〇歳を過ぎる頃に建築学科を離れて、建築全体に関心が薄くなりましたが、そうなったときにコルビュジエの価値が分かったと思えたのです。正しい解釈かは分かりませんが、コルビュジエはヨーロッパの基底にあるケルト文明を現代に体現した人ではないかということです。

かつてヨーロッパ文明の基礎はギリシャ・ローマ文明と考えられていましたが、一九八〇年代頃から、それ以前にヨーロッパ大陸全体に広がっていたケルト文明があり、ヨーロッパの基層をなす文明だと言われるようになってきたのです。これは政治的なこととも関係しますが、十数カ国を統合するEUが誕生する時に、何を統合の根拠にするのかということが議論になりました。

一九九三年にEUの枠組みを決めるマーストリヒト条約が発効しますが、その二年前の一九九一年にヴェネツィアで「最初のヨーロッパ、ケルト人」という大規模な展覧会が開かれ、半年間の入場者が一〇〇万人を超えました。政治的、文化的な共通の基盤が求められ、ケルト文明が脚光を浴びてきた時期を象徴する出来事です。ギリシャ・ローマ文明もヨーロッパの基礎を形づくっていますが、あらゆる地域に広がっていたわけではない。ブリテン島もローマが侵攻したけれども、スコットランドやアイルランドは、その影響を受けていない。東欧も一部はローマの版図になったが、そうではない部分も広い。しかし、ケルト文明はローマがヨーロッパを征服する以前に、広範に拡大していたと言われています。

ストーン・ヘンジ

GA　なぜ、コルビュジエがケルトと関わりがあると考えられたのですか?

月尾　五〇歳を過ぎたころから、ケルト文明やそれ以前のヨーロッパに関心を持つようになり、各地に見物に行きました。例えば、フランスのブルターニュ地方の草原に巨石が綺麗に並んだカルナックの列石という遺跡。アイルランドのバレン高原に残っている巨石文化の遺跡。ニューグレンジの石造の巨大な墳墓などです。これらを見物しているうちに、コルビュジエが設計した建物の多くは、そのような遺跡群に似ているのではないかと思うようになったのです。

「ロンシャン」にしても**「チャンディガール」**にしても、コルビュジエの建物は地面から屹立している。普通の多くの建物は、周辺を上手く整え、建物と環境が一体になるように設計されています。しかし、ぼくの見たコルビュジエの建物は大地からそのまま立ち上がっていて、屹立という言葉が相応しい。カルナックの列石もアイルランドの巨石遺跡も、同じ感じなのです。そして造形も類似しています。**「ロンシャン」**は典型ですが、多くの現代建築が幾何学的な形をしているのに対して、コルビュジエの建物は不定形です。近代技術を反映した**ミース**の建物とは対極的な造形だと思います。そこにもケルトの人々が残した遺跡と似通ったところがある。それらのことから、ケルト文明を反映しているのではないかと勝手に想像しているわけです（笑）。

ミース・ファン・デル・ローエ：クラウンホール

バックグラウンド

月尾　コルビュジエはスイスとフランスの国境に近いジュラ山脈の麓にあるラ・ショー・ド・フォンという町で生まれています。調べてみると、その町を含む広い範囲はケルト民族が活躍していた中心部です。インターネットでスイスの国名は「ch」になっています。これはスイスの国名がコンフェデラチオ・ヘルベチカ、すなわちヘルベチカ連合に由来するのですが、フランス、ドイツ、オーストリアの国境にまたがる地域は、ケルト系のヘルベチア族が住んでいたケルト文明の中心地でした。

ケルト文明が近代になって再発見されるの

は十九世紀中頃です。オーストリア北西部の山奥に、古くから岩塩を掘っていたハルシュタットという街があります。ハルはケルト語で塩という意味で、塩のおかげで古い遺品が腐らずに残っており、それまで知られていなかった文明が中央ヨーロッパにあったということが分かってきました。そのハルシュタット文明に続いて、一八五七年にスイスのヌーシャテル湖の北岸にあるラ・テーヌで大量の鉄器が発見され、これもケルト文明の遺跡だと分かりますが、このラ・テーヌとラ・ショー・ド・フォンは十数キロの距離なのです。

　そのように考えてみると、コルビュジエの生まれ育った環境の中にケルト文明が生きていたのではないかと思われるし、若い時代にヨーロッパ各地を旅行したときに、十九世紀中頃から知られるようになったケルト文明を汲み取っていて、それが彼の造形とか、思想に反映しているのではないかと想像されます。

ル・コルビュジエ：ロンシャンの礼拝堂

　ぼくの意見は建物を見た直感なので、本当にコルビュジエがケルト文明を意識していたかについては、専門家に研究してもらえたらと思います。コルビュジエの幼少時代の経験や受けた教育、書簡などを研究することで、ケルト文明の影響が明らかになれば、新しい解釈で画期的だと思います(笑)。

GA　モダニズムの前にゴシック・リバイバルがあったことが重要だと、**鈴木了二**さんが指摘していました。ゴシック(=中世)は、ギリシャ・ローマというよりは土着の流れだと思いますし、その後のアール・ヌーヴォーでは、ケルト装飾も評価されています。ラ・ショー・ド・フォン時代の先生である**シャルル・レプラトニエ**は、アーツ・アンド・クラフツの造形思想に通じていて、コルビュジエにも自然の研究を基礎にした装飾や文様を教えたそうです。

月尾　ケルト文明を特徴付ける文様といえば、輪廻転生と関係があると言われる螺旋、渦巻（ケルティック・スパイラル）です。

GA　コルビュジエの造形においても、初期の頃から螺旋や渦巻はキーワードです。最初に螺旋をスケッチに描いたのは、中央ヨーロッパへの旅行中だと言われています。

月尾　それをケルト文明として明確に意識していたのかは分かりませんし、ケルト文明の影響を受けた芸術作品を経由して影響を受けたかもしれません。しかし、ヨーロッパにはギリシャ・ローマ文明起源以外の文化も多く残っているわけですから、それが作品の表現に現れたということもなくはないと思います。

　彼はフランスに長く生活していましたが、フランスにはゴロワとかゴールといわれる伝統があります。それはケルトのことです。

　ヨーロッパ大陸の中央に生活していた人々を、ギリシャ人はケルトイとかガラタイと呼んでいましたが、後者はフランス語でゴールとかゴロワになり、いずれもケルト民族のことです。

　それを駆逐したのが**カエサル**に象徴されるローマ人です。そういう意味で、フランス人はアンチ・ローマです。戦後、フランスの大統領になった**シャルル・ド・ゴール**は「ゴールの」という意味ですが、彼が絶大な人気を得たのは、この名前のせいもあると言われているくらいです。また、フランスで人気のある非常に辛いタバコの名前は「ゴロワーズ」ですが、フランス人が日常生活の中でもケルトに愛着を持っていることを示しています。そういう社会でコルビュジエは長く生活していて、ローマ・ギリシャ的な文明に対立する社会の気分に触れていたことは十分に考えられます。

コルビュジエが日本で人気があるワケ

月尾　ケルト人がヨーロッパ全域に広がっていた時代、ヨーロッパは大森林地帯でした。その森林とともに生きていたケルトの文化の本質はアニミズムです。特にオークの木や泉を信仰する自然崇拝でした。そして、それ以後のギリシャ・ローマ文明が森を消滅させてきたというのがヨーロッパの歴史です。その森の消滅と並行して、ヨーロッパにキリスト教が浸透し、自然崇拝も衰退していきますが、その自然崇拝が現代文明の中で残っている場所が世界に二カ所あります。ひとつがアイルランド、もうひとつが日本です。

GA　そのことが、日本でのコルビュジエ人気の理由でしょうか。

月尾　そういう一面があると思います。多摩美術大学の鶴岡真弓教授によると、中央ヨーロッパから発したケルト文明が、一方は**カエサル**によって西に追いやられ、最後にスコットランドとアイルランドに残った。一方、東に追いやられた一部がロシアに残っている。ケルト人が日本まで追いやられたわけではないけれど、日本はユーラシア大陸の東端にあり、西端にあるスコットランドやアイルランドと地理的には対称的な位置にあるというわけです。

つまり、ギリシャ・ローマ的なものが及ばない最果ての島として日本とアイルランドが残ったということです。そのような意味で、日本人はアニミズムを背景とするケルト文明に親近感がある。それはいろいろな面で日本社会に現れています。

例えば、明治になって尋常小学校で唱歌を教える時に、西洋音楽(洋楽)か日本音楽(邦楽)かという大論争がありました。結果として洋楽を教えることになり、邦楽は日本の社会から切り捨てられてきたという歴史があります。しかし、ぼくは切り捨てた文部省の役人にも「多少の良心があった」と言っているのですが、どの西洋音楽を導入するかという時に、ケルトの民族音楽をかなり採用したのです。例えば、**「蛍の光」**はスコットランド民謡、**「庭の千草」**はアイルランド民謡で、ケルトの音楽です。どちらも五音音階で、日本の伝統的な音階と似ています。文部省の役人が外国に留学して、日本の音楽をどうするかを考えたときに、日本人にとっては違和感の少ない音楽を意図的に導入しているわけです。

長年、世界はギリシャ・ローマ文明に依存した西洋像を考えてきて、日本も明治以後の文明開化の歴史はほとんどそこから出発しています。ところが、ヨーロッパ自体での歴史認識が二〇〇〇年ほど遡り、ケルト文明が注目されるようになった。現在は、森林と共に生きてきたケルト文明が再発見され、ギリシャ・ローマ文明と並ぶ、もうひとつの根源だと理解されている。

日本も森の中に生きていた縄文時代が根源にあると考えると、アイルランドに共感を持ちやすいことも納得できる。そう考えるようになってから、コルビュジエの建築の意味と日本での人気の原因が分かったと思えるようになったのです。

初期の住宅

GA　初期の住宅は、白く、幾何学がベースで、モダニズム建築の教科書のように言われてきました。現在、そのように腑に落ちてから、見方が変わりましたか?

ル・コルビュジエ：サヴォア邸

月尾　**「サヴォア邸」**(一九三一年)や、原理だけの**「ドミノ・システム」**は、そうではないと思います。もちろん、コルビュジエもヨーロッパに生活している以上、ギリシャ・ローマ文明の影響はあり、ヨーロッパ各地も旅行していますから、

その経験が混じっているでしょう。

しかし**「ヴィル・ラディウス」**(「輝く都市」、一九三〇年)に描かれた絵を見ると、すでにギリシャ・ローマ的なものから離れている気がします。**ミース**の図面のように定規で描いたものではなく、手描きの線が太くなったり細くなったりしている。**「マルセイユのユニテ・ダビタシオン」**(一九五二年)は**「輝く都市」**の一部を実現したということになっていますが、**「サヴォア邸」**とは全く違う荒々しい表現です。それが**「輝く都市」**の絵にはすでに現れている気がします。そして**「チャンディガール」**になると、完全に大地に対抗するような雄々しさ、荒々しさがあって、

抽象的な原理とは異なっています。

コルビュジエの自然観

GA 「**輝く都市**」には、樹木、緑への意識が強く見られます。地表は緑で覆われる。また、屋上緑化を初めて提唱したのもコルビュジエかもしれない。**建築の五原則**でも、屋上庭園の説明には、コンクリートの構造物では、雨仕舞いも含めて土を上に載せ、パネルを敷き、躯体をいたわり、室内環境も改善するべきと書かれている。それは現代を先取りする、独特の自然観を持っているようにも感じます。単純に自然に対立する人工の構造物と捉えていないような……。

月尾 一見すると地面から飛び出て自然と対立しているようですが、より広く見ると、巨石文明のように大地と一体という感じがします。現代の都会に建っている、良く言えば繊細、悪くいえば脆弱な建物と違い、大地＝ガイアという概念と一体になるような力は、四大巨匠の中でもコルビュジエの建物が圧倒的です。

ル・コルビュジエ：マルセイユのユニテ・ダビタシオン

GA EU時代のヨーロッパにとっては、コルビュジエは重要な人物でしょうか？

月尾 建築の分野では重要だと思います。ぼく自身も、かつては偉大さが分からなかったのですが、現在、誰に関心があるかといえばコルビュジエです。

ケルト文明は現代社会でも再評価されています。例えば、U2やエンヤなどの音楽が、日本だけではなく世界的に人気です。ケルティック・ウーマンという音楽グループや、舞台「**リバーダンス**」がヒットしたのは記憶に新しい。U2は環境活動にも熱心で、リーダーの**ボノ**は、各国の元首に自由に会えるくらいの政治力があるとも言われています。

経済の分野では、アイルランドはケルティック・タイガーと呼ばれ、ほんの四〇年前にはECのお荷物と言われていたのに、現在ではEUの優等生です。

一九七〇年代のアイルランドは、ヨーロッパ諸国の平均収入の六割ほどしかなく、失業率も二桁でした。北アイルランド問題を抱えて紛争が絶えず、企業進出も敬遠されていた。しかし、二〇世紀末に、大統領**メアリー・ロビンソン**が北アイルランド問題を解決し、政策的にもIT産業の育成に注力し、上向き始めました。第一公用語のアイルランド語とともに英語も公用語として話すために欧米の企業が進出しやすく、勤勉な国民性もあって、急成長を遂げたわけです。この数年で一千社以上の先端企業がアイルランドに進出しています。そしてEU全体の基層となるケルト文化がもっとも残っていることも追風になっています。

さらにEU諸国が積極的に取り組んでいる、地球環境問題の影響も大きい。日本は明治になって西洋文明を取り入れたのですが、デカルト以来の西洋文明の最大の特徴は、人間と自然を分けるというところにある。人間が発展するために、自然を収奪することに疑念を抱かないような宗教がユダヤ教やキリスト教で、近代科学はそれを可能にする理論をつくってきたという歴史です。地球に十分な余裕のある間は、そういう収奪をしても問題ではなかったのですが、その余裕がなくなってきた現在、これまでの人間と自然を対置する哲学や思想は限界に近付きつつあります。

どうするかという視点から登場したのが、開発してしまった自然を復元する事業や、東京でも条例を作った屋上緑化です。簡単に言えば「自然を再生する」という発想が出てきています。その意味で、行き詰まった現代文明を救うかどうかは明確ではないけれど、代替する文明として期待されるのがケルト文明と日本文明だということです。

森羅万象に魂があるとか、自然に精神性を認める文明が、もう一度見直される時期に来ていると思います。それもヨーロッパがケルト文明に深い関心を示している背景です。そういう流れからすると日本人も伝統的なものを見直すべきだと思います。

不幸だったのは、明治以降、神道を国家宗教にしたために、それに対する拒絶感が現在にも尾を引いていることです。しかし、神道の本質はアニミズムだから、環境の世紀になった現在、もう一度それを正しく評価する必要はあると思います。

GA 環境時代に、ケルトや日本の文明のあり方がヒントになるとすれば、四大建築家の中でコルビュジエが最もそこに通じているということですね。

月尾 そうだと思います。ミース的な建物は現代都市に溢れ過ぎています(笑)。それは限界に近付いている近代思想と近代技術を象徴しているわけです。

(聞き手/山口真)

SANSKAR KENDRA MUSEUM 1958

サンスカル・ケンドラ美術館：インド，アーメダバード

MAISON DU BRÉSIL
CITÉ INTERNATIONALE UNIVERSITAIRE
1959

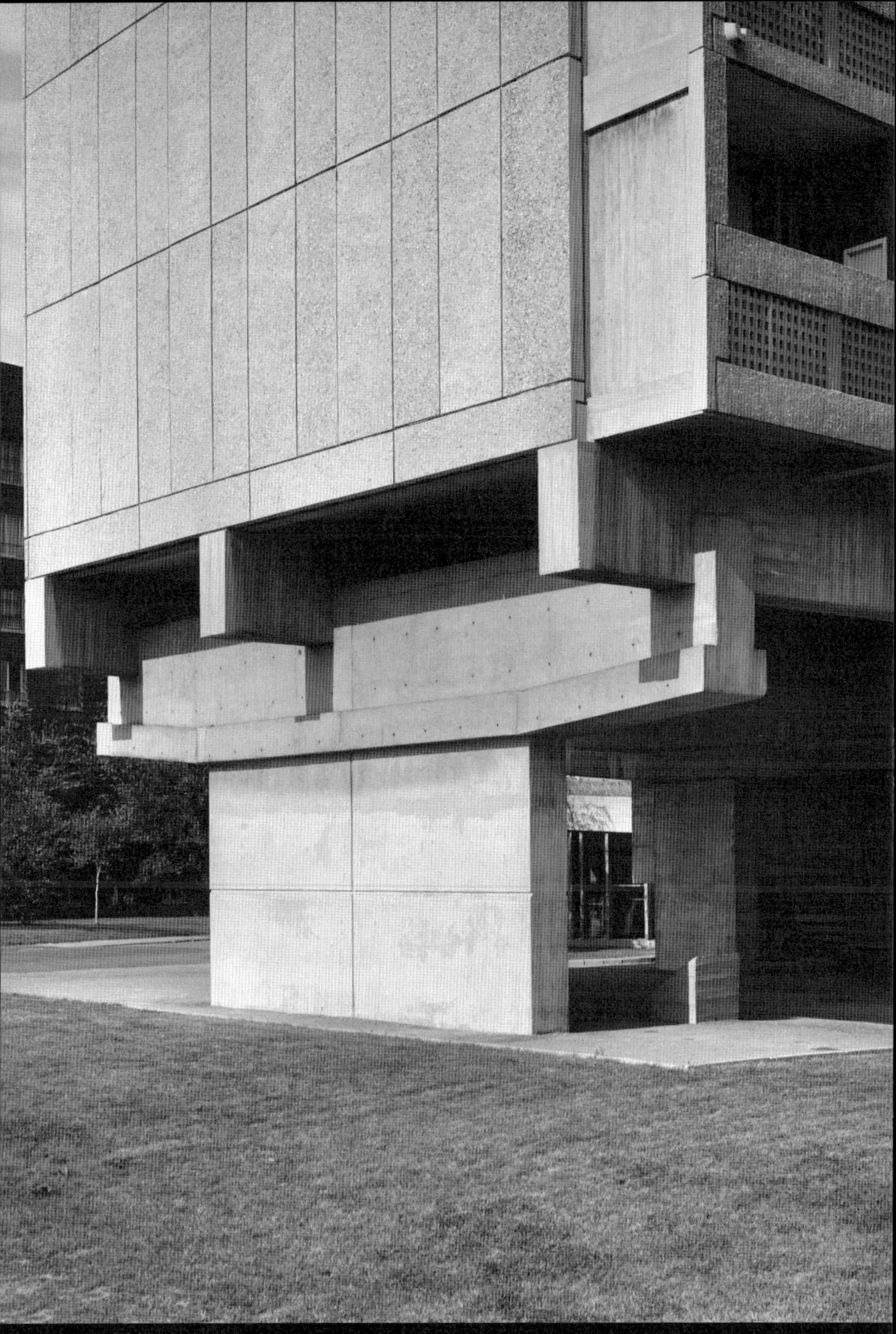

ブラジル学生会館：フランス, パリ

原理を応用する難しさ

隈研吾

1954年神奈川県生まれ。東京大学工学部建築学科卒業，同大学大学院修了。コロンビア大学客員研究員，ASIAN CULTURAL COUNCIL給費研究員を経て，86年空間研究所設立。90年隈研吾建築都市設計事務所設立。現在，東京大学教授。

優れた応用編

二川　コルビュジエ自身の個人史における、**「ロンシャンの礼拝堂」**(一九五五年)と**「ラ・トゥーレットの修道院」**(一九六〇年)といった二つの作品の特異性と、モダニズム建築史の位置付けについては、様々な側面で語れると思います。**「ロンシャン」**や**「ラ・トゥーレット」**は異物であって、老境の域に達した巨匠の反語的遺言だと評価する人もいれば、近代建築を教科書的につくり続けてきたコルビュジエの本当の姿だと言う人もいる。

　何れにしろ、近代建築史において、この二つの建築がトドメを刺しているのか、はたまた、新しいフェーズを彼なりの提示の仕方で見せたのかを、隈流に語っていただきたいのです。

隈　**「サヴォア邸」**(一九三一年)に代表される前期の作品群と、今回のテーマである二つの建築が一個人の作品であるということは、「人間とは如何に老いるべきか?」や「如何に死ぬべきか?」という人生論と捉えた時、もの凄く深い教訓を孕んでいる気がします。

　二〇〇七年、**黒川紀章**さんが亡くなったことで、「どのように死ぬか?」は作家にとって、とても重要だと思えたんです。後世に、どのようなメッセージを残せるか?　つまり、自分の死に方の演出みたいなモノを、黒川さんの逝去以降、考えるようになりました。

　その際に、**「ロンシャン」**と**「ラ・トゥーレット」**、二つの建築が建築的レッスンとして、とても上手くできていると感じます。「原理」と、それを現実に適用した時の「リアリティ」の絶妙なバランス。特に、「原理」を適用した時に発生する、様々な軋轢や諸問題をどう解決するかという、建築家にとって最大の課題への対応を考えた際、原理編と応用編を一対になって見せたコルビュジエは、やっぱり凄い。

その結果は、人々の期待を裏切っているわけでもないし、もちろん、晩年を汚しているわけでもない。「原理とは、その応用において、必ず変形を被るんだ」ということを、ぼくたちに教えてくれたことは、建築に携わっているあらゆる人間にとって、最大の福音を与えてくれたのではないか。

二川　つまり、二つの建築はあくまでも「応用」であると？

隈　ぼくは、優れた「応用」だと思う。「原理 vs アンチテーゼ」に一見、見えるけれど……。それは、テクスチャーなど部分的な所にばかり、目が行くからじゃないでしょうか。

例えば、**「ラ・トゥーレット」**は、基本的にピロティですよね。ピロティとは、大地から切断すると言いながら、実際には、大地との間に色々な場所ができる。切断することによって「何もない空間」が生まれるのではなく、「切断の間の空間の創造」が第一義なわけです。そこに、どれだけ奇妙な可能性が秘められているかを、**「ラ・トゥーレット」**は示してくれている。

その後、コルビュジエのピロティを真似した人間は山ほどいるし、二〇世紀においてピロティは大原理になったわけだけれど……。**「ラ・トゥーレット」**のような形で、切断部に関して想像力を全開した建築家は、他にいなかったと思う。現代建築のピロティは、どれも寂しい空間だから、尚さら**「ラ・トゥーレット」**が浮上してしまう。

二川　大体、ピロティをヴォイドとしてしか処理していない。だけど、戦前のコルビュジエが原理としてアプローチしていた作品群は、むしろ、ワザと空虚なヴォイドになるように表現していたのではないでしょうか。想像性を排除

ル・コルビュジエ：ラ・トゥーレットの修道院

し、自分の欲求を戒めるために建築的規則をつくった結果であり、その規則自体が近代運動の大衆化におけるマニフェストになった。

一方で、「ロンシャン」における「応用」とは、どのような部分に見られるのですか?

隈 エレメンタリズムです。あらゆるモノをエレメントに分けていって、複数のエレメントの組み合わせとして形をつくっていく。「ロンシャン」は、見事に複数のエレメントに切れていますよね。

各壁が完全に自立/分裂していて、壁と屋根も大きく分節されている。実は、各エレメントがパラパラしているけれど、そのままで終わらず、一種の別な統合を生み出している。しかも、パラパラしている壁の裏側に、屋外の祭壇スペースが突然、出現したりする。

エレメンタリズムにおいては、トーマス・リートフェルトのように分離した各エレメントをパサパサに乾かすイメージがあるけれど……。「ロンシャン」では、エレメンタリズムだって、求心的なエネルギーを持ち得るような、反転を感じるのです。

ル・コルビュジエ:ロンシャンの礼拝堂

二川 それは、何がモチーフになっているんでしょうか? 人によっては、「ロンシャン」を「とてもセクシャルな空間(=女体)」と評したりもします。

隈 パサパサだった原理に対して、一種の求心力を込める時に「女体」や「男性器」などを総動員するわけです。それだけのエネルギーが、そもそもコルビュジエの中に備わっていたから、自ら唱えた原理もパサパサの状態では終わらない。

タガの外れ方が大切

二川 それは、アーティスト・サイドのコルビュジエの感性に他ならないわけです。パサパサのアカデミックな「近代建築の巨匠」である所のコルビュジエとは、対極にあるモチーフだと思う。

建築家コルビュジエと、アーティスト・コルビュジエの闘いや葛藤において、常にアカデミズムである建築が上位にあったのに、**「ロンシャン」**と**「ラ・トゥーレット」**でタガが外れてしまった。その際に、**ヤニス・クセナキス**がバックアッパーとして登場してくるのですが、もの凄くハード・ライン指向の人だったわけです。数学的に全てをハード・ラインで描く。片方で、老境の域に入り掛けている巨匠は「フリーハンド的なことしか触りたくない」節も見え隠れしている。

つまり、自分のつくり上げた「原理」は人任せにしておく。偶然、それができるプログラムだったのかもしれないけれど……。二つの建築における突出の仕方は、それだけでは説明しきれない程、極端だとも感じます。

隈　「タガが外れた」くらいで、丁度いいんじゃないかな。「この人、ボケて昔の原理を忘れちゃったんじゃないの?」という程度になって、初めて「応用」と言えると思う（笑）。「応用」とは、それ位の果敢さがないと駄目なんだということを、ぼくはコルビュジエのメッセージとして受け取るんだよね。コルビュジエから抜け出せない人間の言う「応用」は、単なる「模倣」でしかない。

普通、「タガが外れたような表現」なんて、できないよね（笑）。ある程度、経験を積んでいくと「自由になりたい」と皆、言うけれど……。通常、経験は拘束する方向へ働くから、経験を積んだ上で自由になれる作家は、コルビュジエや**パブロ・ピカソ**など、僅かしかいないわけです。

ピロティに代表される「原理」自身は、極めて青臭いメッセージだと思うけれど

ル・コルビュジエ：ロンシャンの礼拝堂

……。「原理」とは、こんなに豊かなモノを生み出せるという「タガの外れ方」が、コルビュジエ最大のメッセージだと思う。

制約から生まれた自由さ

二川　モダニズムというイズムと、アーティスト個人の対比。コルビュジエは、個人史が一貫して情報として残っているから、隈さんのような解析が可能なのかもしれないけれど……。

　少なくとも現代は、一代記みたいなモノが流行らない時代ですよね。作家なりアーティストなりの人生をなぞることができない時代に、人生訓以外のコルビュジエ評価を期待したいですね(笑)。

隈　コルビュジエは最初から、建築よりアートの方を自由にやっているわけです。

　例えば、彫刻ではオーガニック・フォームしか扱っていないと言っても過言ではない。でも、対立を内包していないオーガニックって、あまり面白くないですよね(笑)。

二川　**フェルナン・レジェ**などのアーティストに憧れはあったでしょうけれど、「自分は画家として一流ではない」という自覚もあったと思う。上手いけれど、アーティストとしては**ピカソ**には到底及ばない。

隈　コルビュジエの彫刻を見ると、確かに自由な感じはあるけれど……。ぼくの言い方では、「制約から生まれた自由さ」ではなくて、「最初から自由という与件の上で成立している自由さ」なんです。だから、とても退屈な「自由さ」に感じる。

　でも、**「ロンシャン」**や**「ラ・トゥーレット」**になってくると、現実の制約にぶつかった上で生まれた「自由さ」、「タガの外れ方」になってきている。結果的に、そこで表現されている自由に、緊張感があるんだよね。それは、建築という表現だけが獲得しうる自由さだという気がする。

　同じ職業を生業としているすべての人間にとって、未だにコルビュジエが圧倒的な存在感を示しているのは、まさに、そのメッセージ力からだと思います。そう考えていくと、アートの下手さも含めて、建築的に強いメッセージになり得ている。

「制約からクリエーションが生まれる」と個人的に言っているのですが、**「ロンシャン」**や**「ラ・トゥーレット」**は、ぼくから見ると、そういうモノの最高度に完成されたサンプルに見える。つまり、アート的な「与件としての自由さ」ではなくて、「建築的与条件から生まれる自由さ」のベスト・サンプルなのです。

矛盾ギリギリの飛躍

二川　コルビュジエ以降、この二つの建築によるメッセージは、どのように生きているとお考えですか?　例えば、**オスカー・ニーマイヤー**のような、享楽性だけが全面に出ているような建築に通じているのでしょうか?

オスカー・ニーマイヤー: オカ・パヴィリオン

隈　オーガニック・フォームを与件として受け止めた上で表現している建築には、あまり興味が沸きません。それは、コルビュジエの彫刻を見ているような退屈さがある。

「ロンシャン」や**「ラ・トゥーレット」**で圧倒的なのは、先述のように「原理vs現実」の葛藤です。もうひとつは、凄く厳しいコスト的制約を跳ね返す葛藤。あるいは、「現代においても宗教施設が可能か?」という、ギリギリな建築的問題を突きつけられた上での解答だということ。大巨匠に向かって「予算も豊富にあるから、自由な造形の文化施設をデザインしてください」というプロジェクトとは、まったく質が違う。

ニーマイヤーの建築を見ていると、「巨匠!　オーガニック・フォームで好きにデザインしてください」という前提を、ヒシヒシと感じてしまうでしょ(笑)。下手すると、老境ってそうなってしまう。

一方で、コルビュジエは難しいプロジェクトを与えられたということだけを取っても、一種の運を引き寄せてきている感じがする。「難しさを引き寄せる」のも、強運の範疇ですよね。

もちろん、**「ロンシャン」**や**「ラ・トゥーレット」**は、**ニーマイヤー**のように、曲線の持っている享楽性に対する根っこであることは確実でしょう。あるいは、**「サヴォア邸」**にみられる抽象化ではなく、「物質の具象性」みたいなモノの方向性における根っこでもある。

ただし、コルビュジエのように、あれだけ抽象化していた人間が、敢えて具象化に踏み切った時の、一歩を踏み出す極度の緊張感が、一番大切なのでしょう。ギリギリの所で見せる飛躍が持っている、輝きや素晴らしさを、ぼく個人も表現したいと思っているわけです。「前作とまったく

違う!」と感じられた、その飛躍自体に何らかの新しいメッセージを込めたい。

二川　それは、矛盾ではない?

隈　その飛躍自体に、そもそも持っていた原理の本質が突然顕れる。そのような「矛盾ギリギリの飛躍」が作家の中で起きた時、それを見ている第三者は、ハッとしながらも、何らかの感動を覚えるんじゃないかな……。**ピカソ**の絵画だって、矛盾ギリギリの所で幾つかの飛躍があって、そこが観賞者にとってはタマらない(笑)。

人間って、色々な矛盾を秘めているわけですよね。ひとつの側面を抑圧したままで終わってしまう人もいるけれど、たまに矛盾自身を昇華して、もうひとつ上のレベルに到達できる人もいる。そんな状態に、あらゆる表現者は憧れている筈です。

人生のほとんどは、ある一面を抑圧しながら生きていかなければならない訳だけれど、時々、そのような矛盾自身をエネルギーに置換できる瞬間が存在する。芸術や建

築における一番の魅力は、その「矛盾を昇華する一瞬」に立ち会うことじゃないでしょうか。
「矛盾を昇華する一瞬」は誰にでも存在し得るわけですが……。それを形にして第三者に見せてくれる所が、芸術における一番の醍醐味だと思います。

二川　基本的には、とてもパーソナルな問題だということですか？　巨匠が**「ロンシャン」**と**「ラ・トゥーレット」**を実現し得たのは、あくまでも偶発的な瞬間を掴めたからであって、イズムとは対極にある、個人のアート作品に近い現象とも考えられます。
建築がアートになり得る可能性を見せているけれど、その実現自体はコルビュジエ自身で完結してしまっている。

隈　建築がアートになり得るのは、パサパサした原理があることが前提で、それを抑圧していたモノが吹き出てくる一瞬でしかない。最初からアートを目指して、素材性へ行っても駄目なわけです。原理があるからこそ、アート性も加味される。

ル・コルビュジエ：ラ・トゥーレットの修道院

二川　**ニーマイヤー**のように、最初からアートを目指す人が、コルビュジエの後を追従してしまったから、モダニズム自体がおかしな方向へ行ってしまったのかもしれません。つまり、読み方自体が間違っていた？

隈　そこが重要だと思う。「モダニズム的原理の反転」という可能性が、コルビュジエの二つの建築によって全開してしまったから、その後は同じ原理を二度使いできなくなってしまった（笑）。そういう意味で、コルビュジエの晩年は「モダニズムに最終的な死を与えた」という言い方もできるかもしれない。

自動的に発生する部分

二川　**「ロンシャン」**と**「ラ・トゥーレット」**について、それぞれ具体的な空間分析もしていただけますか?

隈　具体的な部分は、コルビュジエ自身、どうでも良かったんじゃないの?(笑)

なぜならば、きちんとしたオリジナル原理のある人間は、部分って自動的に発生してくるものだから……。具体的な敷地やクライアントからの与件に、原理をぶつけただけで、自動的に発生するものが沢山ある。

そういう意味で、ある種のスポーツ感覚が要求されるわけです。球が来たら、勝手に体が動いてしまう状態に近い。

二川　反射神経の勝負だと(笑)。

隈　後は、技術的に打ち返す方向や強弱をコントロールするだけ。

二川　その例えは、とても良く解ります。

隈　打球が、野手の間をもの凄い高速で抜けたり、ホームランになったり……。原理さえあれば、様々な球筋で打ち返すことが可能なわけです。**「ロンシャン」**と**「ラ・トゥーレット」**は、どちらもそういう感じがする。

二川　各々のエレメントを微細に評価するのは、そもそもオカシイと?

隈　すべてが、アクシデンタルにできているわけだから。

二川　それこそが、二つの建築を難解に見せている原因だと思います。

隈　様々な人が、色々な空間分析を行っているけれど、コルビュジエ本人は天国でそれを聞いて、ほくそ笑んでいると思うな(笑)。

二川　ある意味で、乱暴に振り回すことによって、ひとつのモノをつくり上げる能力もあったんでしょうね。だけど、優秀なバッターは、レフト打ちやライト打ちなど、ある種の自覚があった上での偶発性で打率を稼いでいるわけです。

隈　もちろん、闇雲に振り回していたわけではなく、「スイングとはこういうモノだ」と同様のベースはあったと思う。その原理さえあれば、どんな球でもライト打ちしてヒットにできる筈です。それと同様の境地を、二つの建築には感じる。

二川　モダニズムというイズムをベースにした時の、コルビュジエ的スイングの基本は？

隈　何て言ったらいいか……。

二川　建築自体が原理であって、反射神経の部分は全く別分野なのかもしれない。**長嶋茂雄**さんに野球理論を語らせても意味がないのと同じレベルで、アーティスティックな感性としか言いようがないのでしょうか？

　それは、今回の重要なテーマのひとつでもあるんです。アーティスト・コルビュジエとは、一体、どんな人間なんだ？ 原理をつくり出したコルビュジエとは対極にいる、アーティスト、もしくはデザイナー・コルビュジエの感性を紐解きたいのです。

隈　コルビュジエ的スイングの基本は、ボディかな。結局、建築というのは、人間の身体を表徴した芸術なんだと。それは、身体の形に限った話だけではなく、どのような反応をするのかも含めて……。何れにしろ、「建築における身体」に対して、異常にセンスが良い人だったと感じます。

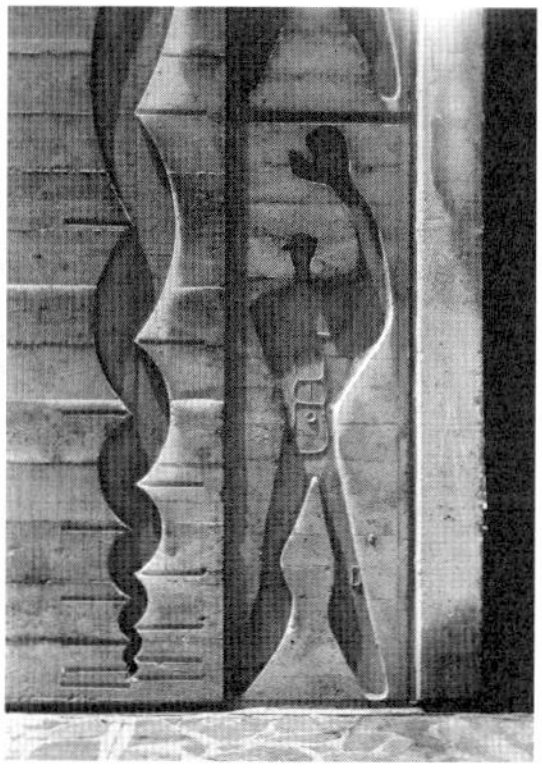

モデュロール・マン
（マルセイユのユニテ・ダビタシオン）

　それを補完するような、様々な逸話がありますよね。女好きという噂や、モロッコのエロ写真を蒐集していたというエピソードだったり……（笑）。

二川　健康的な話としては、「泳ぎ好き」でも有名です。**モデュロール**にしても、妙に身体に対してコンシャスな部分を感じます。それは、**ピカソ**にも通じる所がある。

隈　**ピカソ**よりもコルビュジエの方が、ある意味で人格を捨象した身体そのものを感じる。

　数年前、MoMAで開催された「**Picasso and Portrature**」を鑑賞したのですが、各時期に付き合っていた女性に呼応した絵画を描いていたというキュレーションが新鮮でした。つまり、身体性にも**ピカソ**自身の人生やエピソードが反映されている。

一方で、コルビュジエにおける身体性は、人格すら切り落とした、「生々しい人間のカラダ」というイメージが強い。**モデュロール**が最たる例だと思うけれど、あそこまで人間の体を人格さえ消えたカラダに還元している。そこまで動物的な表現者は、他にいなかったんじゃないでしょうか。

二川　でも、サイボーグまではいかない訳ですね。

隈　確かに。あくまでも、血が通い、肉のある躰なんだけれど、「顔が無くてもいい」くらいの変態性は加味されている。

アメリカへの影響

二川　個人的に、コルビュジエが二つの建築に至る経緯のキーワードとして考えていたのは、「戦争」です。

戦前のモダニズムが目指していたモノは、ドイツのナチズムやイタリアのファシズムが目指していたシステマティックな部分と、ある意味で呼応していますよね。

戦後の表現主義的芸術の隆盛は、その反動によるものだったと思うし、コルビュジエ自身も意識的に時代の潮流に載ったのではないでしょうか。それは、今回のテーマである二つの建築だけでなく、**「チャンディガール」**（一九五一年〜）にも見え隠れしているように感じます。

隈　戦後の表現主義って、アメリカ的な価値観がリードしていったと考えると判りやすい。

二川　具体的には？

隈　表現主義でも、戦前のドイツ表現主

ル・コルビュジエ：チャンディガール（左：総合庁舎、右：州会議堂）

義ではなくて、戦後の「性の開放」に代表される「アメリカ的自由」を内包した肉体と連動した表現主義が出てくる。例えば、**ジャクソン・ポロック**のようなアーティストが、その代表でしょう。

　それらと比べても、「コルビュジエの方がエロいな」というのが正直なところです。それは、ヨーロッパ的な重い抑圧が発散する瞬間の輝くようなスパークが、建築空間に感じられるから（笑）。

　アメリカにおける表現主義って、『**PLAYBOY**』のピンナップみたいで、とてもペラペラに見えてしまう。

　当然、コルビュジエは、そのような時代の流れを意識しながら、「どう与《くみ》するのか？」もしくは「どうアンチテーゼを出すのか？」を、動物的に判断していたと思う。その結果、アメリカ的な表現主義に対して彼の出したカウンターは、一瞬にしてアメリカ流ピンナップを抜き去る力があったと思います。

ル・コルビュジエ：
チャンディガール高等裁判所

二川　特に戦後のコルビュジエは、アメリカに対する意識が、大なり小なりあったでしょうね。コルビュジエは、**「国際連合本部ビル」**でヒドイ目に合わされましたから……。
隈　あのピンナップ風エロチズムを、強烈に意識していたんじゃないでしょうか。
二川　戦後になると、アメリカでの仕事も行っているので、既に「国連事件」は過去の出来事として、「アメリカに対する和解」という意識はあったとは思います。
　ただし、コルビュジエが**「ロンシャン」**や**「ラ・トゥーレット」**のような作風を打ち出すことで一番、被害を被ったのはアメリカだったんじゃないかとも言える。
隈　それはどうして？
二川　十九世紀までは、ボザールという建築家養成システムがあったわけです。モダニズムというイズムも、同様の系統化された教育システムを持っていた。戦後のアメリカは、そのモダニズム的システムに一番、載っていました。『Time Life』のハウツー本のように、民主的な教育機関でマッスな学生を教えるための手段として、教則本的な教育体系（＝モダニズム）を使っていた。

　でも、その巨匠たるコルビュジエが、戦後になって「個人の問題」として建築をつくったが故に、混乱を来してしまった。ブルータリズムがアメリカに及ぼした問題の起因は、それが基になっている。

マニュアル化された身体と生身のネチっこい肉体

隈　やっぱり、アメリカの最大の欠陥は、肉体音痴なことだと思う。

二川　一週間に一度しか躰を洗わない当時のフランス人と比べたら、毎日シャワーを浴びるアメリカ人は、身体性とは対極にある「清潔性」を重んじていた。

　そんな潔癖性になっていた戦後アメリカ建築界に、コルビュジエによるエロ建築がポンと提示されてしまったら、少なくともアカデミズムは困ったでしょうね。教えようのない表現だった。

　その反動としてポストモダンを捉えると、言語化された建築を再度、ボザールから引っ張ってきて教えやすいように仕立て上げたとも考えられる。

隈　そう考えると、やっぱりアメリカって「マニュアル主義」なのかな……。肉体すらマニュアル化して、「朝起きたら、直ぐに歯を磨きなさい」から始めたがる。
　例えは悪いけど、優秀な売春婦は、暗がりの中でも直ぐに人種を見極められるらしいのです。アメリカ人の判断材料は、非常にマ

ウォーレス・ハリソン＋マックス・アブラモヴィッツ
（基本構想：ル・コルビュジエ、オスカー・ニーマイヤー、他）：
国際連合本部ビル

ニュアル的な行為に及びたがること。それと、ゴムを嵌められても気付かないこと。まるで、自分の躰が自分のモノでないように行うそうです（笑）。

二川　日本人も、アメリカ的マニュアル化が進行しているんじゃないですか？

隈　そういう意味で、日本人も売春婦にバカにされている人種のひとつらしいよ（笑）。

二川　何れにしろ、ヴァーチャル向きな性癖ですね。

隈　まさに、二つの国がスムーズに、モニター上に表現されるヴァーチャル物に移れたのは、「自分の躰が自分のモノじゃない」という感覚が潜在していたからだと思う。

二川　自分がアテにならないのは、現代において全世界的な傾向ですね。こういう時代では、**「ロンシャン」**や**「ラ・トゥーレット」**の有効性は薄いかもしれない。

隈　逆に、「自分の躰」という感覚が薄れている世の中だからこそ、有効だと思うな。現代でも残っている独特のネチッこさで、本当に身体が肉体性を保ち続けているようなヨーロッパの力を、コルビュジエの二つの建築は、二一世紀に入っても誇示しているんじゃないでしょうか。

（聞き手／二川由夫）

MUSÉE NATIONAL
D'ART OCCIDENTAL
1959

国立西洋美術館：日本，東京

ラ・トゥーレットの修道院——『海のエロス』

磯崎新

ひとりの男のうしろ姿を撮った一枚のスナップが、私にはどうも忘れられないでいる。それは、地中海の光景だ。まったいらにひろがる水平線、おそらく、焼きついた浜辺の小石のうえを、おどるようにとびはねながら、海へむかっているひとりの老人の水着姿なのだ。その老人は、焼けた小石を拾ったのか、あの意外に冷たく、流れのきつい海に沈もうとしているのか、もはやどちらでもいい。

ルシアン・エルベの撮影したこのスナップは、いうまでもなく、ル・コルビュジエその人なのだが、これまで作品集はじめいたるところに登場した、円型の黒ぶち眼鏡、蝶ネクタイ姿のすました顔の男ではなく、放心して、一瞬自然のなかに埋没したかのような、無防備な姿勢が、そのまま記録されてしまっている。彼は、もう十歩もあゆんで、おそらくあの逆光で輝いたメディテラニン・ブルーの海に抱かれようとしているのだ。海のたゆたい。不定形で、とめどなく連続して、粘着する不透過性の物質のなかに、彼は身を投げる。一九六五年晩夏。彼はこのカプ・マルタンの海辺に死体となって発見された。

それは肉体の機能が一瞬停止したといった不慮の事故などであったはずがない。彼は、独りで、ただ海に抱かれようとしたに違いないのだ。おそらく、あの停止という死の瞬間がおとずれるときに、この老人は全身が、たゆたう海にひたりきっていたことに、限りない喜悦を感じただろうということが、いま私に

『GA 11 ル・コルビュジエ/ラ・トゥーレットの修道院』(1971年)より再録

は理解できる気がするのだ。彼が生前にはからずも書きつけてあったモノローグに「私は空間の人間であり、それはただ精神的のみならず肉体的にもそうであって、私は飛行機や船が好きだ。私は海や海岸や平原を、山より以上に好きだ」とあるからだけではない。この建築家にとって、海こそは、彼の肉体の細部に侵透し、あらゆる想像力をかきたてつづけた、起動性の物質だったはずだという突拍子もない連想が、海とは無関係な中部フランスのうねるような草原の一隅に、木立のなかにひっそりとたつ僧院の、くらい硬質の闇の中で、私にふっとおとずれたことともからんでいる。

そこは、まったくの闇、いや深海の闇といいかえたがいいような、名状しがたく、深くひきづりこまれてしまうような空間があったからだ。

スイスの山中、ラ・ショー・ド・フォンに生まれた彼がいつこの地中海とかかわったのかは、私には正確な証明ができない。すくなくとも、その初期の著作である『今日の装飾芸術』の終章の自伝的「告白」のなかにある遍歴の記録に東欧を南下してイスタンブール、サロニケ、アテネ、ローマへと渡ったときに、建築の啓示をえたという記述がある。その啓示とは、「建築は光線の中における巨大なフォルムの芸術であり、建築こそは精神を表現するひとつの系である」というのだ。おそらく、この光線とは地中海の太陽にちがいない。その光線のなかから、いずれは、光と影のドラマをひきだす試みをはじめるのだが、この建築家は、まずは明晰きわまりない秩序をもった空間をえらんだ。

オザンファンとの共同作業である「ピューリスム」において、彼らはあらゆる附加的要素を排して純枠なフォルムに徹底しようとする。「立方体、円錐、球、円筒また角錐などは初原的な形で、光をはっきりと浮び上がらせる。その像は明確で摑みやすい。曖昧さがない。それゆえに《美しい形であり、もっとも美しい形である》」。そして牽強附会にピラミッド、パルテノン、コロセウム、セント・ソフィア、ブルネレスキを、これらの原初的形態の使用において建築と断定する。いったいこの論法はどこから得たのか。すくなくとも彼は建築家としての出発の時期に、この論法を決定づけた二人の建築家を頭に浮べる。フィディアスとミケランジェロ。いいかえるとアルベルティが彼の『建築書』のなかで精密に展開しようとした基本形態と数的調和の論理の直覚的な再現だった。ということはあのプラトンの提出した基本形態のもつ絶対的な美の支配する透明な空間そのものではなかったか。

「形の美しさとは、大抵の人が予想するような人間とか絵などの美しさを意味するのではない。私の論点からすれば、直線や曲線やコンパスとか定規で造り出した立体を意味する。それは他のもののように相対的ではないからだ」。(『フィレーボス』、プラトン)

それゆえに、この建築家のえがいた絵は、透明な純粋形態の相貫する空間であった。不透明のにごった影が消え去る。いささか退屈なワイン・ボトルやバイオリンのフォルム。無恰好な黒ぶち眼鏡、くぼんだ小さい眼とうすい唇。あのモノマニアックな表情だけを真面目くさって撮《うつ》させていた頃の仕事は、機械をパルテノンと同視して、飛行機や船やサイロのフォルムで古典的な比例をつくりだすことにあった。これはプラトンの論理でもあるのだが、透明な質感をそれに加えることによって、より究極の純粋形態に到達することを試みていたのだ。

ところが、ある時期から突然影がよぎりはじめる。その影はたとえば建築物でいうとスイス学生会館の階段棟の弯曲した乱石積のようなものとしてあらわれる。鉄と白いスタッコに透明ガラスといったおきまりの安定した透明物質のなかに、何とも説明のつかない、なまの、不透明なマチエールが侵入したのである。ざらざらして、不定形な乱石積の表皮は、抽象的な純粋性にまったく背反しているといっていい。いったいこの影のようなものは何だったのか。機械と手、合理と非合理、人工と自然などといった二元論的説明ではない。おそらく彼はこの影を意識したときに、実は海そのものとまじわりはじめたのだと私は考える。海。それはみずからの肉体が帰還するべき場、あるいは物質なのだ。おそらく肉体が発生したときに浮遊していた羊水かも知れない。その海に沈みこむとは、それは実はプラトンが純粋の美しさをもつ形態から排除した肉体そのもののなかに没入することでもある。

ピューリスムの宣言から約十年後に、この建築家の描く絵のなかに、肉体が登場しはじめる。たんにモチーフの変化といったたぐいではない。その肉体はなまなましくあらわれるのだが、注意すると、すべて、海辺の光景のなかに、海辺から採集された巻貝のねじれた形態が組み合わさっているのである。

プラトンの純粋形態、あるいはフィディアスの透明な秩序が支配した世界は、実は彼らの神話のなかに対極とでもいうべき不透明で暗黒におおわれた闇の世界をもっている。それは怪物ミノタウロスの住んだ迷宮である。おそらくミノスとは地中海のなかに、はじめての文明をきづいたクレタのことだが、このラビリントスすなわち迷宮を支配した怪物ミノタウロスは、ミノスの王女アリアドネの助力をえたアテネの王子テセウスによって滅ぼされた。

ギリシャ人にとって、迷宮とは不透明な闇であった。同時にいまミノスがクレタ島であり、ラビリントスがクノッソス神殿だと措定されているとすれば、そこははるかな海そのものの奥部だとおもわれていたにちがいない。この物語りは、実は、海こそが、精神の暗部であり、しかも不定形でおぞましいものであったことを暗示しているではないか。

ピューリスムがここで放擲《ほうてき》されてしまった、というつもりはない。もしル・コルビュジエの記述したものからの推論によって、ピューリスムがいちじるしくプラトン的であることが明確だとすれば、おそらく、論理と明晰性への信仰がここでひとつの回心をおこすことによって、ラビリントス的な不透明性へ強く吸引されはじめたといっていいだろう。私にはそれが海なるもの、つまり肉体をつつみこみ、そのあらゆる活動を究極において拡散し吸収しつくすような絶対的な物質、いわば性的な充血状態ではじめて感知しうるようなエロスとつながっているような気がする。

直接的に闇に下降していくことは長い間意識されていたとは思えない。むしろそれは彼の描く肉体の表現のなかから除々に出現する。人体は、端部が変形され拡大されていく。頭部、手、性器。それらは人体の部分としては、もっとも複雑な形状をもっている。そこが拡大され、しばしば非人称化し、物体化してしまう。頭部は横にねじまげられ、まったく無表情で、眼と唇だけにみえはじめる。女性器は誇張され、遂には土俗的な象徴と同一化させられている。

あれほど理知的でみずからを透明な論理の枠組のなかに制御し、絵画にせよ建築にせよ論文にせよ、徹底して透明でありえたはずのひとりの男が、何故突然にこのように不透明な物体にこだわりはじめ、建築物にも、石や木材といった、はるか昔に放棄してしまったはずの反工業的素材を乱用しはじめたのか。

私には、その回心の契機は彼の絵画に登場しはじめた肉体の実在にあったのではないかと思うのだ。いやそれはあてずっぽうな推測で、あの海に沈んで、海に還元されてしまった彼自らの肉体に問いかけるわけにいかないけど、すくなくともサヴォア邸に結晶したような彼の仕事が、熱っぽい立体のドラマを執拗に組み立ててはいても、影の部分、つまり暗部を意識的に欠落させていたことと思いあわせると、肉体を意識することは、その時期における回心の主要な契機となったとみてもいいではないか。

肉体の実在とは、あの性的充血の極限において、あらゆる知的な論理やこざかしい制御がふみやぶられて、無限にひろがっている不透明性の物質のなかに、一挙に可視の世界が放出され、消滅していく手のほどこしようのない感覚そのものだ。性的な行為をつうじて、肉体は手のほどこしようもなくひろがる闇のなかにのめりこんでしまうのだ。ふたたび透明な世界へ脱出してきたとしても、その充血は際限なく繰返されて、遂には絶対の暗黒とでもいうべき死の世界へ接合してしまう。このようなとめどなくおそってくる波のような衝動を、彼は《見》てしまったというべきだ。そしていったん出現した暗部は、たちまち彼の仕事をおおいつくしていく。ベトン・ブリュットと呼んだ荒っぽいコンクリートの素肌の発見は、戦禍で荒廃した都市の光景との連続性があったかも知れないが、私には、むしろマチエールのなかに不条理のエロスを感じとろうとした探索の成果のようにさえ思えるのだ。あの暗部を《見》なかったならば、このようなマチエールは、ひたすらおぞましく、忌みきらわれたに違いない。勿論、性的充血は普遍的に肉体に内在するわけだから、ピューリスムの時代に彼がそんな肉体から遊離して思考していたと私はいいはるのではない。むしろピューリスムからの離陸の契機に、おそらく不条理でとりとめなく充血をくりかえす肉体を見てしまったのだと私はいいたい。彼はそんな暗部を回避できないだけでなく、敢えてそんな闇の世界に投身したのである。渦状の空間をつくりねじまげられた性器のような物体を執念深く追いはじめていくことによって、彼は純粋形態が、ますます不透明になり、殺伐としたマチエールを露出させることになる。その結果が、戦後二〇年間、全世界に浸透していった膨大な量のベトン・ブリュットの建築物ともいえないだろうか。

セクシュアルな空間、といった表現が適切かどうか私にはわからない。すくなくとも私にとって、ラ・トゥーレットの僧院は、空間が性的な交接を感知させうるものだという体験をあたえられた場所だ。そこはいまでは僧院が解散し、女人禁制の枠をはずしてしまったが、すくなくとも建設の当初は、純粋に男の僧のための修行の場であった。個室に絶縁され、祈りと研究だけに全日常をささげてしまった僧たちのための空間であった。

中庭をかこむ僧房をめぐる迷路のような廊下につながって傾斜のついたパン・ド・ヴェール・リトミックと呼ばれたモデュロールによって割りつけられた林のような竪方立からの採光にリズミカルな刺戟をう

けながら、突然暗い手さぐりでしか動けない地下の廊下におとされ、そのあげくカノン・ア・リュミエール、つまり光をたばねた筒のような採光窓によって、原色に塗られた祭壇が輝いている光景にであったとき、私は驚きというよりも、一種の恍惚とした陶酔感にさそわれたことを、いまここに記しておくべきだ。

それはまったく深海の光景であった。さまざまな角度に切りとられた穴からひきこまれてくる外光、そのいくつかは色彩を塗られた筒の内側に反射して、原色に染まっている。人間たちはそのように区切られ、ほのかに浮びあがるさまざまな物体。それはあの荒っぽいベトン・ブリュットそのままの肌なのだがこの間を泳がされはじめる。そして、もし赤や黄や黒に塗られた壁に対峙するとき、僧たちは神と肉体的に交接するにちがいないと、私は思ったのだ。

ル・コルビュジエその人の内部で、この僧院のできあがるはるか三〇年以前に、ひとつの回心があったに違いないという推論は、何の確証もない。ただ私にとって、この教会の祭壇の闇こそがただひとつの手がかりなのだ。すくなくとも肉の影としてあらわれはじめたこの不透明な物質は、二〇年の間にいくつもの視覚言語を生みながらラ・トゥーレットの僧院の深部において、深海のような闇の部分となって現われている。しかも、この平面は、伝統的なドミニカンの僧院に基いているとはいえ、中庭をかこんで僧房を周辺に配していくことによって、期せずして、渦状の迷路をいたるところにはりめぐらすことになる。窓という窓は、システマティックに外部の森にむかって開いてはいるのだが、伝統的な僧院において、中庭をめぐる廻廊がもっとも重要な構成要素であったのと同じく、水平連続窓とモデュロール割り窓で、その視線が常に内側に向けられるよう計画されている。その中庭たるや、角錐、円筒、直方体、勾配のついた三角形の吹抜け廊下、変形アーチの脚柱などが、ごったがえして、投げこまれている。二〇年代の白の時代の透明な物体の相貫する空間などまったく感じられない。そのすべての物体は、荒々しく露出し、アーティキュレーションなどみじんもなく、いたずらに激突するのにまかせるといった具合の、つまり、光と影のドラマとこの建築家が呼んでいたような不透明さが、その空間の迷路的性格をより特長づけているといえるだろう。

この建築家は、その出発のときに心に描いたプラトン的な透明な空間から、はるかに異質なミノタウロスの迷宮のような空間へ、大きく傾斜して、ついにもどることがなかった。その結末をいま私たちはこのラ・トゥーレットの僧院にみているとはいえないか。すくなくとも彼のつくりだしたさまざまな形態がここには組み合わさっている。モデュロールをはじめとする、近代建築五原則のような手法も、みえがくれしながらやはり充分に使用されている。これ以上の粗雑さではつくれまい、と思う程の荒っぽいコンクリートもその肌をみせている。手法としては、まさにこの建築家が四〇年間にわたって開発しつづけてきた視覚言語の集約だといってもいいのだが、やはり私は、とてつもない闇にひきこまれるような、名状しがたい恍惚の空間を表現するために、このすべての言語は駆使されたに過ぎないというべきだろう。このドミニカンの僧院が、カソリックという非ヘレニスティックな世界であったことは、彼の主題としておそらくもっとも適切であったはずである。神へは、肉体をいたずらに誇示することでは到達できない。むしろ、肉体を極限にまで追いつめ、遂にはもうろうとした幻覚の発生するような、エロティックな瞬間を介してやっと、かいまみることの可能なものなのだ。そのような陰微なエロティシズムに満ちあふれない限り、僧院の内部における祈りは存在しえないだろう。ラ・トゥーレットの内部はちょうどミノタウロスの住家のごとくに渦巻きながら、そのようなエロスの充満する深海の奥部へと、一直線に下降していることを感じさせてしまうのだ。

その陰微な空間にひたりきることは、水着姿で、地中海の海に抱かれることと、同義であるともいえないか。ともあれ、私はその後姿のスナップの男が、フィディアスの透明な秩序を放棄して、女性器をいぢりひずませ、骨体のように変形して刻印し、ねっとりとした影を硬質の素材の裏側ににじませ、ついに深海のような闇のなかで、神と交接しうるような空間をつくってしまったことに強くひかれるのだ。そのすべての瞬間に、彼の脳裏にたゆたったのは、やはり地中海の、あの茫漠とした海そのものであったにちがいない。海はすべての瞬間に介在している。これらの事件のすべてに浸透しているといってもいい。それは、海。すなわちエロスが、蒸溜した透明性の論理を裏切り、たえまない復讐をつづけているからにほかなるまい。そのような海に身を委ねることは、あの後姿のスナップにみえるように、死へむかって、全身の筋肉を弛緩させることでもある。そんな手におえない怪物と格闘をつづけていたこの建築家が、終着地点に地中海の海そのものをえらんだことは、たんなる場所の選択といった小さい意志の問題ではなく、決定的で象徴的な事件であったというべきなのだ。

それは心臓麻痺による溺死であった。肉体はこんなに即物的な手続きを経なければ、海そのもののなかに拡撒して行かないのである。

磯崎新：
1931年大分県生まれ。東京大学工学部建築学科卒業，同大学大学院修了。
丹下健三研究室を経て，63年磯崎新アトリエ設立。

COUVENT SAINTE-MARIE DE LA TOURETTE 1960

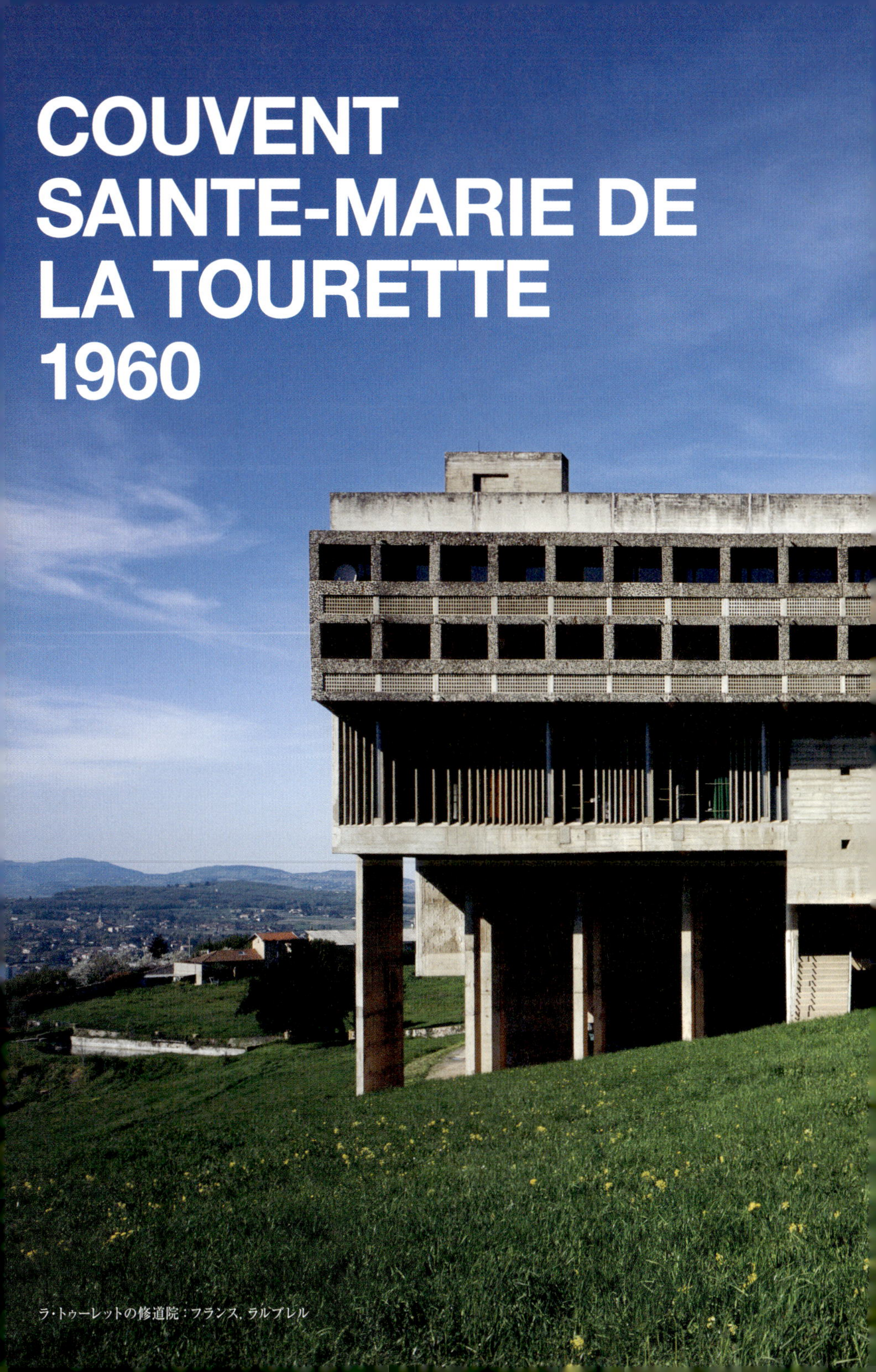

ラ・トゥーレットの修道院：フランス，ラルブレル

第3章　ユルバニスムと都市計画

二重焦点の都市計画

隈研吾

1954年神奈川県生まれ。東京大学工学部建築学科卒業，同大学大学院修了。
コロンビア大学客員研究員，ASIAN CULTURAL COUNCIL給費研究員を経て，
86年空間研究所設立。90年隈研吾建築都市設計事務所設立。現在，東京大学教授。

都市計画における額縁性

二川　「コルビュジエの都市計画」というお題は、隈さんなら幾らでも話ができると思いますが……。

隈　何に焦点を当てるの?

二川　「建築家の都市計画」と「都市計画学者の都市計画」の違い（＝ギャップ）を、如何にコルビュジエが意識していたか？　それを検証することで、近代以降の政治と都市、あるいは政治と建築の関わりも浮かび上がってくると思うのです。戦前から都市の大きな絵（＝都市計画）を描き続け、最終的に**「チャンディガール」**（一九五一年〜）が実現されているのも大きい。

もちろん、隈さんに伺うのであれば、都市的な解像度の話もしなければならないでしょう。例えば、コルビュジエがクレヨンで描いたような太いラインと、現実との辻褄の合わなさ加減を都市計画学者たちは非難するわけです。「形のない制度」によって計画学的に構築された都市ではなく、「初めに形ありき」で、そこに蜂の巣のように、生活者を押し込めていく考え方などです。

隈　具体的には?

二川　例えば、**「ヴォワザン計画」**（一九二五年）。当時のパリを、とてもスキャンダラスな形で「傷つける」アイディアを展覧会で提示することで、一躍、建築界で有名になる。

それは、**ジョルジュ・オスマン**によるシャンゼリゼ通りを中心にした**「パリ改造計画」**（一八五三年〜七〇年）に近いインパクトはあったのでしょうが……。現状のパリを見る限り、**オスマン**の絵は「形」に対して揺らぎを許容していた筈です。一方、コルビュジエの場合、確固とした「形」を決めて

しまっている。

隈　都市計画には「解像度」だけじゃなく、「フレーミング」も重要だと思う。計画という名の絵を「何処に、どの位のフレーミングの中で達成するか?」という設定が、建築をやっている人間と、都市計画をやっている人間を比べると、大きく違ってくる。

特に建築家は、「額縁」という意識が極端に強い。都市計画と言えども、最終的に、自分のアイディアが作品として世に出ていかなければならないからね。基本的に作品は、額縁に入っている必要があるわけです(笑)。

絵画ならば正に額縁に入っているし、彫刻だって台座に載っている。「それこそ作品たりえる」というのが西洋芸術のルールで、建築家はその伝統の上にいた。自らデザインした建築物の中に人間を押し込める、コルビュジエ的な都市計画も、額縁意識が潜在していると思う。

二川　ちょっと違う例えかもしれませんが……。建築学生が描くデッサンと、美大生の描くデッサンの違いと同じように感じます。一番、やってはいけない「外形を最初に決めてしまう」手法で、建築学生はデッサンしてしまうわけです。

外側の形を捉えることを、建築では重要視されるけれど、美大生、特に絵描きを志している人たちは、面的にモノを捉える。彼らにとって、物質はヴォリュームとして生まれてくるもので、結果的に外殻が形づくられると考えている。

イタリアの画家、**ジョルジョ・モランディ**の静物画を、建築家が好んでいた時代がありましたよね。それは何故かと言えば、非常に建

チャンディガール(左:州会議事堂、右:高等裁判所)

築的なモノの捉え方を醸し出していたからだと思う。コルビュジエも参加していたピュリスムも、**モランディ**の方法に近いものを感じます。

何れにしろ、領域設定の方法において、コルビュジエによる額縁の捉え方と、面的に捉えていく計画学的な詰め方を比べると、決定的に違って見える。

隈　額縁の捉え方って、ある意味でインマチュア（＝未成熟）なものです。美術の世界であれば、額縁の設定の先に、様々なモノの捉え方が沸き出てくるわけだけれど、建築家的思考では、その部分がとても幼稚になってしまう。

ひとつの大きな額縁の中に、幾何学的なモノがあって、作品性が担保されれば、建築家はその先に行かない怠慢な習性がある。

二川　例えば？

隈　住宅設計の課題であれば、敷地という額縁が与えられているから、誰がやっても、その中にヴォリュームをつくることができてしまう。一番簡単に、額縁的手法が適用できるビルディング・タイプが住宅なわけです。

ところが、学生に規模の大きなモノを設計課題として与えた途端、「額縁と幾何学」の罠にはまって破滅してしまうんです。**「六本木ヒルズ」**（二〇〇三年）程度の規模でさえ、額縁的手法が通用しなくなる。ましてや、田園的なスケールを与え、その周縁に緑があったりすると、まったく絵が描けない。

実は、巨匠たるコルビュジエですら、二〇年代に描いていた初期の都市計画案では、その術中に填っていた気がする。**「ヴォワザン計画」**だって、パリの市中ですらひとつの額縁を設定せざるを得なかった。そして、額縁内にピュアな形を設置しただけ。

一方で**オスマン**は、もう少しマチュアな計画だった。彼は、一つひとつのエレメントを収集するシステムを思考していた。だから、額縁に関係なく街自体が増殖できる。**「ヴォワザン計画」**と比べたら、遙かにマチュアなプランであり、システムだったと感じる。

奇跡の一九三五年

二川　そういう意味で、都市計画を語る際、「完結性」が重要なキーワードになりそうですね。額縁を設定した時点で、プラン自体が死滅してしまう。

隈　だから、額縁的な手法が、どうやってコルビュジエ自身の中で外に開かれて、成熟していくのかを検証する必要がある。

ひとつのアイディアは「線状都市」。この手法は、様々な近代建築家が提案しています。しかし、**トニー・ガルニエ**が提案した「**工業都市**」(一九〇一年〜〇四年)以前、十八世紀、帝政ロシアの政治家**ニコライ・A・ミリューティン**によって、既に提唱されていたというのが、現在では定説のようです。

額縁の基礎になっていた、幾何学的精神。「線状」にすれば、額縁的精神を保持したままでも世界に開いていくことができる。建築家にとって、とても扱い易い妥協策として、「線状都市」が複数提案されてくるわけです。コルビュジエによる都市計画の変遷を辿っても、「線状なるもの」に対する関心を深めることによって、徐々に成熟していき、開放されていったと感じます。

例えば、**ケネス・フランプトン**による著書『**現代建築史**』(二〇〇三年)にも、チェコスロバキアの「**ツリン計画**」(一九三五年)を、コルビュジエ個人史におけるエポック・メイキングなプロジェクトに挙げていました。「**ツリン計画**」とは、東端に既存の集落、西端に新たに空港を建設し、その二つのエリアを複数の凸型大住宅棟や工場群で細長く繋ぐ、まさに「線状都市」のプロジェクトです。線状要素によって、既存集落や既存道路までも取り込むことで、都市計画と言えども、フレームの拘束から免れている。

この計画が発表された一九三五年を、**フランプトン**は「コルビュジエの奇跡の年」と語気を荒げて呼んでいます(笑)。この年、建築においては、「**パリ郊外の週末住宅**」が発表されました。それまでの、幾何学を前提としたインマチュアなモノが、幾何学の外界に開放され始めた。例えば、煉瓦という材料によって、大きく作風を変えていく。
今、ぼく自身の関心も、まさに「外界に開かれていく」ことに向いているんです。建築単体で言えば、その対象は素材になる。都市計画スケールで言えば、既存の建築物、既存の自然に対して開かれていくこと。それは、コルビュジエにとっても同じだったと思う。

二川　三五年以前に見られる、幾何学に忠実な**「サヴォア邸」**(一九三一年)に代表される「閉じた建築」。そして、**「ロンシャンの礼拝堂」**(一九五五年)に代表される、三五年以降の「開いた建築」。同じような対比を、コルビュジエによる都市計画の変遷に当て嵌めてみると、後者に含まれるのがアルジェリアにおける一連の計画や**「チャンディガール」**でしょうか。

でも、本当に三五年を境に、大きく変化しているのでしょうか？　完結性という側面においては、形を変えた「別の完結性」を試みているようにも見えます。一番、都市に必要な、モノが増殖したり減少したりすることの許容度、特に自ら壊れることができるような、柔軟さを感じません。

チャンディガール。センター17
このエリアには歩車分離で車が入ってこない

隈　「開いた後」にも、コルビュジエの内部に残っている「幾何学的精神」が垣間見えていた。少なくとも、三五年以前は、「幾何学の鬼」みたいな人だったわけだからね(笑)。個人的に、外界に開いた後にも幾何学が残存しているところが、後期コルビュジエを語る際、一番、面白いところだと考えています。

普通に開いてしまうと、イギリスの**エベネザー・ハワード**による**「田園都市」**(一八九八年)のように、ダラダラした都市になってしまう(笑)。自著**『輝く都市』**(一九三五年)の中でも批判しているように、コルビュジエの都市計画における出発点は、**「田園都市」**のようなボワァと拡散した牧歌的状態への批評なんです。その正体こそ、まさに「幾何学的な額縁性」だったと思う。

特に、**「アルジェの都市計画」**（一九三〇年）や三五年以降の**「チャンディガール」**には、開放されながら「幾何学的な額縁性」が残存している。その矛盾こそが、魅力的なんだよね。

二川　中世の城塞都市や条里制に見られるフレーミングを、形を変えて近代社会にも残すことが、都市にとっていいことである。そういう考え方が、コルビュジエの頭の中にあったと思う。その意識が、ファシズムを初めとする、近代政治の道具としても魅力的だったわけです。事実、コルビュジエ自身も、ファシストにアプローチすることで、自らの都市計画を実現しようとしていた。

隈　額縁性自体、ファシズムが好むアイテムですよね。そういうイデオロギーに対しても、コルビュジエは平気で与《くみ》していいと思っていた。第二次大戦中のフランスで、親独体制だった**ヴィシー**政権下でのコルビュジエの振る舞いを、強く批判されたりしたからね。

二川　運良く組まなかったので、戦後になっても生き延びることができたという事実もある。

隈　現代でも、建築家生命にとって、「与《くみ》する相手」って大事だよね（笑）。

幾何学なしに幾何学を開けない

二川　現代社会において大規模な「都市計画」が行われている地域を考えると、中東やロシア、中国辺りでしょうか。今や先進国と言われているエリアでは、大掛かりな「都市計画」は不可能でしょう。

ここ数年、隈さんは、頻繁に訪中されています。都市部で、リ・デベロップする計画が数多く立ち上がり、実行されてきた状態をつぶさに見てこられたと思います。実際、北京や上海で起こっていることと、コルビュジエによる都市計画との関連はあるのでしょうか？

ぼくたちは、コルビュジエを歴史の一部として見ていて、現代と照合する意識を持ち得るわけです。でも近年、中国で実行され続けている都市計画は、ぼくたちの知っている近代都市計画と近い「未来」を描いているもので、先祖帰りしているようにも感じます。

隈　都市計画という行為自身、先祖帰りする宿命にあるんじゃないかな。結局、人間が都市というものを認識する際に、「額縁」の存在を確認しないと、環境という大きな物を把握できないんだと思う。

例えば、東京という街を把握する際も、「TOKYO」という地名（＝額縁）を認識しているから、都市と把握できている。自分の居場所も、その額縁内で発見できるわけ。つまり、「額縁を付ける」という行為と「人間の生存」という行為は、不即不離なものだと思える。

その時に、額縁的なものと、現実のカオティックなモノ（＝ダラダラと拡散していくモノ）と、どう折り合いを付けるのか？そんな骨の折れる勝負を、ぼくたちは未だに続けているんじゃないかな。

「二〇世紀の都市計画は破綻した」とよく指摘されるけれど、それはとても荒っぽい言い方だよね。コルビュジエが一九二〇年代にやっていた「ピュア額縁主義」的都市計画と、一九三五年以降に進めたプロジェクトが持っていた「矛盾を呑み込む」的都市計画。二〇世紀的都市計画の中でも、その二つを区別して捉えるべきだと思う。後者の都市計画は、ぼくたちにとって未だに貴重なサンプルとして有効だと思う。

二川　もちろん、現代中国の都市は、政治的背景だけでは成り立ちません。コマーシャルな背景も色濃く反映したランド・ヴァリューの表徴として、新しい都市景観が急速に立ち上がっているのは、周知の事実です。

隈　ぼくの所にも、中国での都市計画的な仕事が入り始めています。それらを考える際にも、**「ツリン」**の延長を意識せざるを得ない。それら「矛盾を呑み込む」的都市計画の中には、沢山の貴重なネタが潜んでいると思う。

例えば、アルジェリアにおける**「ヌムール計画」**（一九三三年

～三五年）。線状都市でありながら、編み目のような線状性と地形が微妙にリンクしていく、現代人が見てもとても触発される面白い提案をしている。**「チャンディガール」**だって、一見すると、そこに立っている建築自体だけでなく都市計画自体も、とても強い幾何学性を感じてしまうけれど……。実際には、インド独特の土着的要素を果敢に取り入れることで、外界に開いていこうとしている。

　これらの実例は、二章の話にも繋がる、「幾何学無しに、幾何学を開くこともない！」ということを暗示している。幾何学的な表現をやろうとしているからこそ、それを崩す行為に意味が出てくる。そこが、コルビュジエのイカしている所だと思うナ（笑）。

二川　崩れる前提としての幾何学があるわけですね。

隈　そもそも、幾何学が無い人は、それを崩すこともできない。そんな強い自覚を、三五年以降のコルビュジエの作品や都市計画を見ていると感じます。

都市計画における「投げた感」

二川　この問題は、「時間」とコンシャスな関係にあるのではないでしょうか。竣工した時点から荒廃が始まることを、どのように許容し、延命するのか？「如何に次のフェーズに繋げるか？」は、もっとも建築家が考えづらい問題だと思います。

　でも、都市計画においては、そこが一番重要なポイントになる。三五年以降のコルビュジエが、それに自覚的だったかどうかは、謎の部分ですが……。

　少なくとも**「ツリン」**以前は、「一〇〇％自分の責任を真っ当しよう」という意志が、強く顕れる都市計画を提案している。でも、それ以降は、「ある瞬間から他者に投げる」ことが前提になっている。一種の放棄状態ではあったけれど、幾何学的強さを所持していたが故に、カオティックな問題に対抗し得るだけの力を、経年しても持ち得てしまったのでしょう。

最初から廃墟を意図してモノをつくり、カオティックな問題を許容していた、**「バングラディッシュ国政センター」**(一九八三年)や、**「インド経営大学」**(一九七四年)に見られる、**ルイス・カーン**の手法とは、明らかに異なる気がします。

隈　「投げる感じ」は、ぼくも同感だな。確かに、二〇年代のコルビュジエによる計画は、どれも「投げる感じ」を受けない。

二川　一方で、**「ツリン」**や**「ヌムール」**は、とても暴力的な放棄をしている。**「ヌムール」**の後、同じアルジェリアにおける**「ラ・マリヌ街の計画」**(一九三八年)では、完全にスケール・アウトした巨大な高層ビルが描かれていたりする(笑)。

この矛盾状態の解釈は、様々な側面で可能だと思います。**「ヌムール」**に描かれているような「揺らぎ」を敢えて残すことで、戦略的に都市計画を強いものとしてプレゼンテーションしたとも取れるし……。建築家独特の都市計画の見せ方と思えなくもない。

ルイス・カーン：バングラディッシュ国政センター

隈　この頃から、スケルトン・インフィル的な考え方が、コルビュジエの建築や都市計画に出てくるわけです。

一方で、**カーン**の建築には、けして顕れない。彼の建築は、ハリウッド流に演出された廃墟のような感じがするね。都市計画において、一種の「投げた感」が必要なことを、頭の中では理解していたようだけれど……。実際に完成したものは、ヴィジュアル的手法に長けた完結した空間になってしまう。最早そこには、コルビュジエが持っているような、極限まで投げきってしまう「人間に対する信頼」を感じることはできない。

二川　つまり、**カーン**は投げていない？

隈　その延長上に**安藤忠雄**さんがいる。**カーン**と同様に、都市計画と言えども、強いコントロールを掛けてくる。二〇年代のコルビュジエ的なピュリスムによる、異常なまでにピカピカしたコントロールではないけれど……。**カーン、安藤**さんと受け継がれてきた「コントロール感」が感じられる都市は、現代人には住みづらくなっているのかもしれない。
　だけど、コルビュジエによる、三五年以降の都市計画、**「ヌムール」**や**「チャンディガール」**は、もの凄く暴力的だけれど、でも「一度は住んでみたいな」という気を起こさせるじゃない。

チャンディガールにおける北京的なるモノ

二川　「チャンディガール」によって行き着いた境地は、インドに特化したモノかもしれないけれど、北京に代表される「アジアの条里制」に似通った雰囲気を感じるのです。つまり、先祖帰りしている。
　スケールに関しても、ブロック自体は非常に大きくて、とても北京的な都市計画に載っている。

隈　**「チャンディガール」**のスーパー・グリッドって、どのくらいの大きさなのかな?

二川　約八〇〇《メートル》×一四〇〇《メートル》。歩いても歩いても、街区の角まで到達しない印象があるので、「共産主義サイズだな」と実感したんです。人口の数え方においても、ケタが違う世界の都市計画だと思える。
　つまり、コルビュジエは、都市計画において意識している解像度が、かなり低かったんじゃないかと思える。もしくは、敢えて低解像度で投げることで、スーパー・グリッド内のアクティビティを容認している。

隈　「北京的」という言葉は、凄くいい表現だと思う。現在の北京市内を歩くと、幅員三七《メートル》のスーパー・グリッドを構成する巨大な街路（＝大街）自体は、都市基盤としてのリアリティを失っていますよね。むしろ、個々のグリッド内の方が、都市としての自由度を益々獲得している。実際、「胡同(hu-tong)」と呼ばれる幅約九《メートル》以下の街路を中心にした複数の小都市が、現在でもスーパー・グリッド内に、しっかり生き続けているわけだから。
　そのようなスーパー・スケールのグリッドは、人体スケールを主眼としたヨーロッパ的グリッドと明らかに異なっている。アジア的なるものが、共産主義的なるものとして受け継がれ、北京的様相の都市を形成しているのが現実でしょう。そういうアジア的グリッド・スケールに従うことが、個々の人間にとって一種の快楽を与えている。
　例えば、現代ロシアの政治状況を見ていると、知らず知らずの内にアジア的なる強大な権力が発生してきている。巨大なパワーに反発しながらも、それに従うことが人間の愉悦になってしまう。

二川　阿片窟に墜ちていくような感じですね（笑）。

隈　ロシアや中国の国民って、巨大な政治的権力に反発しながらも、物理的にも空間的にもスーパー・スケールを持っているものに従うことで、一種の開放感を得ている。そんな「アジア的マゾヒズム」を、北京やチャンディガールにも感じますね。

未来的都市像とアジア的マゾヒズム

二川　東京には、「アジア的マゾヒズム」を感じますか？

隈　同じアジアの巨大都市なのに、北京的システムが全くない。

二川　フレームも無ければ、グリッドも無い。もちろん、「北京的なるモノ」への憧れは、現代の東京人にもあると思う。
　例えば、映画化もされた漫画家・**大友克洋**さんの作品『**AKIRA**』（一九八二年〜九〇年連載）。作中に描かれている未来のネオ東京は、スーパー・ストラクチャーによるフレーム空間として表現されています。その中のワンブロックに、主人公たちの紡ぎ出す物語を、濃密に詰め込んでいる。恐らく、アジア的なる都市像は、『**AKIRA**』で生き生きと描かれているように、未来的な都市像をも孕んでいるのかもしれません。
　現実の中国や中東で実行されつつある幾つかの新たな都市計画は、『**AKIRA**』で描かれているような未来的都市像を秘める可能性はありますか？

隈　アジア的都市計画は、一種の二重性を孕んでいるわけです。上から被せられるスーパー・ストラクチャーと、その中に許容される人間のナマな猥雑さ。そんな微妙なバランスを現代社会で図るには、計画者がかなりクレバーでないと、成立しないんじゃないかな。ひとつの都市に、その両義性を短期間で埋め込むのは、非常に難しい。

何故なら、北京で成立しているのは、何千年もの歴史が積み重なった結果として、二重性が浮かび上がってきたからだ。アラブの人工都市で、北京と同様の二重性が生み出せるかは、計画者の知恵に掛かっていると思う。

ぼくたちも、中国・成都の新都心的位置づけになる「東山地区」や、郊外開発の「新津地区」の都市計画に噛んでいました。「東山」は大きなフレーム・ワーク、**MVRDV**がマスタープランを担当している「新津」ではグリッド内を任されたのです。

特に「新津」の人選が意識的に為されているのであれば、とてもクレバーな役人だと思う。つまり、ヨーロッパ的な人間＝**MVRDV**にかなり乱暴なフレーム・ワークをさせて、アジア人であるぼくたちがそのグリッド内を別のフィルターを用いて重層化する。何れにしろ、とてもスケールが大きいプロジェクトなので、「北京的なるモノ」にチャレンジしてみたいですね。

二川　意図通りに実現できれば、面白くなりそうですね。

隈　今、再び「都市計画の時代になった」と言っても過言ではないでしょ？　ロシア、アラブ、中国と言った、新しいマネーが世界市場に登場してきた。それらは、単体の建築では消費し切れないようなスケールを伴ったマネーになっている。その行き場としての都市計画を、もう一度、見直さざるを得ない時代に来ていると実感している所です。

二川　先日、**磯崎新**さんも同じような発言をしていました。中東マネーは、都市計画規模の開発によって、初めて威力を発揮する。もはや、超高層一棟を建てたくらいでは、何のインパクトもない。一本の旗にはなりえるかもしれないけれど、それだけのパワーしか持ち得ないそうです(笑)。

隈　戦後日本において「これから都市計画ができるぞ！」という時に、「アジア的都市計画ヴィジョン」を持ち得た数少ない建築家の一人が、**磯崎**さんだったと思う。でも、実際の日本は、そのような考え方を許容し得なかった。日本における都市計画の「夢と挫折」を、ちゃんと両方体験した数少ない存在だと思います。

コルビュジエ的二重焦点の正しい継承法

二川　なぜ、日本では受け入れられなかったのですか？

隈　経済的な問題よりも、日本的解像度が「アジア的二重性」を許さなかったんだと想像します。

都市計画をする際、眼の焦点を様々な局面に合わせて切り替えなければならないでしょ。まず、もの凄く粗い解像度で全体計画を行い、その後は都市内での細かい高解像度を求められる。つまり、二重焦点が必要なんです。

日本人は、そのような二重焦点を、なかなか持てないと思うな。どんな要素でも、瞬時に焦点を合わせたがる。

二川　二重焦点的な都市計画手法が開発されたのは、最近のことですからね。**ベルナール・チュミ**による**「ラ・ヴィレット公園」**（一九八二年〜）のような二重焦点的表現が出てきたのは、せいぜい七〇〜八〇年代。

そのようなシステムが開発されていれば、日本も二回の大きなチャンスを逃さなかったと思う。それは、国家レベルのイベントであった、**「東京オリンピック」**（一九六四年）と大阪で開催された**「日本万国博覧会」**（一九七〇年）。そのタイミングで、「既存のフレームを全て壊して、新たな都市につくり替える」ということ無しで、都市の改変に成功していれば、現代日本の都市景観も少しは変わっていたでしょう。

隈　個人的に、二重焦点、三重焦点が、これからの建築家にとって必要不可欠なものになると思うな。

二川　それ以外、許容されないでしょう。凄い絵を描けたとしても、砂漠の上にオアシスをつくれるアラブの王様だけが唯一の賛同者。それ以外の国々は、ストレートにできないだけの歴史の蓄積が既にある。

隈　その現実に気付いたからこそ、一九三五年以降のコルビュジエが、「二重焦点性」を持ち得たんだと思う。コルビュジエの建築が持っているとんでもない荒っぽさ。でも、その暴力性に眼を凝らした時に見えてくる、人間の生活細部にまで達する愛情。つまり、「暴力と愛情の両義性」が、コルビュジエ最大の魅力なんじゃないでしょうか。

二川　モニュメンタリズムによって都市計画的に落とし込む。それによって、周囲に広がるであろう庶民の暮らしまで、コントロールする力を得られるのは確かだと思う。**「チャンディガール」**のスーパー・ブロック内の雰囲気と、アンビルドに終わった**「ヌムール」**のグニャグニャした街路のイメージがオーバーラップして、期待感を増幅します。

　そのような期待感を加味しながら、コルビュジエは都市計画を描き続けていたのかもしれません。それはイタリア、未来派の都市イメージが物語っていた様な、建築がつくる都市への期待感に近いものがある。作者だけでなく観賞者にも「実際にできたら、一体どうなるんだ？」というワクワクした感じを与える(笑)。

　それが、現代都市計画に至って、二重焦点的に現実を把握し、統制する段階に入ってきているのかもしれません。

隈　しかも、後に残された人たちの気の使い方も問題になる。特に、二〇〇六年に竣工したフィルミニの**「サン・ピエール教会」**は、その問題が如実に顕れているでしょ。残された人たちが気を使い過ぎて、余りにも綺麗につくり過ぎていて、コルビュジエ自身には存在していた、二重焦点的なラフさが消えてしまってガッカリした。

　都市計画に至っては、長い年月が掛かるので、その問題がより顕著になってしまう。例え、図面通りにつくれたとしても別物になってしまうから、より慎重にならないとイケませんね。

（聞き手／二川由夫）

カーペンター視覚芸術センター：アメリカ，ケンブリッジ

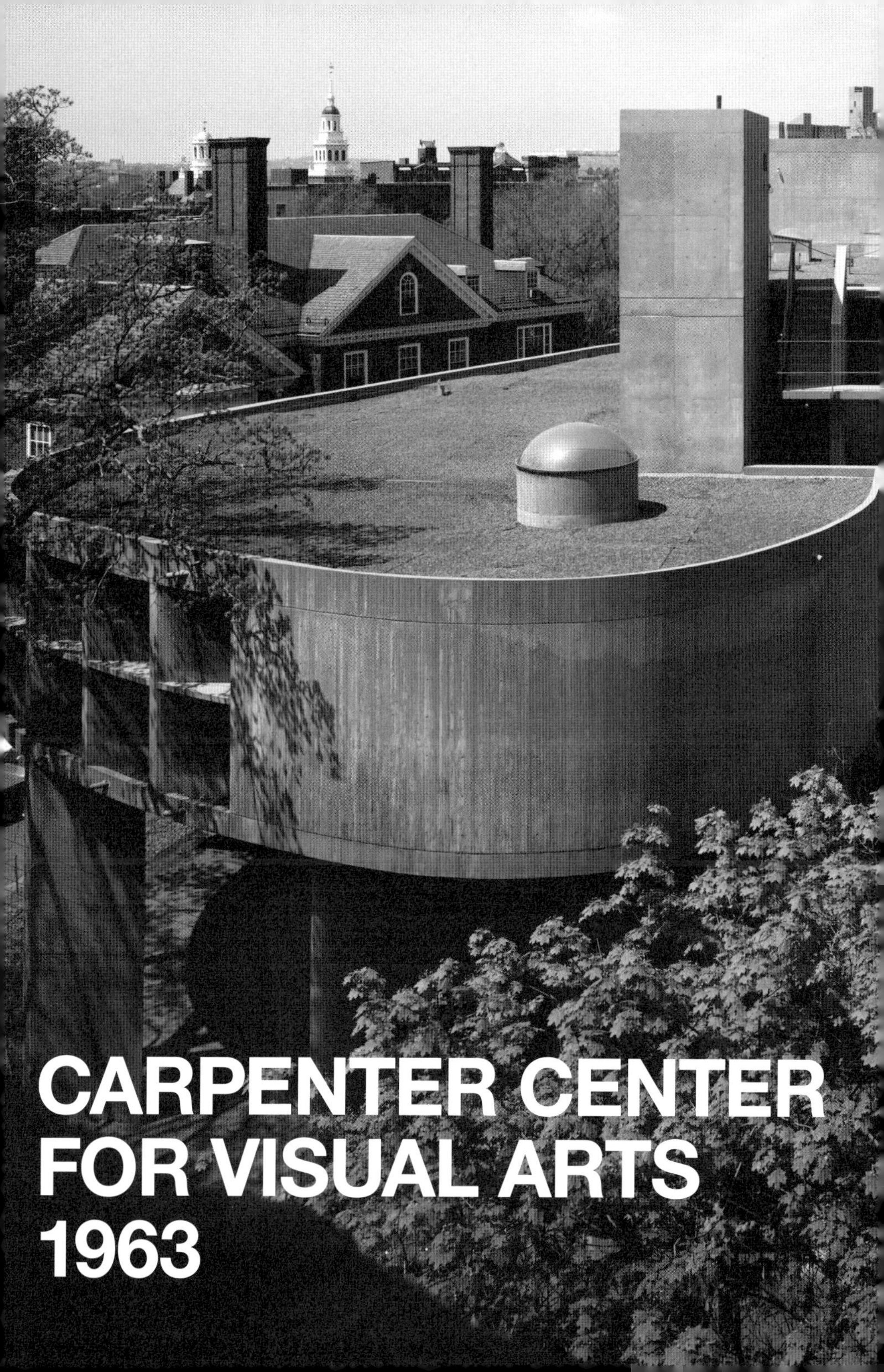

CARPENTER CENTER FOR VISUAL ARTS 1963

MAISON DE LA CULTURE 1965

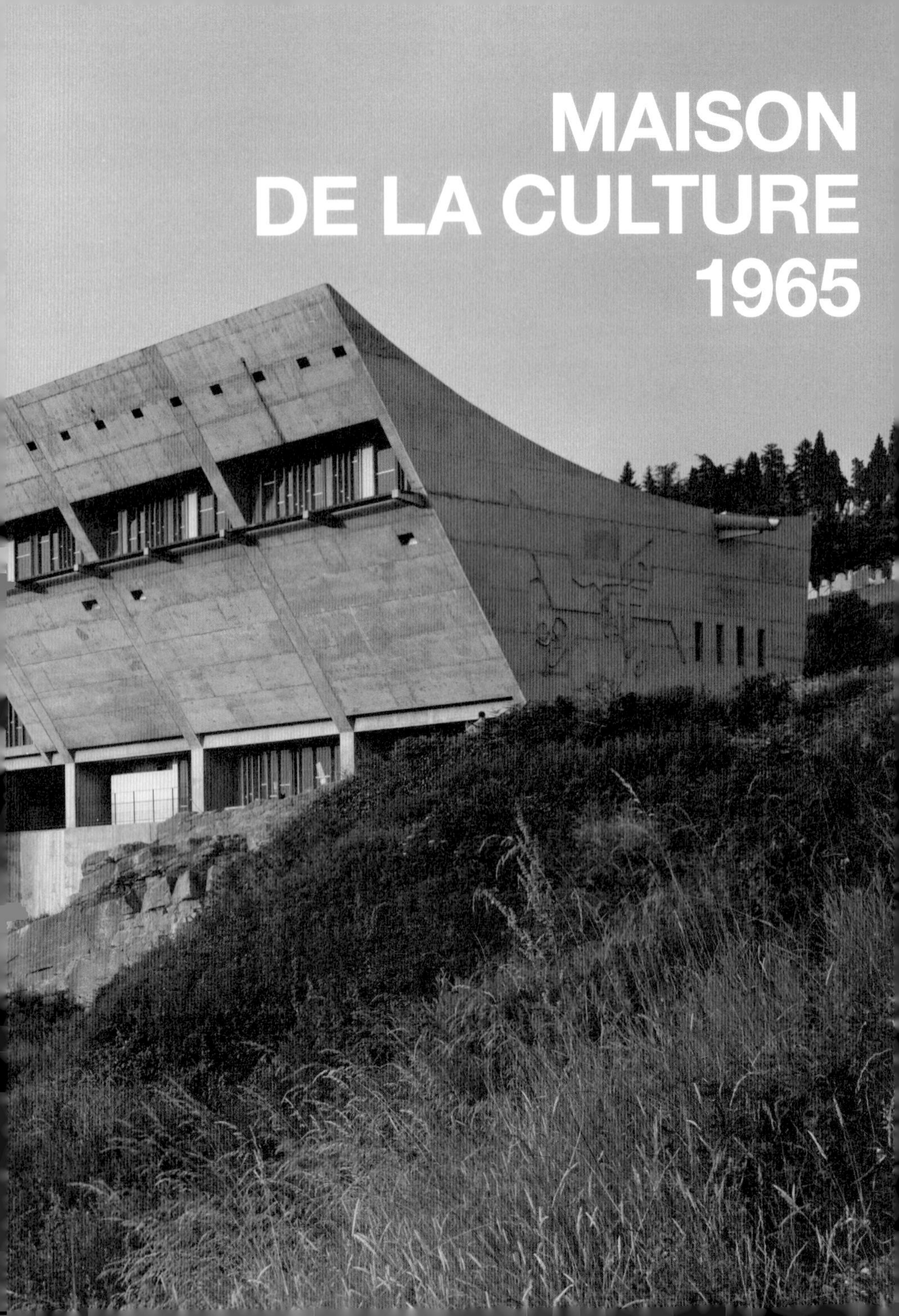

文化の家：フランス，フィルミニ

都市デザインの行方

横山禎徳

1942年広島県生まれ。東京大学工学部建築学科卒業。
66年前川國男建築設計事務所入所。ハーヴァード大学デザイン大学院修了。
73年デービス・ブローディ・アンド・アソシエーツ入社。マサチューセッツ工科大学経営大学院修了。
75年マッキンゼー・アンド・カンパニー入社, 86年ディレクター。89-94年東京支社長。

コルビュジエ的都市論の広がり

GA　横山さんは、キャリアを**前川國男**事務所でスタートした後、ハーヴァード・デザイン・スクールでアーバン・デザインを学ばれました。それから経営コンサルタントを経て、現在は社会システム・デザイナーと名乗っておられるのですが、都市システムに対する取り組みは継続されています。

CIAM以来六〇年代までは、コルビュジエを初めとする著名な建築家による都市デザインも多く、日本の行政ヴィジョンにも影響を与えていたように思います。その影響や結果をどう見られていますか。

横山　それはまさに私自身のキャリアに関わっています。その結論めいたところから言ってしまうと、都市というシステムは、人間がつくった最高のシステムと言えるかもしれない。システムと言うと、多くの人はすぐに情報システム、コンピュータ・システムを思い浮かべるのですが、コンピュータはまだそこまでは辿り着いていないと思う。

コンピュータや情報システムは、目に見えない、手で触れないという違いはあるにせよ、「凍れる音楽」と言われる建築に似ていて、非常に硬いものです。だから、良くも悪くも情報システムは建築のアナロジーでできているでしょ。情報システムは建築同様、自分で変わっていかない＝自己変革できない。できた途端に、陳腐化し始める。

一方、都市は自己調整能力があるのです。一定量は自律的に進んでしまうし、部分的にへんてこりんなものができてもどうってことない。それはやはり、目に見えない、手で触れないエッセンスであって、経営コンサルタントで関わった組織デザインとも少し似ている。

例えば、六〇年代に超高層が都市をダメにするという論争があって、その論拠のひとつに、一箇所で二万人も働くような建物が出現すると、周辺は大渋滞になってしまうということがあった。でも、道はひとつではないですから、そこを通らなければ渋滞も起こらない。実際たいした問題は起こらなかったわけです。

似たようなことは銀座と新宿の歩行者天国でも言えて、ニューヨークのマディソン・アヴェニュー・モールが最初のアイディアだったのですが、渋滞や搬出入の問題でアメリカでは実現しなかったんです。でも、日本ではあまり考えずにやったにもかかわらず、結果的には成功した。都市には、そのような融通無碍なところがあるのです。

GA　一方で、歴史的には、理想都市や美しい集落に対する思想や論理もあったと思います。コルビュジエの**「輝く都市」**(一九三〇年)もそのような理想都市の一端に位置づけられることもある。

横山　ちょうど私の若い頃は、**丹下健三**、**磯崎新**、**黒川紀章**といった人たちが、**CIAM**による機能的都市に関する理念、アテネ憲章に対して、自分なりのモデルを提出していました。**CIAM**は「住む、働く、遊ぶ」を原則に据えましたが、**黒川**さんは「移動する」ことを強調したし、**丹下**さんと**磯崎**さんは「人が出会う」ことを付け加えた。それは一見、厚みを増すように感じるけれど、失敗に終わったと思う。

その典型が七〇年大阪万博の**「お祭り広場」**だったのではないか。あれは人が出会う広場だと言われたわけですが、実際は近道をするために横切ることがほとんどだった。当時、文芸評論家の**十返肇**は「建築家が都市を扱うのは、万年筆職人が小説を書くようなものだ」と言いました。建築は万年筆みたいなもので、都市はソフトウェア、コンテンツだと言ったわけです。

それに対して、**磯崎**さんは『**建築文化**』で抗弁しました。**エルンスト・カッシーラー**の方法をひいた、都市デザインの発展段階説です。そこでは、実体論的段階、機能論的段階、構造論的段階、最後に象徴論的段階の四段階が想定されていました。実体論は、中世以来の理想都市など、理想的な都市は理想的な形をしている。

　モダニズムは、それだと都市は理想的にならないということで、機能論を唱えた。**CIAM**の「住む、働く、遊ぶ」のように、機能をデザインしなくてはならないと。それも批判されて、要素がどのような関係になるかが重要だということで、構造論的段階になる。多層構造なのか、併置構造なのか、リニア構造なのか。それは建築家が都市を扱うには非常に良い方法だったでしょう。コルビュジエの**「チャンディガール」**（一九五一年〜）は、この段階の都市計画だと思います。

　機能論にしても、構造論にしても、建築家だけでやるとダメだけど、経済学者や社会学者など、チームでやれば良かったのかもしれない。でも、現実には、上手くいっていないと思う。**「ブラジリア」**（一九五七年〜）は、空から見ると飛行機の形をしているけれど、空を飛ばない飛行機の構造には意味があるとは思えない。機能ごとに配置され、その関係は断絶していると言われています。

ルシオ・コスタ+オスカー・ニーマイヤー：ブラジリア

　ともかく、私の印象では、この発展段階説は、**十返**に対する自己弁護になっていなくて、**磯崎**さんの開き直りのように感じました。所詮自分は、経済学者でも社会学者、政治家でもない、建築家でしかない。建築家にできることはフィジカルな形を出すことだと。その形によって、政治家や経済学者などの琴線に触れることで、主に政治的プロセスを経てベクトルがある方向に合う。それでいろいろなことが決定され、都市が生まれるだろうと。そのように、建築家がリードするわけではないけれど、ヴィジュアルなイメージを提案する、つまり、象徴としての都市を提案するんだということだったと思います。

都市の構想を建築にも表す

GA　それでは、都市デザインは、絵物語のように非常に抽象的なレベルになります。実際、七〇年頃を境に、建築家は都市から撤退していったと言われるわけですが……。

横山　私の経験では、日本においては、六〇年代後半に**前川國男**設計の**「東京海上ビルディング」**（一九七四年）で起こった、有名な美観論争もきっかけになっていると思います。入所間もない所員だった私は、地下五層分を担当していました。当然、**前川**さんはコルビュジエの考えを純粋に信じて、超高層によって地上を緑あふれるペデストリアンのスペースとして開放しようと考えていたし、そういう絵も描いていた。

美観論争について、今ではご存じの方も少なくなったかもしれません。そこで起こったことはいろいろよく分からないこともある。東京海上という三菱系の会社が**前川國男**に設計を依頼したビルは、当初三二階建て、一二五メートルの超高層だった。それに対して、丸の内の大地主、**三菱地所**は猛反対した。ともかく、確認申請を出してもなかなか下りない状況が続いたのです。それで突然、地下駐車場が一台足りないというようなマイナーな修正を求める。

前川國男：東京海上ビルディング

そういう間に、**佐藤栄作**首相が「皇居を見下ろすのは良くない」と言ったり、丸の内や新宿の開発で**三菱地所**と協力関係にあった官庁や新聞などによる一種のマイルド・ハラスメントが起こったわけです。それがいつの間にか、高層ビルが都市を破壊するという、「都市の美観」という概念になり、**前川**さんと当時の東洋大学の社会学教授**磯村英一**氏によるテレビ討論になったくらいでした。

そして、私の見る限り、**前川**さんは負けました。反論できなかったのです。結局、高さが揃っているのが美しいという論理で、かつて皇居前が百尺で揃っていたのだから、一〇〇メートルで揃えてはどうかと言われ、ずいぶん着工が遅れていたので**東京海上**も同意することになったわけです。

同時期に進行していたパリのデファンス地区では容積率をすごく変えて、ヴォリュームの建て込んだ新都心をつくったけれど、たいしたものではなかった。日本では超高層とスーパーブロック、立体交差の道路による**CIAM**的な新宿副都心が、当初あまり売れなかったけれど進行中で、今見ても何かスカスカしていて、失敗ではないかもしれないけど、成功でもない。要するに、みなさんが好きな都市らしさ、アーバニティがあまりないわけです。当時はよく分からなかったけれど、結局、分かってきたのは、形で都市、アーバニティはつくれないということだったと思います。**前川**さんは「**東京文化会館**」(一九六一年)でも似たことを経験しています。最初の敷地は新宿御苑で、突如、上野に変わった。それによって、「**京都会館**」(一九六〇年)のような平面的構成から、大ホールと小ホールが立体的に組み合わさった形になって、結果的に建築は良くなったと思います。

いずれにしても、この時期の経験によって私が感じたのは、建築の形態を決めるのは、機能ではなくてポリティカル・プロセスではないかということ。それに、その形によって都市ができるわけではないこと。当時は、ポリティカル・プロセスが何かということはあまり頭になかった。コントロールするスケールを大きくすればいいんじゃないかと考えて、ハーヴァード・デザイン・スクールでアーバン・デザインを学んでみようと思いました。

コルビュジエ的デザイン言語の実際

GA　そこで都市デザインについて、どのようなことを学んだのでしょうか。

横山　行ってみたら何も内容がなかった(笑)。習ったのは六台のプロジェクタを使って美しいプレゼンテーションをすることだけでした。その時には、既に都市計画に対するロジックも変わってきていたんだと思う。

前川事務所に入る前に、フランスの学生と話していて、パリは高速道路を切り通し型や地中にしていて、東京の高架高速道路は環境破壊でしょうもないと言われたことがありました。お金や時間がかかっても、高架にしない方がよいと。

その時は理解できなかったけれど、アメリカで経験したのも同じようなことでした。ボストンでインターステート93がボストン市街に入ってくるところ、ルート128のところで止まっていました。それを市内に引き込むか問題になり、ハーヴァードに調査が依頼されたのです。土地収容されていた地区は黒人地区で、アメリカ人は関わりたくないという感じで、私たち留学生のチームが公聴会にリポートを出すことになった。

私たちは騒音など環境指標や交通量のデータを分析し、インターステートとインナーサークルを繋げると、その間で発生する交通が市内に流入するだけで、インターステートを市内に引き込む必要はないと結論付けました。当時の州知事は土木局出身の人だったのですが、市内の高架高速道に疑問を抱いていて、外国人の若造のリポートを受け入れて、事業を中止したのです。

それでアメリカはすごいと思ったけれど、六〇〜七〇年代には、**CIAM**的な高架高速道による交通を分離した都市像は、都市イメージとしても環境問題としても、主流ではなくなっていました。ちょうど、日本から溜池あたりの首都高の立体交差と汚い超高層による都市風景の絵ハガキが送られてきて、日本はそういうものが絵ハガキになる国なんだと、パリやボストンとの意識のギャップにショックを感じましたね。

GA　コルビュジエ的な都市デザイン・ヴォキャブラリーの陳腐化に、直面したわけですね。

横山　話はそう単純ではありません。六〇年にコンペによって**チームX**の**ジョルジュ・キャンディリス**と**シャドラッ**

ク・ウッズの案が一等になり、建設されたトゥールーズ郊外のニュータウン、トゥールーズ・ル・ミライユに行った時のことです。蜂の巣のように街が構成されていて、模型で見れば、これほど美しい都市はないと思うくらいでした。

　でも、実際はスラムだったんです。何のディテールもなく、模型通りにできている。滅茶苦茶殺風景で、当然フランス人は住み着かなくて、マグレブと言われる移民が住んで、失業率は三〇%。写真を撮っていたら、「こんなボロいの何で撮るんだ」と脅されましたよ(笑)。みんな都市デザインというと、マジックマーカーで線を引いてしまう感じで、模型を空から見る美しさと、ヒューマンスケールで経験するものとは全然違う。

　「チャンディガール」のマスタープランもそうだと思いますが、コルビュジエだろうとなかろうと、都市計画が持っているインヒューマンな問題なんです。都市計画はその部分を決定し、ヒューマン・スケールのアーバンはデザインできないんだと思う。

GA　「都市をデザインする」ということについて、何らかの結論に達したのでしょうか?

横山　私は敗北主義的アプローチと言っていますが、現在の世界的な状況としては、二つの方法が見出されていると思います。

　現実の都市計画は、既存の都市に対して行われるものが大部分ですから、さっき言った都市の自己調整能力を信じて、人間がコントロールできる部分的な計画、ミニプランを放り込む方法がひとつ。ミニプランを埋め込んでも都市は死にはしないし、上手くいけば取り込んでくれる。それが上手くいかなくても、つまり境界条件で問題が発生しても、それを解決するためのミニプランを入れればいい。チェーン・リアクションで後から後から付け足していけば、都市を改造できるというスタンスです。

　二つ目はひとつ目とも関係しますが、都市に対して人間の寿命は短いですから、少なくとも計画者であったら、結果まで見ろというスタンス。先ほど言ったように、都市は変化していきます。計画通りにつくったらお終いというわけではない。田園調布や新宿副都心くらいのスケールならいいけれど、トゥールーズ・ル・ミライユや千里ニュータウン、多摩田園都市といった計画が、都市のようにつくったけれど都市になっていないのは、機能的に計画された＝都市が持っている重層性に乏しいため。だから、自己調整能力がなく、変わっていかないわけです。一方、当初、非常に図式的に計画されたキャンベラが五〇年経って住みやすい都市になったのは、機能が上手く混じり合うように変化できたからだと言われています。そのような変化には、継続的に付き合うしかないということです。

建築家が決められること

横山　私個人としては、都市をつくるのは、人の意識やシステムだと思うようになりました。つまり、アーバンはデザインできないけれど、アーバン・システムはデザインできる。

例えば、都市のエネルギー供給ひとつとっても、二〇〇六年に東京で隅田川の送電線が切れて、その川下のエリアが全て停電した。それは、電力供給が中心から枝分かれしていくツリー構造だったからです。**クリストファー・アレグザンダー**が言ったように、都市はツリーというよりセミ・ラティス、今で言えばネット状の構造の方が適している。電力供給も、どこか切れていても繋がるようにした方がいい。パリやボストンの交通網もそうだし、フィジカルなものをより良くするのも当然、デザインです。**磯崎**さんは都市デザインは象徴だとしたかもしれないけれど、建築家の提案した都市像を見て、エネルギー供給はラティス構造がいいと考えてくれる政治家なんているはずがないでしょう。やはりデザインしなくてはいけないものはあるのです。

その時に、何をデザインするか。都市は地下にエネルギー供給があり、上下水道、通信網、地上に交通、建築などのフィジカルなものがある。さらに法律や人の意識、文化のレイヤーがあると思うのです。それは単に音楽を聞くというようなものではなく、昼ごはんはマクドナルドのハンバーガーを食べるとか、ありとあらゆるレイヤーが何重にも重なっている。そのどれが自発的に生まれて、どれをデザインするのかを見極めていく必要があるわけです。

今、私が日本の状況で重要だと考えているのは、プロパティ・インプルーヴメントと住宅の流通システム。

前者はまだ日本語がないと思いますが、日本では土地だけに価値があって、その上の建物や景観、環境は明確に価値付けられていない。そうではなくて、それらを評価し、土地と一体のヴァリューと考えていく。それをシステム化する必要があります。

後者は私も関わっていますが、日本の持ち家政策は、新築優先で、建物の流通まで考えられていなかった。だから、ニュータウンには自己変革が起こらなかったわけです。今からでも、既存建物の経済的価値を評価し、新築建物と同じ土俵で流通させていくシステムを構築する必要があります。

GA 建築家は、システム全体の中で、建築物のレイヤーだけのデザインをすることになる?

横山 必ずしもそうは思いません。もちろん、コルビュジエほどのチャンスも才能もないと考えれば、都市をデザインすることなんか考えなくてもいいと言うこともできますよ(笑)。与えられた設計条件の枠組みの中で、デザインをするだけという考えもあるでしょう。

しかし、例えば、**前川**さんは枠組みまで建築家が決める、という思想の人だったと思います。建築家には今でも、全て自分で決めなければならないと考える人もいるかもしれない。一方、どうせ自分には枠組みまでやれないからと逃げていて、非常に小さな役割しか果たさなくなっている人も多いように感じる。

個人的に、建築家には決められないものが大量にあると思っていますが、それを認識した上で考える必要があると思っています。私自身、建築家協会のアドバイザーとして、現代の建築家の役割をきちんと定義する必要があると考えています。
例えば、デザイン・アーキテクトという言葉をよく聞きます。でも、本当はアーキテクトがデザインをするのは当たり前です。それだけ、役割が細分化されて小さくなっていることの現れでしょう。つまり、建築だって様々なレイヤーがある。その関係を考えてどの範囲をデザインするか、ちゃんと定義する。そこで戦わないと、建築家の役割は小さくなるばかりだと思っています。

（聞き手／山口真）

PAVILLON D'EXPOSITION ZHLC 1967

ル・コルビュジエ・センター：スイス，チューリッヒ

MUSÉE CHANDIGARH 1968

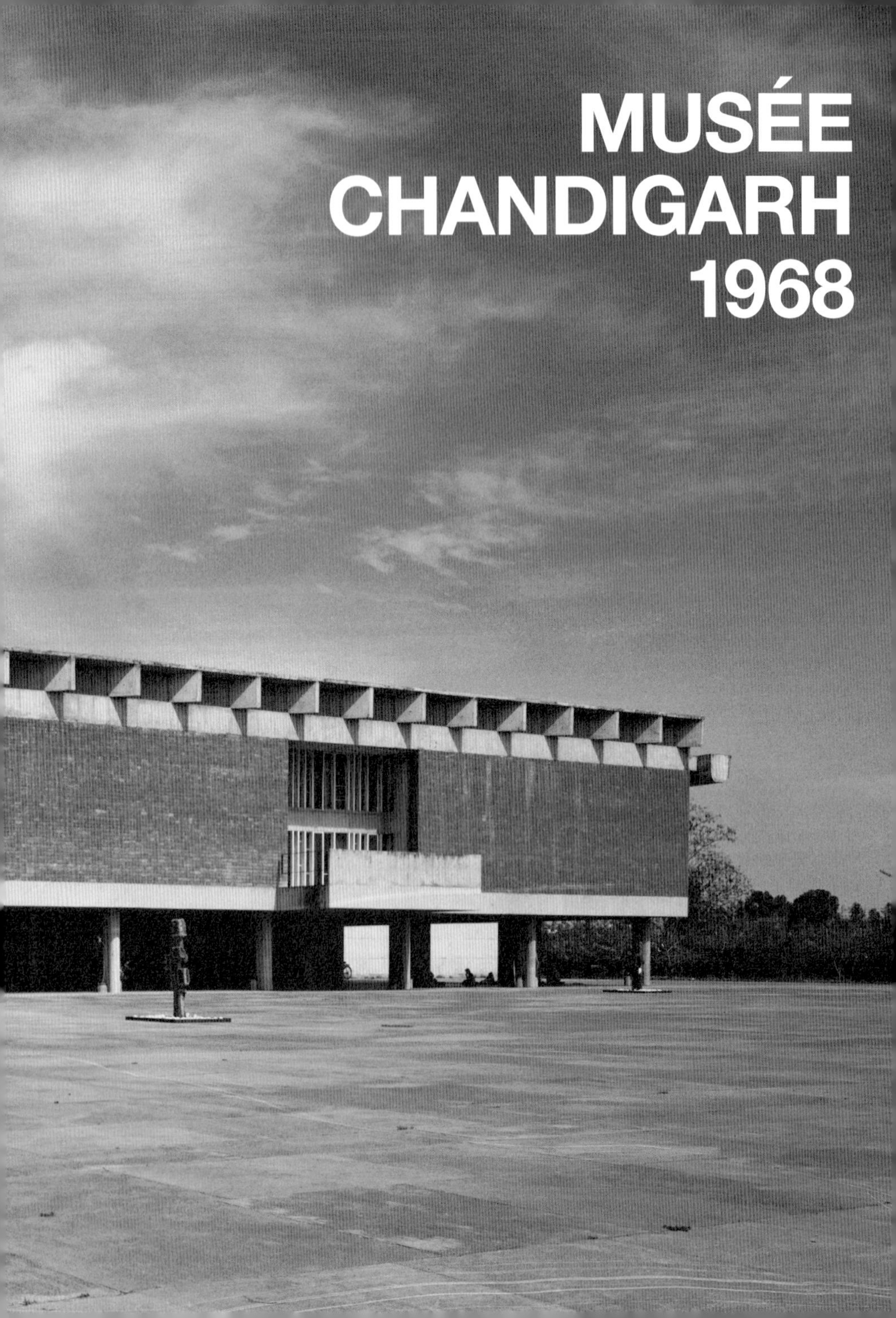

チャンディガール美術館：インド，チャンディガール

チャンディガールからハイパー・シティへ

磯崎新

1931年大分県生まれ。東京大学工学部建築学科卒業，同大学大学院修了。
丹下健三研究室を経て，63年磯崎新アトリエ設立。

なぜ、コルビュジエは都市を提案したか

二川　この章では、ル・コルビュジエが何のためにあれだけ都市計画をやったのかを伺いたいと思います。**磯崎**さんは、若い時から都市計画に興味があった人ですから、是非コルビュジエの都市計画を批評してほしい。

磯崎　彼が**「輝く都市」**(一九三〇年)という形に整理をした都市の改造コンセプトは、コルビュジエ初期のコンセプトとして一番重要だったとぼくは思います。その最初が**「三〇〇万人のための現代都市」**(「ヴォアザン計画」一九二五年)という、一九二二年のサロン・ドートンヌに出そうとしたものだった。もちろん、展覧会だからアーティストとして提案している。このやり方が、コルビュジエの都市計画家としての型を決めたと思います。

ぼくは、**伊藤ていじ**さんらと「日本の都市空間」という特集号(『建築文化』一九六三年十二月号)に付き合った時に、**「都市デザインの方法」**という論文を書いています。当時、都市デザインに対して、大学もはっきりしたコンセプトがなかったのを組み立ててみたわけです。

日本では都市計画と言うけれど、フランス語のユルバニスムはアーバン・デザインに近い言葉です。それがひとつの流れで、もうひとつ、シティ・プランニングの考え方がある。これは都市を規制する、コントロールすることからでき上がっている。コントロールの手段は、コンセプトというより、都市全体の構造、規模などに関するマスタープランです。それは道路パターンとゾーニング、さらにその中に、高さ、密度などの制御を含んでいる。これは法制化されて効力を発揮します。言い換えると、都市コントロール

は、近代都市ができ上がっていく過程＝近代国家がどう都市を組み立てるかという過程でつくられた。実際に世の中で言う都市計画は、そういう手のものです。

　それに対して、いずれCIAMにまとまる流れとしてのアーバン・デザインの系列。当時、近代デザインの運動が進む中で、アーキテクト側から都市を見る見方が出てきていた。そこで、コルビュジエはCIAMのコンセプト、アテネ憲章をつくり、具体案として「輝く都市」を提案した。その時に初めて形をなしていったわけです。そこで、シティ・プランニングと対立しているコルビュジエ側が、それをどういう具合に考えていったかが、おそらく今回の話題でしょう。

　しかし、ぼくが論文で書いたのは、この二つの流れは都市の問題を考える上で、お互い相補う関係だということ。数量的に考え、コントロールすることと、デザインとして考えていくこと。それは都市の両面であって、相補的なものです。どちらがいいとは言えない。

二川　建築の仕事を得るために、都市の提案をしているのではないですか？

磯崎　コルビュジエは、どこかでひとつ、都市計画を仕事としてやりおおせないといけないと考えていたと思いますよ。でも、都市計画は、ある意味で言えば、どういうコンセプト、デザインでやるかを意志決定できる人間がいないと成り立たないわけです。そのためにコルビュジエは、建築も都市のアイディアだということで、一生懸命、売り込みをやったと思う。例えば、「ソビエトパレス」（一九三一年）の前後にはロシアに通って、「セントロソユース」（一九三三年）が実現する。ただ、でき上がった時には、本人は全く排除されたという状態になっていたわけです。この関係がコルビュジエの場合にはいつもある。

　コルビュジエの意図したことは、ある意味では、一九三三年にヒトラーが権力を取った時に、アルベルト・シュペアーが現実としてやり始めていた。シュペアーは、コンセプトとしては、もうひとつ昔の建築まで含めたやり方を、建築総監という立場でやり、その他に実務的な都市計画家がいた。その中でベルリン中心部の一角を総まとめしてやれというのが、**ヒトラー**の命令でした。このやり方と、コルビュジエの提案の仕方は、基本的に同じなんですね。

二川　つまり、建築家主導？

磯崎　というより、立体的な都市イメージによるデザイン主導。現代はそれが有効な時代になっているんですが……。ともあれ、コルビュジエ自身は、建築デザイン上はボザールと対立したと言われているし、都市計画なりをコントロールしている機関からも、常に排除された側にいたと言える。

展覧会も基本的に同じです。いろいろやっているけど、別に頼まれていない（笑）。一九二五年のパリ装飾美術博覧会《アール・デコ》では、**「エスプリ・ヌーヴォー館」**をつくり、その中で**「三〇〇万人の都市」**を提案したけれど、これには**フルジェ**さんというプライベートな出資者がいた。だけど、会場はメイン会場からうんとはずれた、人が行かないような余った場所の穴埋め。しかも一説によると、主催者から「こんなのは認められない」と言われて、塀で中に入れないようにされたらしい。

一九三七年のパリ万博では、**シュペアー**設計のドイツ館と、コルビュジエがコンペに応募して最初にはねられた**ソビエトパレス**の当選者、**スターリン**のお眼鏡にかなったロシア人建築家**ボリス・イオファン**によるロシア館が、エッフェル塔を中心にした軸線を挟んで向かい合っていた。自分の所にいた**坂倉準三**は日本館をやってグランプリになるし、**ホセ・ルイ・セルト**がスペイン館をやって、その中にゲルニカが出てくる。その時、どの国も本体のコルビュジエには頼まないわけです（笑）。何とかして小さいテント張りのパヴィリオンをつくったけど、この時もどこにあったか分からない位。三三年にはアテネ憲章ができていますから、ごく少数の人の間では都市運動みたいなことをやっている。北アフリカや南米に行って、近代建築の先頭を走る建築家だというので、みんなが注目する。その都度、地元建築家と関係を持って有力者に会ったり、大学のレクチャーで売り込みの提案をやっているわけです。けれど、コルビュジエ自身は全然浮かんでこなかった。社会的なポジシヨンとしては、都市なんてつくりようがなくて、横に押し出されていたというのが実情ですね。

モニュメントとしての都市イメージ

二川　どの提案も、都市計画というより造形ですよね。

磯崎　ずっと一貫しているのは、リアルに都市を制御していく政策的な方法論に対して、別のイメージをドカーンと持ち出すことによって、ドラスティックに都市を変えていく、衝撃的なデザイン提案の仕方。それはある意味で、デザインや建築を含んだ近代芸術一般の、つまり近代の持っているひとつのやり方だと言えます。

アヴァンギャルドと言われている近代芸術がどういうことを考えてきたかというと、十六世紀の**トマス・モア**に始まり十九世紀には**シャルル・フーリエ**など何人かがやろうとした、ユートピア的社会主義という伝統があるわけです。二〇世紀には、この伝統と社会主義革命が繋がって、将来の新しい社会を理想社会としてつくろっていこうという流れがあった。コルビュジエたちは、デザインを通じて、その流れに入ろうとしたと考えられます。

つまり、アヴァンギャルドに共通しているのは、理想的なユートピアを未来の目標に組み立てて、そこに前進していくということ。それに対して、資本の動きでドンドン広がるという都市の現状を、将来どうこうより、今に対してリアルにコントロールする手法。そのように、二つの都市の見方の背景を捉えられると思います。

ぼくたちが建築家として近代建築を受け継ごうとした一九三〇～五〇年代という時代は、この理想社会を依然として抱えていて、それに向かって前進しようという流れがありました。その時、芸術的にアヴァンギャルドであることと、政治的にアヴァンギャルドであることが、一致しなくてはいけないという**スターリン**以来の理論がロシアにはある。日本でも、この論争がずっとありました。そのあげくに分裂をしたんですね。そこで政治を言わずに、芸術のアヴァンギャルドに絞っていったというのが、五〇年代のひとつの流れです。コルビュジエ系統のユートピア論では、絵を描かざるを得ない。その絵の描き方は、**CIAM**の中から**チームX**が出て、その後にメタボリズムが来る。それが最後でしょう。

いずれにしても、ユートピア型の提案手法は、それを評価して取り上げてくれる人＝権力者が必要です。**ヒトラー**もそのやり方だったし、「**ブラジリア**」（一九五七年〜）を進めた**クビチェック**大統領も、それに近いことをやれた人だと思う。そこで、**ルシオ・コスタ**にプランニングを、**オスカー・ニーマイヤー**に建築をやらせて、「**ブラジリア**」ができた。五〇年代にも、ひとつのユートピアを組み立てていき、かつ実現することが、実例としてあったわけです。

二川　ぼくは、「**ブラジリア**」には都市計画を感じましたが、「**チャンディガール**」（一九五一年〜）は、コルビュジエの建築だけができている印象でした。基本的な都市計画はあるけれど、非常に希薄で、建物の造形ばかりが目立つ。

磯崎　世界の都市計画スケールの動き方を見ていると、「**チャンディガール**」は地区計画なんです。都市計画のうちに入らない（笑）。ひとつの地区で、行政中心といった類の提案です。もちろん、コルビュジエがつくった全体のマスタープランはあるけれど、「都市はダイナミックに展開して成長していく」という都市概念ではなく、割とスタティックにひとつの枠を決めて、その中でやっていく。そこでコルビュジエがやったのは、一種の田園都市で、現実の「**チャンディガール**」はその時に考えていた密度ではない。いわば、仕立てが全く合わなくなってしまった服みたいなものです。けれど、顔に当たる部分は建築のデザインだから、それは残ったと言える。

実際には**ピエール・ジャンヌレ**という彼の従兄弟が公共住宅の一般解をたくさんつくり、コルビュジエ自身も大学や美術館など、いろいろ考えているわけです。それらは、全体にまぎれて見えなくなってきたのでしょう。結局、「**輝く都市**」は、都市の未来像に対する本当の意味でのプロトタイプを提案したと思うのです。その通りにつくったら、本当は上手くいかない(笑)。

二川　彼のやったことを見ると、都市のパーツ屋さんだったとも言える。

磯崎　それに関しては、もうひとつの見方があり得ます。つまり、一種の統治そのものとしてのキャピタル・シティ、首都の問題。それはグリッドなどのシステムというより、何かひとかたまりとして構造を考えていくやり方で、十九世紀まではそれでよかったわけです。例えば、古くは長安の都市計画がそっくりそのままのパターンで、平城京、平安京に来る。都市計画とはその手のものだとも言えるわけです。

そう見れば、コルビュジエが二〇世紀にやろうとしたことも、頭にヘッドクオーターがあって、その下に肺や胃袋に相当するオフィス街や工場、住宅地などが並び、循環器としての道路や鉄道がある。このように、都市構造を人体構造に引き当ててやっているのが「**輝く都市**」のパターンです。これは、形としては完結していて、その外側は農村であって関係がない。十九世紀的なものの限界だったと思う。つまり、一種のフィックスされたモニュメントであり、十九世紀までの都市の型を二〇世紀に受け継いだ例だろうと思うのです。

そして、おそらくこいつを二一世紀につくろうとしているのが北京です。北京は、元の時代から明、清を通じてでき上がったひとつの型を持っている。それは以前は城壁の中に入っていたけれど、**毛沢東**が城壁は要らないと言って、その跡は環状道路になった。今の北京の都市計画は、そのパターンを、二環、三環という具合に、どんどん同心円状に拡大しているわけ。その軸の頭のところに、今度はオリンピックを持っていく。都市が持っていた基本的な型を単純に広げているだけだから、普通は成り立たないんだけど、無理矢理実現する。当然、様々な矛盾が出てくるわけです。

要するに、恐竜の化石みたいなもので、それが生きていた明清時代の小型の化石が、そのままの形でバカでかくなる。巨大スケールの恐竜の化石みたいな都市計画なわけです。

だけど、元は都市にひとつのコンセプト、形式があって、それを広げているという理屈が一応ある。それが現実に合うかは別問題として（笑）。同じことが、コルビュジエの場合にもあったと思います。とりわけ**「チャンディガール」**は、当初の型は、その後展開していったものに埋没しているでしょうね。だから、都市の形は見えなくなっちゃった。

　コルビュジエの持っているひとつの限界は、手法そのものがアーティスティックであったが故に、十九世紀的な残骸を引きずっていること。だけど、イメージそのものは、その制約を超えて、もうひとつ先のアイディアをたくさん含んでいる。だから、これはその後、バラバラに使われていった、あるいは生きていっている。そういう形になったんじゃないかな。

二川　パーツは生きている（笑）。

磯崎　だから、それを都市計画と言わなきゃいいということだと思います。

現代都市はどうなっているのか？

磯崎　だけど、今、事態は別の形で動いているとぼくは思うのです。キャピタル・シティは十九世紀型だと言いましたが、二〇世紀型としては、メトロポリスという概念が想起されます。今までの輪郭の固まった都市が変化する。ひとつの例として、十九世紀末にヨーロッパで、都市を囲む城壁の破壊が起こった。そして、鉄道や自動車という交通機関が、都市の中に割り込んだわけです。それによって、都市の内部も変わっていく。一番典型的なのは未来派の提案で、交通機関と都市の建築を合体させる。つまり交通のダイナミズムと建築のダイナミズムを組み合わせるという発想です。今であれば、駅を開発すればひとつのセンターになるというもので、基本的に形がなくなっていく都市計画です。メタボリズムもその流れだと言えなくもない。そして、コルビュジエだって**「アルジェの都市計画」**（一九三〇年）で、先駆的に提案しているわけです。他にも、ダイナミックな車の動きに対する提案を実際にやっているけれど、作品集で目立つのは建築物で、都市の一部の都市広場とか行政や文化のセンターという、もっと昔の中世都市の規模を具体的にデザインしていく。そういう成り立ちですね。

しかし二〇、二一世紀においても、首都の問題は相変わらず残っている。先ほどの北京の話とも繋がるのですが、韓国では**ノ・ムヒョン**元大統領が、首都移転をすると決めた。ぼくはその一番最初の議論の場に行って喋ったことがあるのです。要するに、首都移転するのに、**「ブラジリア」**型と**「チャンディガール」**型があると。**「チャンディガール」**は、当初、ポーランド人建築家**マッシュ・ノヴィッキ**がプラニングをしていて、コルビュジエのマスタープランもそのスケッチにかなり基づいている。しかし、**ノヴィッキ**はインドから帰る飛行機が落ちて死んでしまう。当時の首相が**ネルー**で、次に誰に頼むかということで、コルビュジエの所に行ったというのが有名な話です。そこで**ネルー**が何をやろうとしたか。要するに、その頃、パキスタンが独立したわけです。それで、パンジャーブ州が真二つに割れた。その境界線すれすれの所に**「チャンディガール」**をつくったんです。

つまり、「これだけのものがインドにある」ということを、対パキスタン向けに示すために計画したのが**「チャンディガール」**だったわけ。それで韓国で言ったのは、もしこのパターンでつくるなら、三八度線につくれと(笑)。

もうひとつが**「ブラジリア」**です。**クビチェック**という大統領は、政治的に弱い地域の市長から成り上がった人で、政治的に、サンパウロとリオデジャネイロの間で苦境に立った。そこで彼は、当時の首都サンパウロとは全く無関係のジャングルの中に、**「ブラジリア」**をつくる。既成の古い政治勢力から距離をとることによって、逆にブラジル全体を統括する戦略をとったわけです。

聞くと、韓国は**「ブラジリア」**型だと言う。要するに**ノ・ムヒョン**は、国内政治の地理的勢力図から首都移転をすると。それで、国際コンペが開かれたのです。予定地は、風水的に適切な、周りを山で囲まれた穏やかでいい風景の土地。すると、提案の中に、周辺をずっと開発して、真ん中の一番景色がいいところを開けておくという案があった。ぼくはなかなか良くできていると思い、空洞という概念で盛んに説明したわけ（笑）。それで、似たような案が選ばれたんだけど、実は魂胆があった。どうせ、南北が統合した時には、もうひとつ首都がいるだろう。それをこの空洞につくればいいじゃないかと（笑）。まあ、半分ジョークみたいな話です。

二川　それは非常に現代的ですね。コンセプトとして、完全を求めない。完全性が強いと、逆にせせこましくなりますから。

磯崎　そう。完璧な形をつくろうったって、現実には無理なわけです。

それから、もうひとつ大きな動きとして、二〇世紀の後半に、都市規制の流れの中から出てきたものがある。つまり、そういう規制の仕組みを一切合切外せという動きが出てきたのです。つまり、デレギュレーション、日本では規制緩和と言っているヤツです。言葉は緩和ですが、実際は規制無しというくらいの状態で、一九七〇年代からそうしない限り資本主義は上手くいかないと言われるようになっていた。これを一番極端に言った政治家は、**サッチャー**と**レーガン**だと言われている。その結果、何が起こったか。それがグローバリゼーションなんです。

その時、都市はかなり無茶苦茶な状態になる気配がありました。丁度、同時期に**レム・コールハース**は、「**ジェネリック・シティ**」と言ったわけです。ぼくの見るところ、彼は直感的に、今までの仕組みを崩す経済法則が出てきたんだから、都市もそれに応じて変わっていいんじゃないかと考えた。その日本語訳として、ぼくは「無印都市」と言っています。今のブランドになっている無印良品じゃなく、全くないところから全て始めてしまえというものです。同じように、都市も考える。結局は、やりっ放しで、どうとでも動いていいというバラバラ状態の都市。そんな変化の状態をそのまま認めてしまえという姿勢が基本にある。だから、レムの流れの連中がいろいろ調査をやってできたプランは、だいたい面白くないでしょ。それは、単純に今までの基準を崩しただけなわけ。ただ、その状況を言い当てたことは重要です。

そこでは、コルビュジエの描いていたような、寸法や形を持った都市が完全に溶けちゃった。ぼくは、「見えない都市」とか「流動化する都市」あるいは「都市はバラバラになって群島状になる」と言っていたんだけど、まだ上手く捉えていなかった。それは、実はお金の動き方と同じなんです。会社の買収や合併、ものの証券化など、今、日常的に起こっていることと都市の変化は、同時発生している。最近、ぼくはそれをひっくるめて「ハイパー・シティ」と呼んでいます。つまり、もはや都市でもない。そこで何が起こるかが、これからの問題です。

今の世界の建築家の動き方のひとつは、サーフィンしている状態です。つまり、世界的に流動する開発資本は、アメリカから始まって、ロンドンやベルリン、中国、中近東と流れていき、今はロシアまで行っている。その度に大開発が行われる。まるでツナミみたいなものです。建築家は、波に乗って、開発の一部のちょっと目立ったアイコンを、ブランドとしてデザインする。アイコニック・アーキテクチャーと呼ばれているものです。

二川 そこでは、デザインは進歩しているのですか？ 退歩しているのですか？

磯崎 そこでは関心を惹くことが重要で、デザインが良い／悪いという理屈はないんです。ブランド品を見れば分かるように、デザインが良いからブランドになるわけではないし、デザイナーは毎年雇われてシーズンの流行を発信する。でも、**ルイ・ヴィトン**はいつでも**ルイ・ヴィトン**。建築なら、部分で誰々がやっているといっても、全体として「ミッドタウン」というように。一方、個人のデザイナーの名前を冠したブランドでは、名前がブランド化するのが重要だから、本人がどこまでデザインしているのかは分からない。デザイナーは、そのようにパーツになって実際にデザインするか、ブランド化するかの二極化が進んでいると言えます。現代アートも似たような状態です。これはバブル状態で、いつ止まるかも分からないという状況なんです。

（聞き手／二川幸夫）

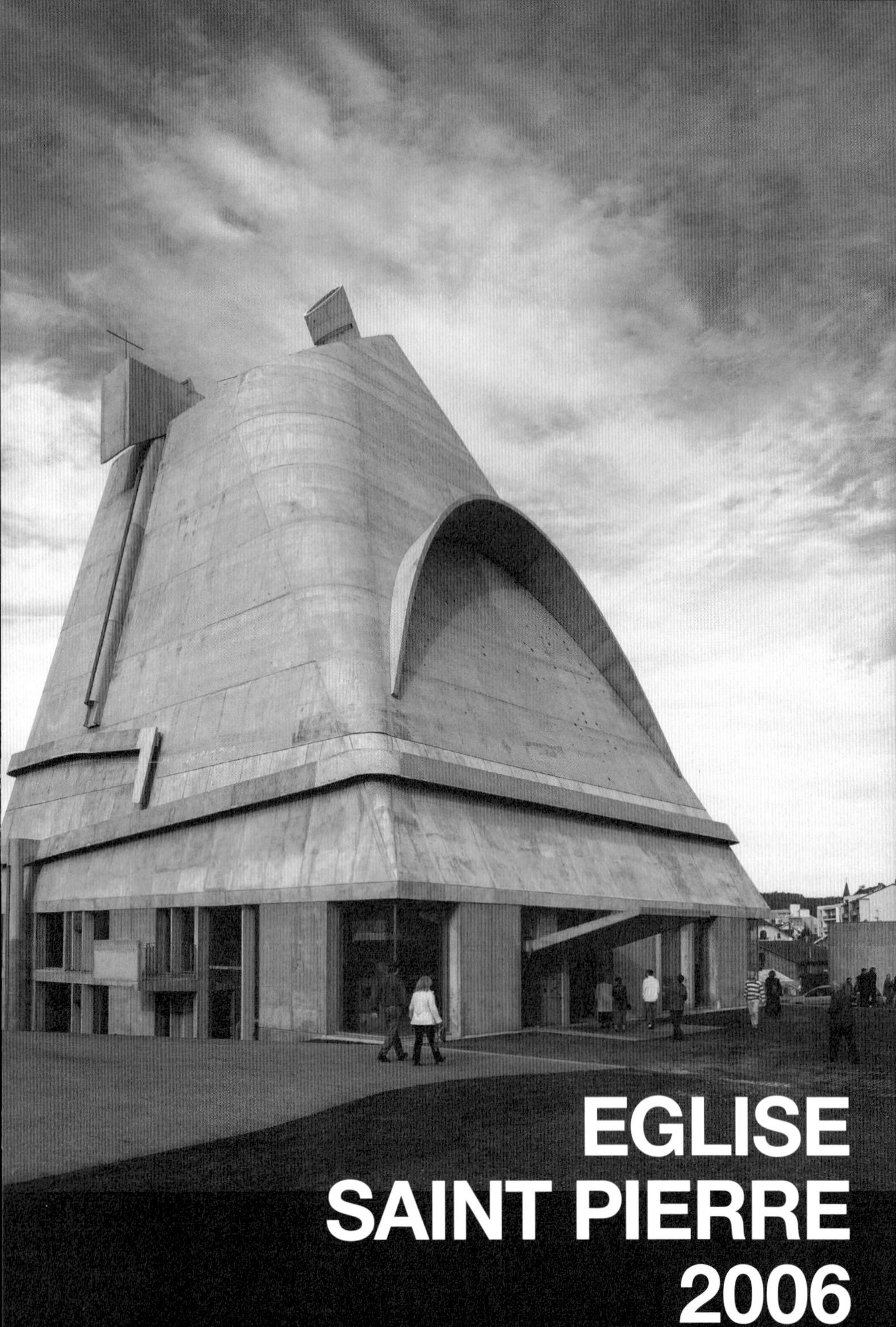

EGLISE
SAINT PIERRE
2006

チャンディガール————『チャンディガール:ル・コルビュジエの仕事ぶりを通じて想うこと』

吉阪隆正

裁判所の基礎を掘っていた頃

未来のパンジャブ州都のできる土地を私がはじめて訪ねたのは、一九五二年の秋の暮だった。貧乏書生の旅行のこととて、デーリーから四等車の夜行で向ったのだった。同じ客車には無賃乗車の人々が沢山のりこんでいて、毛布一枚にくるまって、通路といわず一寸した隙間にもふるえながらうずくまっていた。はじめ無札とは知らなかったので、席を譲り合おうとしたら「お前は切符を買っているから、堂堂と寝ていなさい。しかし足を曲げたためできた空きに、人が坐ったら、それを押しのけてはいけない。」と親切に注意してくれた人がいた。そういわれて見ると、列車が停車するたびに大勢下車し、発車しかけると皆いっせいに乗車するのは、まさにただのりの連中だったのだ。

午前四時だろうか、まだ星空で真暗かった。かの親切な男がチャンディガールへ行くならここで下車しなさいと教えてくれた。疑う気もち半分で荷をまとめて下車したのだが、他に下車したのは一、二名だ。何もない原っぱのような所に降り立って暗闇の中をすかして見ると小舎らしいものがひとつだけで、灯もともっていない。そのうち汽車は出ていってしまった。

『GA 30 ル・コルビュジエ/チャンディガール』(1974年)より再録

同駅というより、同地点で下車したよしみで仲間に挨拶すると、「もう少しすると夜が明けるから、そしたらあの小舎でお茶が飲める。動くのはそれからがいいよ」と教えてくれた。

この地点が見なれていた図面の一番右端の将来の町の東側を流れる涸川の対岸であることは、あとでトラックで真直に西に走ってわかった。土埃りを浴びた木々が道に白っぽく立っていたが、これはV2、チャンディガール市の第一幹線道路になる所だ。七つのVの道路区分が思い出される。そして中央の広場に出た。カピタル・プロジェクトという白い立札があって、その奥に黄色い連続したアーチの建物がひとつ、その近くに木立ちに見えかくれしながら白壁の平家が何軒かあった。

現場駐在のピエール・ジャンヌレやM・フライやJ・ドリュらはここにいた。荷を置くと早速中央政庁の敷地カピトルを見に出かけた。もう大分陽も高く昇っていた。十一月というのに歩くと汗が出る。何かを収穫したあとらしい切株が規則的に残っているが、今は一面の黄色っぽい土だけの畑地に、牛がねそべっている。所々小高く盛り上げた所の横には凹所に水が溜っている。その近くに泥つくりの何戸かの農家があった。その中央に大きな榕樹《ガジマル》が一本、涼しげな木陰をつくっている。石の枠をはめた井戸がその傍にある。モヘンジョダロの頃と同じような牛車が置いてある。六千年同じ生活がここでは営まれて来たのだ。水さえあれば、ここはまだ肥沃なのである。

北の方に、ヒマラヤの前山の丘が、コルのスケッチそのままに、うっすらと緑がかった色を横たえている。その麓に小さく人がむらがっている。その所だけが赤茶けたしみになって工事場がそこだと示している。てっぺんに白い布を結びつけた高い棹が、そちこちに何本か立っていた。

土工事の現場についた時は、丁度昼飯どきになっていた。赤や黄のサリーの女、裸の男、小さい子供らが家族ごとにひとかたまりになってチャパティなどを食べていた。掘られた穴の中央に掘り残しの土の塔がある。仕事量の証拠物なのだ。これを測って賃金が支払われる。土を掘るのは男の仕事、籠に盛った土を頭にのせて運ぶのは女の仕事だ。長いサリーの裾が足にからむのを、片手でからげながら運んでいる。この方がトロッコを利用するよりはかがいくのだ。

白紙に自由に描く悩み

少しながながと旧来の印度の生活を描いたのは、コルが何気なく洩らしたことばのもとを、私なりに想像したこととして伝えたかったからだ。恐らく彼もはじめて現地を視察したときこうした農村に接し、それとは全く別天地の首都を構想するのにとまどったと思われる。束縛となる手がかりは何もないのだ。ヒマラヤは人間の世界に比して大き過ぎる。人々はその悠久と共に生きている。

合理性や、能率やらの近代文明はここにどんな形で持ち込めるだろうか。考えて見れば彼がそれまでに思い切った提案をして来た多くの都市は、南米であろうとアフリカであろうと、あるいは欧州でも、そこに動めいている矛盾だらけの生活に大手術を施すのがきっかけであった。

今度は違う、六千年も安定し停滞して来た世界だ。さまざまな人間側の矛盾は、矛盾のまま自然の中にとけ込んでしまっている。いって見れば全くの白紙に自由に新しい世界を築く宿題を与えられたようなものだ。

だからこそ、「一切の束縛がないというのは難しいことだよ君」という声ともなるのだ。彼の得意なことは、複雑な条件のからみ合った世界に、簡潔な答を提案し、仕上げていくに従って細かい配慮をもりこんでいく方法だ。いって見れば演繹《えんえき》的手法と呼べようか。しかし、チャンディガールでは、そのとっかかりとなる拠点が見い出しにくいのだ。

少ない手がかりのひとつとして、この設計の話が持ち上った時のいきさつがあった。私はその場にいなかったし、噂を聞いただけであるから真偽はうけあえないが、はじめ印度政府はさるアメリカ人に設計をたのんだ所、全くアメリカ的自動車社会の案を提出した。これについてコルの所へ意見を求めて来たのだった。コルの返事は、私には人の案の批判はできない。私の意見を知りたいなら、私に設計させなさいといったとのことだ。ことの起りがそうであるだけに、全体の組立てについていつもより更に真剣とならざるを得なかったことだろう。

人体寸法、歩行者の世界から出発した彼の寸法理論、モデュロールが、大スケールの設計に挑戦する機会であった。そこで余裕のある青系列の数を拾って見た。四四九、七二七、一一七七《メートル》といった数が浮び上る。これに道路巾を足すと、八〇〇《メートル》、一二〇〇《メートル》という街区割りができた。

そう設定されたものの、多分まだ絶対の自信があったわけではなかろう。彼を後に京都に案内した時、京の町割りが八〇〇：一二〇〇にほぼ相当するのを知って、非常に嬉しそうにしていた。モデュロールは素晴らしいと自画自賛したくなったのだろう。

後に建物の設計の頃にも、自製のモデュロールのバンドをフィルムの空鑵に入れて持ち歩いていたが、ジープで乗り廻すうちにポケットから落としてしまった。そのことを、チャンディガールにモデュロールが種つけされたと報じているくらいだ。

住区については、それまでも南米に行った時にクワドラスと称する旧来の正方形割りの町つくりからヒントを得ていたし、ボゴタ(コロンビア)の計画にも用いていたから、発想までは比較的楽であったろう。寸法の問題くらいであったともいえる。

しかし中央官庁群のカピトルはそうはいかない。そこで先ず八〇〇《メートル》の正方形を頭に描いて見た。八〇〇《メートル》というのは銀座八丁ともいうように、商店街などの自然発生的には最大の延長寸法である。英米ではこれを半マイルとしているのも面白い。だから住区の中の商店はこの八〇〇《メートル》の横断線に沿ってつくられていて、全くに自然で調子がよいのだが、中央官庁にしては、どうも少し大きすぎるようでもあり丁度よさそうな寸法でもある。

そこでこの矛盾を解決するいみで、四〇〇《メートル》の正方形を二つ並べて見た。モデュロールの発想のときの実験と同じである。再び奇蹟が生じるかも知れないという期待があったことだろう。この二つ並びの正方形の相接する辺を、先に描いた八〇〇《メートル》の正方形の一辺の中央に重ねて見ると、美しい図柄となる。

この中に三権を分立して配すればとなるとあとはもう建築の設計にまっしぐらに進めるようになる。

伝統様式との対決

最初に発注されたのは最高裁判所であった。これは八つの小法廷とひとつの最高法廷、そして事務局を持つものであった。

これをどこに配置するか。常風向や太陽（日陰）のできる方向などが方位の指針とはなるが、広い敷地に、他の建物とどう関係させるか、このことについて彼はモデュロールIIの中で次のように述べている。

「建物の配置を決定するについては、視覚の問題が決定的となってきた。八《メートル》の高さの棹をつくらせて、これを白黒交互に塗らせ、白い旗をその先につけさせた。そしてまず敷地選定の第一案を想定した。建物の角にこの黒白の柱がたてられた。こうしてみて、建物の間隔が離れすぎているということに気がついた。この制限のない土地で、非常な不安と煩悶の中で決定しなければならなかった。悲痛なる自問自答。私は一人で評価し決定しなければならなかった。もはや理性の問題ではない。ただ感覚の問題である。チャンディガールは司法官や殿様や王様の町のように、城壁をめぐらされ、隣同士が重なりあっているような町ではない。平野を占拠しなければならなかった。図形的な操作が、まこと知的な彫刻なのであった。手の中には、これを試みる粘土もなかった。模型によって、この決心のしっかりした支点を見出すこともできなかった。それは数学的な緊張のなかから、建設の完成されたときしか結果として見られない問題であった。正確な位置、正確な距離、その評価。それは頭の中で空間の戦争のようなものであった。算術的、組織的、図形的、それらのすべてが、完成されたときにはあらわれてくる。いまのところは牝牛や山羊たちが、太陽によってただれた畠のなかを百姓に連れられて、通るだけである」と。

建物の立面、断面の決定もまた同じように数による、図形による知的な彫刻を続けている。幾何学、数学の非常に発達したアラビアの伝統建築の美しい比例、その回教の遺産が常に刺激となったことであろう。

配置の骨組に正方形を用いたのだから、そしてモデュロールに頼って、正方形をつらねて、二つの正方形の中に五つの正方形、五つの正方形の中に八つの正方形とひとつの大きな正方形、すると余りが出てしまう。余りをうまく利用して、と、その構図は次第にかたまっていった。機能主義的なものよりは、造形の方が重要なのだ。機能はきっかけに過ぎない。

事務局で設計を進めているとき、機能的な組立てが終った頃、彼はいつも「さあこれから建築をはじめよう」というのが常だったことが思い出される。しかしどうも機能の組立てにとりかかる前に、既にある造形が予想されていないと、こういう事態には至らない。その辺が建築は骨組みの発想と最後の仕上げが重要だという気がする。機能はその中間でチェックの材料にされるだけなのだろうか。いって見れば使い方は時と共に変化するだろう。そのたびに建築をつくりなおすことはできない。すると固定した空間をつくり上げる造形の重要さが、その比例のよさが、大切なことだとわかる。それは都市のような大きなものになればなるほど強く影響する。

私はチャンディガールで、最初につくられたこの裁判所の建物が一番好きだ。のちにその前面につくられた大きな池、その池に姿を二倍にしてうつる光景は、最初の敷地づくりの二つの正方形の精神がそのまま生かされているからであろうか。

もっとも、池をつくる考えは、彼が印度の各地で見学したときに拾ったもののようだ。印度人は水を造景の中に生かすのは天才的だったといってもよい。至る所にその例がある。モンスーンのあとの水溜りから、見つけ出した手法であろうか。コルは私に、チャンディガールへ行ったら、その少し先のカールカの庭園の見学を忘れないようにといってくれた。そこに、この池への着想のもとはあったようだ。タージマハールの前面の水を想い出すまでもないことだ。

立面の大部分の要素となっているブリーズ・ソレイユは、彼がマルセイユの玄関でおずおずと試み、ナントで自信をもって発展させ、ここで主要テーマにまで伸ばしたものだった。その枠の中にひる休みにうずくまって昼寝をする印度人の姿は一幅の絵とも見られるほどの地についたものとなった。

また法廷の壁面にさげられた織物は、監獄の囚人たちによってつくられたものだが、そこにはロンシャンの七宝と同じ精神的な図柄が配されている。

そうした彼の過去の長年にわたる創作、その集積がこの建物をつくり上げているから特に魅力を増して迫ってくるのかも知れない。

アルジェ以来の執念

一九三〇年代の初頭、コルはある機会からアルジェの港湾地区の再開発案にかかわって来た。いくつか住宅などを手がけ、国際連盟の競技設計以来意気軒昂な時代であった。高層の業務街は実現するかも知れない見通しであった。最近、彼がこのアルジェの計画にいかに打込んでいたかを証明する往復文書が公表されたが、数年の間に何回もいろいろな案を提出したにも拘らず終に実らなかったときの彼の失望は、その最後の手紙に切々とのべられている。いつかはあの案を実現したいと、彼は心の内に大事にしていたことだろう。

そしてチャンディガールはその機会を与えてくれた。合同庁舎である。長さ二五四《メートル》、高き四二《メートル》、三千人以上の役人を収容するものだ。ここに七つの省が入る。六三のスパンに二五二本の柱が建つ。その造形は正にアルジェの垂直のビルを横にねかした姿である。

ここでもモデュロールは基本の寸法を決定するのに役立っている。だがそれだけであったら、比例のよい柱間と床高ができるだけで二五四《メートル》という長さは、単調な繰り返しに終っただろう。しかしモデュロールには、青列と赤列という二：一の関係の寸法がある。そこでこの単調さを破り、逆に大きさを出しながら、巨大さを救うという配慮がここから生み出されている。

アルジェの計画案をつくっていた頃には、まだモデュロールは発明されていなかったが一：二とか一：三といった比例は随所に用いられていた。それが近年日本に見られる商業主義的超高層のずんべら棒な姿とは異った親しみ易い表情を与えている。また平板になり易い屋上は、彼が早くから唱えて来た屋上庭園として、またマルセイユの住居単位での作業から見い出したシルエットの面白さを遺憾なく活用している。

そして、裁判所をつくるときに、スロープによる昇降を中心軸にしたように、ここでは逆にスロープを突出物としてひとつのアクセントに生かしている。もっともスロープは彼の作品にはごく古いブエノスアイレスの医者の住宅以来度々登場してくるモチーフである。

こうして見ると、この合同庁舎も、いきなり、チャンディガールで設計をはじめたというより、すでに長い年月がかかって磨き上げた術語が大いに再登場して来ているといってもよい。何年も暖めて来た表現が、やっと所を得て実現するというものだ。彼はどちらかというと同じモチーフをいつまでも大切にする性格の方だ。かつてパリ大学村のスイス学生館の壁画に、彼は一角獣のような女神のような図を描いた。それは随分古いスケッチにも見られるものだ。それから二〇年も経った頃、チャンディガールへの往復の彼のスケッチブックには、未だにその同じような一角獣的女神の習作がのっている。

目新しいものばかり追って、つい前とは違うものを模索したがる自分への反省材料として感心したのだった。あのくらい長い期間、練りに練ってこそ本ものができるのかも知れないと思うのだった。マルセイユの住居単位も、その発想から実現まで三〇年近い歳月が流れているのだ。アルジェの計画がチャンディガールに芽吹くのも当然であろう。

同じようなことが「開かれた手」についてもいえる。握りこぶしと丁度反対の心を彼は気に入って盛んに描いていた。それはずっと単なる絵画として楽しんでいたのだったが、一九五一年、ヒマラヤを背景にこれを建ててみたいという気になった。バルマ氏からこのモニュメントを至急実現できるよう考えてほしいとの依頼もあった。「思いやりの堀」と名付けた中心部の土とり場のあとを生かすにはもって来いだった。再びモデュロールが寸法決定にあずかった。そして形をしっかりと決めていった。残念ながら、これは未だ実現していない。

モデュロールは、チャンディガールをつくり上げる上で大活躍をしている。その後同市にできた建築学部の学生たちは、こうしたコルの影響をうけて更に建設に参画しているが、至る所でモデュロールは用いられ、住宅、事務所等がその後もつくられている。

だが、モデュロールは、彼自身もいうように、単に調律された楽器のようなものだ。弾き手がうまくなければ音楽にはならない。そして、彼自身もそうした弾き誤りをおかし、あわてたことがある。

それは総督官邸の設計のときだった。それまでの殆んどが、多くの人々の入る公共建物で、青系列の余裕を持った寸法が大変適切な空間をつくって来た。彼はついその勢いで官邸も進めてしまった。そして予算超過という警告にはっとしたのだった。大きい方の寸法でつくったから、いって見れば二倍の大きな宮殿になってしまったのである。これは巨人の住宅だった。この邸宅もその後の政治経済状勢のため未だ実現はしていない。その意味ではカピトルの全体構成の中で、開かれた手とこの官邸がないので、画竜点睛を欠いている感じである。

なお、もうひとつ触れなければならない重要な建築が、議事堂だが、私はこの建物の設計の進められるころ、もう彼の事務所を去っていたので、体験的なことがいえない。ごく初期のスケッチに、モンスーンの雨のひどさを特に意識して、大きな樋を考えていた事だけが印象に残っている。もっとも樋は既に裁判所のときも、あるいはロンシャンの教会のときにも習作したモチーフである。

この建物は見学に行ってもなかなか入れてくれない。一昨年（一九七三年）は漸くはじめて内部まで案内して貰った。その大扉にはロンシャン的な七宝の絵があって、回転式になっており、大きく開くと池に面し、ヒマラヤがのぞまれて実に悠大にできている。

しかしながら、冷却塔のような議場や、その周囲の三角形のスパンになった列柱の間には、まだ未完成のものを感じた。案内の印度人が急き立てたためだろうか、感激の度合がうすかった。他の建物のように年輪をかけて練った要素でできていないからなのだろうか。

彼は他に住宅についても設計をしている。非常に単純明快な平面だが、紙数も尽きたので省略させて頂く。

吉阪隆正：
1917年東京都生まれ，1980年没。早稲田大学理工学部建築学科卒業。
ル・コルビュジエの事務所を経て，大学内に吉阪研究室（後にU研究室へ改称）を設立し，
建築設計活動を開始。59年早稲田大学教授に就任。

CHANDIGARH
1951-

チャンディガール:インド, チャンディガール

総合庁舎

ONE WAY TRAFFIC
OUT

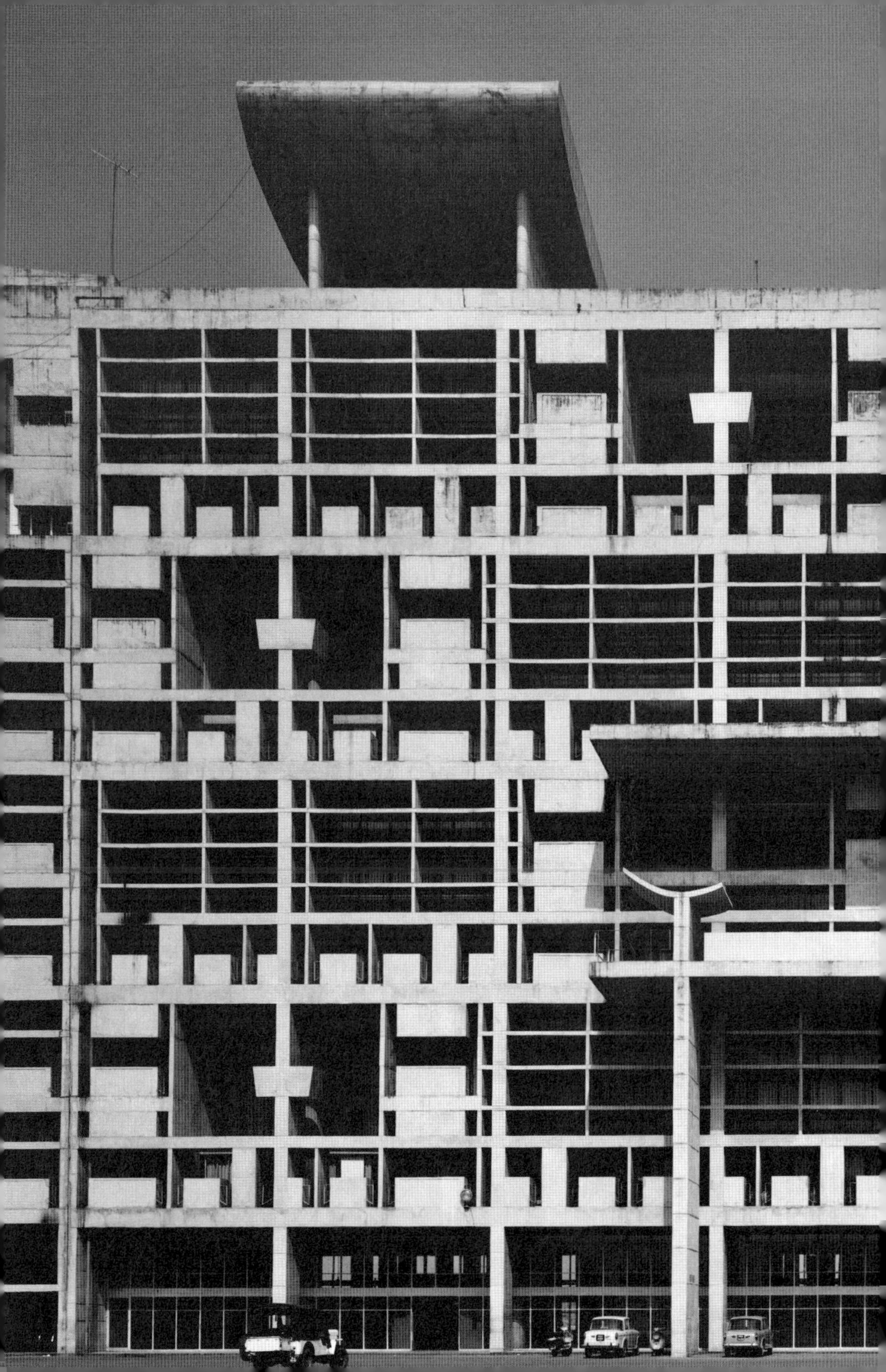

州会議事堂

高等裁判所

開いた手

［初出］
pp.008-017, 022-031, 036-041, 044-051, 056-065, 070-077,
pp.102-107, 132-137, 056-065, 170-179, 184-193, 268-277：GA JAPAN 90（2008年）掲載
pp.110-121：GA 18 ル・コルビュジエ／ユニテ・ダビタシオン（1972年）掲載
pp.090-099, 198-211, 216-225, 230-241, 282-295：GA JAPAN 91（2008年）掲載
pp.246-257：GA 07 ル・コルビュジエ／ロンシャンの礼拝堂（1971年）掲載
pp.298-307：GA 11 ル・コルビュジエ／ラ・トゥーレットの修道院（1971年）掲載
pp.140-151, 324-337, 342-351, 356-365：GA JAPAN 92（2008年）掲載
pp.368-379：GA 30 ル・コルビュジエ／チャンディガール（1974年）掲載

［写真］
GA photographers

ル・コルビュジエ 読本

2014年3月25日発行

企画・編集：二川由夫
撮影：GA photographers
印刷・製本：大日本印刷株式会社
制作・発行：エーディーエー・エディタ・トーキョー
151-0051 東京都渋谷区千駄ヶ谷3-12-14
TEL.(03)3403-1581(代)

ISBN 978-4-87140-686-4 C1052